子ども政策と
ウェルビーイング

行政・NPO・日本社会が支えるものは何か

松村智史

明石書店

〈その国〉では、約30年近く続く少子化対策が功を奏することなく、子ども・子育てを取り巻く環境の悪化が指摘されるなか、合計特殊出生率は統計上、過去最低を記録した。

〈その国〉では、公務員のなり手が不足し、中央省庁では志願者の減少や、若手職員の離職者が増加し、地方公共団体でも、人材不足や人材確保が深刻な課題となっている。

〈その国〉では、現場を担うNPOなどが、少ない資源のもとに、スタッフの思いを拠り所に、ケアを担っているが、それは風前の灯火のように、弱々しいものとなっている。

本書は、〈その国〉の子ども政策をめぐる人々の思いや動きを綴ったものである。

子ども政策とウェルビーイング

──行政・NPO・日本社会が支えるものは何か──

目　次

序章……………………………………………………………………………………11
　　1 本書の問題設定と分析対象　*11*
　　2 明らかにするべき課題　*18*
　　3 本書の構成　*21*

第Ⅰ部　政策編

第1章　「こども家庭庁」は、子ども政策にいかなる変化をもたらすか
　　　　　　　──政府の有識者会議の議事録・報告書と基本方針を読み解く──………24
　　はじめに　*24*
　　1 研究目的と研究方法　*24*
　　2 分析結果と考察　*27*
　　3 まとめと今後の課題　*36*

第2章　子どもの貧困をめぐる子どもと家族のウェルビーイング…………38
　　はじめに　*38*
　　1 子どもの貧困の定義や概況　*39*
　　2 子どもの貧困の課題　*41*
　　3 子どもの貧困対策に関する政策の展開　*42*
　　4 政策における今後の展望　*47*

第3章　教育制度は、「ウェルビーイング」のために何ができるのか？
　　　　　　　──「こどもまんなか」社会におけるケアに着目して──………………49
　　はじめに　*49*
　　1 子ども政策の展開とその特徴　*50*
　　2 ウェルビーイングの陥穽　*55*
　　3 「こどもまんなか」社会におけるウェルビーイングとケア　*58*
　　おわりに　*61*

第Ⅱ部　行政編

第4章　国家公務員における人事制度の硬直性と職員のキャリア形成・キャリアパスに関する一考察
——組織のロジックと個人のロジックの対立・葛藤に着目して——………64

はじめに——問題提起——　64

1 分析の視点とデータ概要、倫理的配慮　67

2 分析結果と考察　69

3 まとめと今後の課題　82

第5章　多様化・個人化時代における国家公務員像に関する一考察
——職員へのインタビュー調査からみえる課題を踏まえて——…………85

1 問題の所在・研究目的　85

2 分析の視点　86

3 調査およびデータの概要、倫理的配慮　87

4 分析結果と考察　89

5 全体考察と結語　105

第6章　子ども政策における行政とNPOの連携はいかにあるべきか
——「協働」ブームから、「こども家庭庁」時代まで——………………107

はじめに　107

1 「協働」をめぐる先行研究やその限界　108

2 インタビュー調査の分析結果と考察　109

3 全体考察　125

第7章　子どもの貧困対策における福祉と教育の連携に関する一考察
——生活困窮世帯の子どもの学習支援事業から——…………………128

1 序論　128

2 本論——結果と考察——　135

3 結語　142

第Ⅲ部　NPO 編

第8章　子どもの学習支援における教育とケアをめぐるポリティクスに
　　　　関する一考察

──福祉行政、教育行政、NPO、社会福祉協議会、民間企業へのインタビュー調査から──……146

1　問題の所在・研究目的・分析の視点・研究方法　*146*

2　分析結果と個別考察　*148*

3　まとめと今後の課題　*157*

第9章　生活困窮世帯の学習支援からみる教育と福祉をめぐる問題……*160*

はじめに　*160*

1　結果と考察　*164*

2　全体考察　*180*

3　結語　*181*

第10章　子育て支援 NPO の成立・拡大期における要因・戦略に関する考察

──インタビュー調査の分析から──……………………………*183*

1　問題の所在・研究目的　*183*

2　分析の視点　*184*

3　研究方法、使用するデータ、倫理的配慮　*184*

4　分析結果と考察　*185*

5　全体考察　*213*

6　結語　*216*

第11章　子育ての社会化をめぐる子育て支援 NPO の葛藤と戦略に
　　　　関する一考察………………………………………………*220*

1　背景・問題意識・研究目的　*220*

2　分析方法、使用するデータ、倫理的配慮　*222*

3　分析結果と考察　*223*

4　全体考察と結語　*242*

第12章　地域子育て支援拠点におけるケアの循環とケアの多層性に
　　　　　関する一考察···248
　　はじめに──研究目的──　248
　1 分析の視点　249
　2 研究方法、分析方法、使用するデータ、倫理的配慮　250
　3 分析結果と考察　250
　4 全体考察　262
　5 今後の課題　268

終章　日本の子育て政策を支えるもの·······································271
　1 本書の知見のまとめ　271
　2 全体考察　278
　　おわりに　286

　参考文献　288
　あとがき　297

序　章

1　本書の問題設定と分析対象

　近年、子ども政策[1]が大きく変動している。日本では、主に 1990 年代以降、合計特殊出生率や出生数の低下傾向など少子化が進むなか、少子化対策や、次世代を担う子どもや子育て支援に関する政策や制度が次々と展開されてきた。

　そのひとつの到達点といえるのが、2023 年 4 月のこども家庭庁の設立、及び、こども基本法の施行である。これまで内閣、厚生労働省、文部科学省が担ってきた子ども・子育て分野の機能や人員が、新たな行政組織である、こども家庭庁に移管され、子ども政策の司令塔としての総合調整の役割を期待されている。また、こども基本法では、目的として、「日本国憲法及び児童の権利に関する条約の精神にのっとり、次代の社会を担う全てのこどもが、生涯にわたる人格形成の基礎を築き、自立した個人としてひとしく健やかに成長することができ、こどもの心身の状況、置かれている環境等にかかわらず、その権利の擁護が図られ、将来にわたって幸福な生活を送ることができる社会の実現を目指して、こども施策を総合的に推進する」ことを掲げ、基本理念、国や地方公共団体の責務、こども大綱の策定をはじめとする基本的施策なども定められた。日本の子どもや子育てをめぐる政策は、少なくとも建前上は、新たなステージを迎えたといっても良いだろう。

　しかし、一方で、新たに行政組織が設立し、法律が施行されたとしても、子どもや子育てをめぐる政策や状況が、それだけで大きく変わるものとも思

えない。なぜなら、どんな政策も、それを支える組織や人々の体制や意識に支えられてこそ、はじめて社会において意味を成すものとして機能していくからである。

そうであれば、こども家庭庁やこども基本法といった直近の事実だけに目を奪われることなく、これまでの日本社会における子どもや子育てをめぐる組織や人々の体制や意識を踏まえた上で、今般のこども家庭庁やこども基本法をはじめとする変化を捉える視点が重要であると考えられる。

では、そもそも日本社会において、子どもや子育てをめぐる政策を支えるものとは、何なのだろうか。それが、本書全体を貫く問いである。

子どもや子育てをめぐる政策が大きく変動するなか、何が子ども政策を支えているのか。子ども政策を支えるものとして、変わっていくもの、あるいは変わらないものは、どこにあるのか。日本社会というひとつの固有性を持つ文脈において、子どもや子育てはいかに捉えられ、これからどのように変遷していくことが考えられるのか。

かかる問いに答えることは容易なことではない。子どもや子育てをめぐる組織や人々は多岐にわたり、取組内容は広く、個別性が高く、絶えず変わり得るものだからである。

そのため、本書の問いに完全に答えることはできない。しかし、子どもや子育てをめぐる制度が大きく変動するなか、日本社会において、これまで、あるいは、これから、子どもや子育ての政策を支えるものを考える際に参考になる、何らかの視点や気づきを提供することは、ささやかであるかもしれないが、もしかするとできるかもしれない。

そうした思いに基づき、本書では、できるだけこの問いに答えるべく、子どもや子育てに関して、特に重要だと思われる大きな4つの分析対象ごとに、調査・考察を通して向き合っていくことにする。4つの分析対象は相互に関連するものであり、全体として、本書の問いに応えていきたい。

（1）国における政策と、中央省庁・国家公務員

まず1つは、国レベルの政策と、所管する行政の中央省庁、および、そこで働く国家公務員である。

法治国家、民主主義国家である日本では、民主的に選ばれた国会議員から

構成される国会での審議・可決を経て、法律が施行され、法律を根拠として政策が展開されていく。政策過程における国会議員の影響は小さくないが、政策の根拠となる法案は少数の議員立法を除けば、内閣（政府）から提出される。その原案を作成し、中心的な役割を担うのが、当該分野を所管する各省庁である。なお、複数の省庁にまたがる場合は、主管省庁がメインで行う。

　各省庁は、所管行政の遂行上決定された施策目標を実現するため、新たな法律の制定または既存の法律の改正もしくは廃止の方針が決定されると、法律案を策定する。その前後で、官邸（内閣官房・内閣府）だけでなく、政党・国会議員などの政治、民間の利害関係団体等への説明、根回し、利害調整なども必要不可欠となるが、所管の各省庁が対応する。さらに、各省庁との意見調整等を経て、審議会に対する諮問または公聴会における意見聴取等を必要とする場合にはその手続きを終えてから、法律案の原案を作成する。内閣が提出する予定の法律案は、閣議に付される前に全て内閣法制局における審査が行われ、これをクリアする必要がある。その後、閣議決定を経て、内閣総理大臣から法律案が国会に提出される。一連の手続きを主導するのが所管する省庁であり、果たす役割は小さくない。

　国会審議においても、各省庁が中心となる。内閣提出の法律案が提出されると、原則として、適当な委員会に付託され、大臣の法律案の提案理由説明から始まり、審査に入る。審査は、法律案に対する質疑応答の形式で進められるが、大臣、副大臣、政務官といった政務だけでなく、事務方である事務次官、審議官、局長以下の行政官たる国家公務員が、委員会に出席し、法案の説明や質疑に対応することも少なくない。同時並行で、国会外でも、各政党や議員への説明、ヒアリングへの応答、根回し、調整等が欠かせないが、ここでも法案を所管する各省庁が、対応にあたる。委員会の質疑、討論、表決を経て審議が終了すれば、審議は、本会議に移行し、同様に審議、表決の手続きを踏み、衆議院および参議院の両議院で可決したとき法律となる。国会審議は、多大な時間を要するときもあり、各省庁の踏ん張りどころともいえる。

　法律が公布、施行された後も、当該法律や、法律を根拠とする政策を所管する各省庁、具体的には行政官たる国家公務員が、その実施や運用に関する全般に責任をもって対応していく。子ども政策においても、所管する各省庁、

国家公務員たちの手にかかっているところが小さくない。

　以上を踏まえて本書では、まず、子ども政策を支えるものとして、国レベルで決定される法律・政策と、それらを所管する行政の中央省庁、そこで働く国家公務員に着目する。

（2）地方における政策と、地方公共団体・地方公務員

　続いて、2つ目は、地方公共団体、特に、基礎自治体である市町村、および、そこで働く地方公務員である。子ども政策に限らず、基礎自治体は政策の実施主体となることが多い。国は法制度の創設・改正、指針や基準の作成、予算の確保等、制度の枠組みや基盤づくりを行っているが、政策の実施は、都道府県の他、住民に身近な市町村が行うことが多い。市町村は、地域住民のニーズを踏まえた対応が期待される。特に、子ども・子育て分野では、地域子育て支援、妊娠・出産支援、保育サービス、母子保健・小児医療体制など、実際に暮らすなかでの地域のより身近なサービスに関するものが多く、また、各家庭のニーズの個別性も高いため、政策の多くが、地方公共団体、特に、市町村を中心に実施されている。

　例えば、2015年4月施行の子ども・子育て支援新制度では、質の高い幼児期の教育・保育の総合的提供、地域の子ども・子育て支援の充実、全ての子どもが健やかに成長できる社会の実現を目指す上で、基礎自治体である市町村が実施主体となって、地域子ども・子育て支援事業を計画的に実施する。国と都道府県は、実施主体の市町村を重層的に支える仕組みとなっている。

　また、こども家庭庁設置と同じく、2023年4月施行のこども基本法（以下「法」という）でも、地方公共団体の責務、こども計画の策定の努力義務などを定め、地方公共団体が、子ども政策に強く関与する仕組みを定めている。法第5条では「地方公共団体は、基本理念にのっとり、こども施策に関し、国及び他の地方公共団体との連携を図りつつ、その区域内におけるこどもの状況に応じた施策を策定し、及び実施する責務を有する」と規定する。また、法第10条では、都道府県は、国のこども大綱を勘案して都道府県こども計画を作成するように、また、市町村は国のこども大綱と都道府県こども計画を勘案して、市町村こども計画を作成するように、それぞれ努力義務が課せられている。さらに、法第11条では、地方公共団体がこども施策を

策定・実施・評価するに当たり、こども施策の対象となるこども又はこどもを養育する者その他の関係者の意見を反映させるために必要な措置を講ずるものとする。

加えて、こども施策に関する大綱を定めなければならないとする法の規定（法第9条第1項）に基づき定められた「こども大綱」（令和5年12月22日閣議決定）では、「こども施策に関する基本的な方針」の6本の柱の1つとして、「（6）施策の総合性を確保するとともに、関係省庁、地方公共団体、民間団体等との連携を重視する」ことが掲げられた。具体的には、「こども施策の具体的な実施を中心的に担っているのは地方公共団体であり、国は、地方公共団体と密接に連携しながら、地域の実情を踏まえつつ、国と地方公共団体の視点を共有しながら、こども施策を推進する。多くの地方公共団体において、地域の実情に応じた自治体こども計画が策定・推進されるよう、国において支援・促進する」と定められた。

地方公共団体は、これまですでに、例えば、子どもの貧困対策など、個別に政策実施を中心的に担ってきたが、これまで別々に作成・推進されてきた、少子化社会対策基本法、子ども・若者育成支援推進法及び子どもの貧困対策の推進に関する法律に基づく3つの大綱を1つに束ねて、基本的な方針や重要事項等を一元的に定める、こども大綱に基づき、今後、さらに、こども政策全般の実施の中心的な役割を担うことになる。

以上を踏まえて、地方公共団体、特に、基礎自治体である市町村、および、そこで働く地方公務員に着目する。

（3）現場における取組と、NPO等の民間団体

続いて、3つ目は、NPOである。子ども政策の分野に限らず、社会課題が複合化・肥大化する一方、行政の財政上の制約に加え、人的リソースの限界が指摘されている。

こうしたなか、行政自体が直接事業を実施するのではなく、事業を民間団体（NPO、社会福祉法人〔社協を除く〕、株式会社、社団法人、財団法人、生協等協同組合、社会福祉協議会等）に委託するケースが増加している。

特に、子ども政策分野では、利用者が暮らす身近な地域で活動する民間団体の方が、行政と比べて、利用者の個別のニーズを踏まえた上で、柔軟で適

切なサービスを提供できると考えられる。

　さらに、子ども政策分野のように、市民社会に身近な課題であり、市民にある程度委ねるべき部分が多い分野においては、行政と民間団体の「協働」も進んでいる。ここで、「協働」とは、子ども政策に即していえば、NPO等の「民」と、子ども政策を所管する「官」が、地域の子育て支援のために協力して働くことを意味する。例えば、2000年代以降、子育て世帯の孤立・孤独などの社会課題を背景として、地域子育て支援がNPOを主要な担い手として広がっている。行政と子育て支援NPOの協働の理念の下、子育て当事者の身近な地域に根ざすNPOによる子育て支援は、行政の手が届きにくいニーズへの支援として今日では欠かせないものとなっている。

　その他にも、例えば、子どもの貧困対策では、2015年4月施行の生活困窮者自立支援法に基づく子どもの学習・生活支援事業ではNPO等が受託し、事業を実施している。

　また、こども家庭庁も、こどもの居場所づくりなどでNPO等との連携に積極的である。こども大綱においても、例えば、「こども・若者や家庭が、必要な情報を得られ、必要な支援を受けられるよう、地域における関係機関やNPO等の民間団体等が連携し、当事者に寄り添いつつ、プッシュ型・アウトリーチ型の支援を届ける」（こども大綱：12）というように、具体的な支援におけるNPO等の民間団体等の連携が推進されている。

　子ども政策分野の事業を実施、支援を行う上で、民間団体は、無くてはならないものだといえる。

　また、事業の実施以外にも、近年、NPO等の民間団体等は、行政の会議体という政策のアリーナに、委員や参考人等のアクターとして参画することが増加し、政策過程への関与が強まっている。例えば、国レベルでは、従来、いわゆる族議員などが強い影響力を行使していたが、近年は、イシュー（問題）ごとに、関係者がイシュー・ネットワークを形成することが多くなっている。こうしたイシュー・ネットワークのなかに、現場のニーズや声を汲み取りやすく、また、実際に事業を実施することの多いNPO等がアクターとして参画することが増え、政策過程に与える影響が増している。こうした点も、現代社会におけるNPO等の新たな動向として、注目に値するだろう。

　ここまで述べてきたように、NPO等の民間団体は、今日では行政と同じ

ように、子ども政策では、重要な存在といえる。

　民間団体は様々なものがあるが、本書では、上述のように、子ども政策において、NPO が特に大きな役割や存在感を発揮していることを踏まえて、NPO に着目する。

（4）子ども政策と日本社会

　最後に着目するのが、日本社会である。政策も、行政も、NPO はじめ民間団体の実践も、日本社会において生起しており、日本社会のあり方を映すものといえる。

　また、子ども政策を進める上では、一定の社会的合意が必要不可欠となる。日本社会の子ども政策への支持や意識が、財源など必要なリソースを確保する点でも、また、人々の子ども・子育てへの協力的な眼差しや理解という点でも重要であり、子ども政策を支えるものといえる。

　この点、近年、子ども・子育て分野は、日本社会における重要な社会課題として一定の社会的合意を獲得しつつあり、子育ての社会化や「こどもまんなか」社会の実現が、政策上の目指すべき理念や方向性として掲げられているが、子ども政策が推進されるようになったのは、主に 1990 年代以降、比較的最近の出来事である。

　詳しくは後述するが、もともと、日本社会では、子育て私事論や、子育てを含む福祉を家族が担うべきという家族主義とも呼ばれる福祉レジームが、伝統的に根強い。1990 年代以降の少子化の進行、貧困・虐待・孤立など子育てを取り巻く環境の厳しさや問題が注目を浴びるようになり、少子化対策を含む子ども政策がようやく推進されるようになった。しかし、子ども関連予算などに充てられる日本の「家族関係社会支出」の国内総生産（GDP）比は、先進諸国のなかでも低位にある。政府は、子ども関連予算の増加に向けた取組を進めているが、十分とは言い難い。予算だけでなく、子どもや子育てに関する人々の意識も、子育ての社会化の理念や「こどもまんなか」社会とは、隔たりがあると言わざるを得ない状況である。

　以上の問題意識を踏まえて、子ども政策を支える、日本社会のあり方に着目していく。

　別言すれば、（1）〜（3）の考察においてみえてきたことや分析結果も

踏まえつつ、日本社会において、子どもや子育てをめぐる政策を支えるものとは何なのだろうか、という本書全体を貫く問いに、向き合っていくことにする。

2 明らかにするべき課題

（1）国における政策と、中央省庁・国家公務員

まず、こども家庭庁の設立をはじめ、近年の国における政策が、子ども政策にいかなる変化をもたらしているのか、ということを明らかにする必要がある。

我が国における1990年代以降の少子化対策や子ども政策の拡充の1つの到達点として、こども家庭庁の設立をあげることができる。しかし、子ども政策に与える影響は判然としない。この点、こども家庭庁に至るまでの政策動向、子ども政策の特徴、子ども政策のプロセス（政策過程）や関係するアクター、問題点を踏まえた上で、検証する必要がある。

また、こども家庭庁の設置やこども基本法の施行以降も、こども大綱やこども未来戦略など、子ども政策に関わる重要な動きが相次いでいる。

さらに、こども家庭庁が掲げる「こどもまんなか」社会は、福祉分野だけでなく、教育分野、具体的には教育行政、学校・教員や、そこで行われるケアのあり方にも影響を与えるものである。

こうした、こども家庭庁の設置をはじめとした近年の政策動向が、他分野にも広範に関係する、子ども政策にいかなる変化をもたらすのか、考察したい。

続いて、国レベルでの政策を所管し、行政の立場から、子ども政策を支える中央省庁、および、そこで働く国家公務員の実態、課題、改善策を明らかにする。子ども政策をはじめ各政策が国レベルで安定的・適切に運営されるためには、中央省庁や国家公務員が欠かせない。

しかし、この点、国家公務員は、近年、志願者の減少、若手職員の高い離職率などが問題となっている。こうした事態を受け、働き方・労働環境の改善や、そこにとどまらない人事制度の見直し、民間人材の登用や官民交流が進められている。だが、問題の背景にある実態や課題の把握は、十分に進ん

でいるとは言い難い状況にある。中央省庁で働く国家公務員が、本来期待される役割を全うし、力を発揮でき、子ども政策をはじめとした政策を支えるために、どのような実態、課題、改善策があるのかを明らかにする必要がある。

（2）地方における政策と、地方公共団体・地方公務員

　地方の行政の立場から、子ども政策を支える地方公共団体、および、そこで働く地方公務員の実態、課題、改善策を明らかにする。先述のように、住民に身近な地域でのサービスが中心である子ども政策の多くは、地方公共団体、特に、市町村が実施主体となって行われている。国と都道府県は、実施主体の市町村を重層的に支える仕組みとなっている。こども基本法により、都道府県と市町村は、自治体こども計画の策定・推進が努力義務と課せられたため、今後も、地方公共団体は、地域の子ども政策の中核を担うこととなる。

　他方で、地域における子ども政策の実施は、容易なものではないと想定される。国レベルで決定された政策を、実際に地域で実施するにあたり、また、NPO 等と協働していくなかで、地方行政として、様々な苦労、葛藤、課題、政策と現場のギャップなどがあると考えられる。どのような問題意識を持ち、改善策としていかなるものが考えられるのか。また、NPO 等と協働していくなかで、行政の役割やスタンスなどが変化していくことが考えられる。長中期的に行政と NPO 等の協働の変化に焦点化した研究は管見の限り見当たらないが、今後、子ども政策を官民で推進していくためには、こうした変化も重要なテーマになることが想定される。

　さらに、官民だけでなく、政治、具体的には地方議員との協力も、子ども政策を地域で進める上で不可欠であるため、行政と地方議員の関係やその苦労や葛藤なども、インタビューを通した実際の声に基づいて示すことが大切である。

　ここまで述べてきたことを踏まえて、地域で子ども政策の実施主体として、子ども政策を支える地方公共団体、地方公務員の実態、課題、改善策を明らかにする必要がある。

（3）現場における取組と、NPO 等の民間団体

　先述のように行政のリソースが不足するなか、子ども・子育て分野では、利用者が暮らす身近な地域で活動する NPO など民間団体が利用者の個別のニーズに寄り添った適切なサービスを提供できるため、行政から事業を受託するケースが広く行われている。

　しかし、一般に、行政事業の受託は、行政の下請けとなってしまうという指摘や、NPO ならではの行政の支援が行き届いていないすき間や狭間への柔軟な支援、新たなニーズの発掘、現場に根ざした視点に基づく政策提言など、NPO の強みや活動意義が損なわれてしまうという懸念もある。

　また、受託の実際は、現場への丸投げであり、現場が四苦八苦していることも考えられる。NPO も、行政同様に少ないリソースしかないなか、異質なものへの警戒感が強い学校との信頼関係の構築や連携、地域の様々な社会資源の開拓やつながりの維持を、自己犠牲を払いながらなんとか取り組み、ギリギリのところで子ども政策を支えている、踏みとどまっている実態があるのではないだろうか。NPO は、子ども政策について、どのような問題意識を持ち、いかなる苦労や葛藤を抱えているのだろうか。また、理念としては、社会全体で子ども・子育てを支えるという子育ての社会化が掲げられているが、かかる政策上の理念と現場で起きていることの間にどれほどギャップがあり、何が課題や、改善策として考えられるのか。また、子ども政策の推進は、子育てに関するケアの拡充と志向性は一致するものの、陥穽はないのだろうか。

　ここまで述べてきたことを踏まえて、子ども政策を現場レベルで支えるNPO の実態、課題、改善策を明らかにする必要がある。

（4）子ども政策と日本社会

　（1）～（3）の分析・考察を踏まえて、最後に着目するのが、日本社会である。先述のように、子育ての社会化の理念や、「こどもまんなか」社会の実現が理念として掲げられながら、現実には、乖離がある状態が続いている。

　なぜ、このような状況が続いているのか。背景や要因として、どのようなことが考えられるのか。子育ての社会化や、「こどもまんなか」社会に、日本社会が向かうためには、何が求められるのだろうか。子ども政策を支える

日本社会のあり方はいかなるものであり、どこに向かおうとしているのか。この点、こうした日本社会と子ども政策の関係や、子ども政策を支えるための日本社会のあり方について、多角的に考察する必要がある。

本書全体の考察として、日本の子ども政策を支えるものとはいかなるものであるのか、という本書全体を貫く問いに向き合っていくことにする。

3 本書の構成

本書の構成は次のようになる。

まず、第Ⅰ部では、「政策編」として、子ども政策の分析・考察を行う（第1章〜第3章）。続く、第Ⅱ部では、「行政編」として、子ども政策を支える行政、具体的には、中央省庁・国家公務員と、地方公共団体・地方公務員のそれぞれに着目し、分析・考察を行う（第4章〜第7章）。また、第Ⅲ部では、「NPO編」として、現場で子ども政策を支えるNPOをはじめとする民間団体に着目し、分析・考察を行う（第8章〜第12章）。終章「日本の子育て政策を支えるもの」では、第Ⅰ部から第Ⅲ部までを踏まえつつ、本書全体のまとめとして、子ども政策を支える日本社会について分析・考察を行う。

注
1) 子どもや子育てに関する政策は、「子ども政策」、「こども政策」、「こども施策」、「子ども・子育て政策」、「こども・子育て政策」など、多様な用語・表記が用いられているが、本書では、「子ども政策」で統一することとする。

第Ⅰ部

政策編

第1章

「こども家庭庁」は、子ども政策に
いかなる変化をもたらすか
――政府の有識者会議の議事録・報告書と基本方針を読み解く――

はじめに

　子ども政策の司令塔となる行政組織である、こども家庭庁が2023年4月1日に発足した。政府は、2021年12月21日に、こども家庭庁に関する基本方針を閣議決定後、2022年の通常国会に関連法案を提出し、2022年6月15日に設置法が参議院本会議で賛成多数で可決・成立された後、発足に向けた準備を進めてきた。発足したこども家庭庁は、総理大臣直属の機関として内閣府の外局に設置され、子ども政策担当の内閣府特命担当大臣を置き、各省庁への勧告権も有する。内閣府の子ども・子育て本部や厚生労働省の子ども家庭局などが移管され、内部組織としては、「企画立案・総合調整部門（長官官房）」、「成育局」、「支援局」の1官房2局体制から構成されている。

　これまで、子ども政策に関しては、関係省庁の縦割りの弊害が指摘されてきたが、こども家庭庁には、子ども政策の司令塔の役割が期待されている。同庁は「こどもまんなか社会」を目指すことを理念とし、妊娠・出産支援や、就学前の子育て支援、子どもの貧困対策、児童虐待防止、ひとり親家庭の支援、ヤングケアラーの支援など、多岐にわたる子ども政策の舵取りが期待されている。他方、発足間もないこともあるが、こども家庭庁が、子ども政策に、いかなる変化をもたらすのかということは、いまだ見えてこない。

1 研究目的と研究方法

そこで、本章では、こども家庭庁の方向性を決定づけた、政府の有識者会

議の議事録・報告書と、閣議決定された基本方針という2点の重要な政府公式文書を分析対象として、こども家庭庁が、政策にもたらしうる変化を読み解くことを研究目的とする。

まず1点目の文書は、内閣官房に設置された有識者会議である、「こども政策の推進に係る有識者会議」の議事録・報告書（2021年11月29日公表）である（内閣官房 2021a）。

2点目の文書は、有識者会議の議論を踏まえつつ、新組織の創設を念頭に、官房副長官をトップに関係省庁の幹部等の議論を経て、閣議決定もされた「こども政策の新たな推進体制に関する基本方針～こどもまんなか社会を目指すこども庁の創設～」（2021年12月21日閣議決定、公表）の文書である（内閣官房 2021b）。

こども家庭庁の論点は非常に多岐にわたるが、本章では、その創設がこども政策の形成や実施にどのような影響を与えるのかということについて、大きく3つの視点から焦点化したい。

まず1点目は、こども家庭庁創設にあたり、どのようなアクターが有識者会議の政策過程に参加しているのかという点である。近年、行政・政治分野で、NPOをはじめとする市民団体がアクターとして存在感を増している。特に、西岡（2021）が指摘するように少子化対策や子育て支援が党派を超えてアジェンダ化、重要政策となるなか、子育て支援団体と政治・行政の結びつきも高まり、各種会議体の構成員やヒアリング対象になるなど、存在感を増している。ネットやSNSの発信も、子育て支援団体の存在感を高める世論に貢献した。こうした流れは、2015年の子ども子育て支援新制度に結実したが、それ以降、こども家庭庁をめぐる議論でもNPOなどが政策過程に参加し、引き続きアクターとしての主要な地位を維持しているのかを明らかにする。

2点目は、議論されている論点を踏まえたこども家庭庁の政策的な意義についてである。後述するように、こども家庭庁をめぐる議論は、これまでの子ども・子育てをめぐる主要な論点が網羅されている。そのなかには、矛盾するものや、複数の意義を包含するものなどがあるため、概念を整理する必要がある。そこで、こども家庭庁をめぐり、頻出する重要な概念について、その意義の位置づけを浮き彫りにするために、図式化して整理を行う。

25

第Ⅰ部　政策編

　3点目は、出向はじめ多様な人材の参画・交流による政策過程の多元化・多層化についてである。こども家庭庁発足後のこども政策過程に関しては、こども視点の導入や、NPO等の市民社会や地方自治体との関係等、新たな政策過程のあり方が打ち出されている。特に、NPO等の市民社会や地方自治体との連携が推進されており、具体的には出向をはじめとする人事交流の活性化が期待されている。出向に関しては、国と地方自治体の出向人事の人数や職種ごとの趨勢や、出向人事にどのような人事的な意図や戦略があるのかということを読み解こうとする研究（例えば、「戦略的置き換え説」〔稲継2000〕など）、都道府県における新たな政策に係る人材の確保を、国からの出向や民間人材の任期付採用に着目して考察する研究など、これまでにも一定の蓄積がある。しかし、出向人事経験者が実際に出向先で働く経験を通して感じたことや、あるいは、出向人事制度そのものの課題点を、関係者のインタビュー調査から学術的に明らかにした研究は多くない。

　そのため、実際に、出向人事を経験した国家公務員・地方公務員（インタビュー時点での退職者を含む）を対象に、①出向人事経験者が実際に出向先で働く経験を通して感じたこと（働きやすさ、出向経験で得たこと・学んだこと、苦労したこと等）、②出向人事制度そのものの課題点を明らかにする目的でインタビュー調査を行った。インタビュー調査の時期は、2022年3月～4月で、オンラインにて、ひとりあたり30分～1時間をめどに、半構造化インタビュー方式で行った。インタビュー前に、書面を用いて、調査の趣旨・目

表1－1　インタビュー対象者リスト

番　号	氏　名	所　属
1	Aさん	民間（元地方自治体、M1省に出向経験あり）
2	Bさん	M2省
3	Cさん	地方自治体（市から県に出向経験あり）
4	Dさん	民間（元地方自治体、M2省に出向経験あり）
5	Eさん	M2省
6	Fさん	M3省（国立大より転籍）
7	Gさん	民間（元M2省）
8	Hさん	元M4省

（出所：筆者作成）

的、対象者の権利、データの公表方法等について説明を行い、同意を得た。また、録音に同意を得られた場合には録音を行い、調査後にデータをテキスト化した。

インタビュー対象者リストを表1-1に示す。なお、対象者は、いずれも、子ども政策と関係のある部署・業務を経験している。

2 分析結果と考察

（1）どのようなアクターが政策過程に参加しているのか

まず、こども家庭庁創設をめぐる政府の議論に、どのようなアクターが参加しているのかという点について、有識者会議の構成員6名、臨時構成員18名の計24名を、構成員の属性で分類した。その結果、①研究者・大学関係者10名、②非営利団体（NPO法人等）10名、③行政関係者1名、④専門職（医師、社会福祉等）2名、⑤民間企業1名となった。②非営利団体（NPO法人等）が、①研究者・大学関係者と同様に、全体の約4割を占める結果となった（図1-1）。

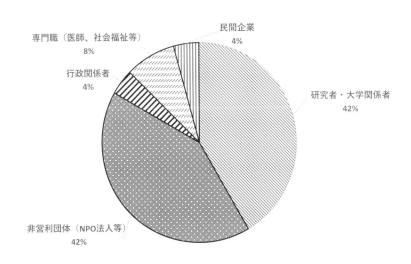

図1-1　構成員・臨時構成員の属性の比率

（出所：筆者作成）

第Ⅰ部　政策編

　管見のかぎり、行政、特に国が設置する大規模な会議体において、非営利団体（NPO法人等）がここまで構成員の多くを占めることは珍しい。子ども分野で非営利団体（NPO法人等）が看過できないアクターとして行政にも認知されていることを示唆する。また、こうした背景として、内閣官房に設置された会議体ゆえに、従来の文科省・厚労省等の族議員の影響が比較的及びにくく、代わりにNPOなど新規アクターの参画を強めているということが考えられる。また、仮にそうだとしても、こども家庭庁の名称決定のように自民党保守勢力等の影響力は残存しており、会議体において市民性が高まる一方、政治決定では族議員・保守勢力の影響力が依然としてあり、両者の間にギャップが生じているのかという論点を喚起する可能性があるだろう。この点は、さらに検証を進める必要があると考える。

（2）こども家庭庁の政策的意義

　次に、2点目のこども家庭庁の政策的意義について、である。分析の結果、近年の子ども・子育てをめぐる主要論点が、網羅的に論じられていることがわかった。なかには、矛盾しうるものや、複数の意義を包含するものなどがあるため、概念を整理する必要がある。そこで、頻出する重要な概念について、その意義の位置づけを図式化して整理すると、以下の図1-2のとおりとなった。

　横軸では、政策目的を、「個人の子ども・子育て支援目的」、「社会・公共・政策目的」の軸で相対的に区分した。縦軸では、政策対象層を「不利・困難を抱える特定の子ども層」、「すべての子ども層」の軸で相対的に区分した。あくまで相対的な区分ではあるものの、4象限に分類できる。

　こうしてみると、まず、政策目的として、「個人の子ども・子育て支援目的」から「社会・公共・政策目的」まで広い政策目的をカバーしていることがわかる。

　また、政策対象層も、「不利・困難を抱える特定の子ども層」から「すべての子ども層」まで、実に多岐にわたっている。

　その上で、まず、横軸の政策目的に着目すると、「社会・公共・政策目的」に近いものとして、「こどもの視点、子育て当事者の視点の政策立案・推進」といった政策立案・推進上の基本となるものから、「国と地方自治体

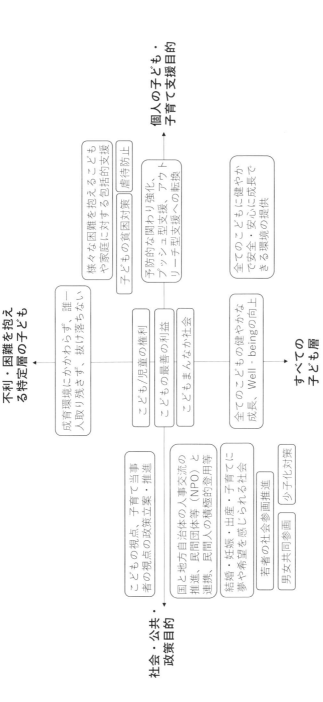

図1−2 こども家庭庁で目指される概念

(出所：筆者作成)

第Ⅰ部　政策編

の人事交流の推進、民間団体等（NPO）と連携、民間人の積極的登用等」といった政策立案及び実施上における多様な人材の確保・参画による多元化・多層化に関するもの、さらには、「結婚・妊娠・出産・子育てに夢や希望を感じられる社会」、「若者の社会参画推進」、「男女共同参画」、「少子化対策」といった政府が推進する社会像や、力を入れている政策が布置される。これらは、いずれも、対象を特定層の子どもに限定せずに、すべての子どもを念頭に置いており、縦軸との関係では「すべての子ども層」と親和性がある。

　他方、横軸の政策目的において対極にある「個人の子ども・子育て支援目的」にあるものは、対象層を「不利・困難を抱える特定の子ども層」としているものと、「すべての子ども層」にしているものに大別される。前者は、「様々な困難を抱えるこどもや家庭に対する包括的支援」、「子どもの貧困対策」、「虐待防止」といったものが並ぶ。一方、そうしたものと比べて、「すべての子ども層」に近づくものとして、「予防的な関わり強化、プッシュ型支援、アウトリーチ型支援への転換」、さらには、「全てのこどもに健やかで安全・安心に成長できる環境の提供」がある。

　続いて、縦軸の政策対象層に着目すると、「不利・困難を抱える特定の子ども層」側にあるものとして、「成育環境にかかわらず、誰一人取り残さず、抜け落ちない」という概念、反対に、「すべての子ども層」に近接するものとして、どんな子どもであれ、尊重されるべき「こども／児童の権利」[1]、「こどもの最善の利益」、「こどもまんなか社会」、さらに「全てのこどもの健やかな成長、Well-being の向上」の概念を位置づけることができる。

　全体としてみると、政策目的に照らしても、政策対象層に照らしても、幅広く、包括的に含んでいることがわかる。

　これまで、子ども行政は、例えば、子どもの貧困対策のように、一般層の子どもを対象とした政策では対応しきれない場合に、別建てとして、個別に特定層の子どもを対象とした政策を講じるという、二層構造になっていた部分がある。その結果、典型的には担当省庁が異なるなど、縦割りなどの温床になっていたともいえるだろう。

　しかし、こども家庭庁では、一般層の子どもと特定層の子どもを対象とした政策が、同一の基本理念のもとに、二重構造や担当省庁の区分を超えて、横並びに位置づけられているところに特徴がある。換言すれば、こども家庭

30

庁は、すべての子どもというロジックの中で特定層の子どもをも一体的に包含しており、二層構造や分断を解消し、これまで別建てとなっていた、特定の子ども層とすべての子ども層へのアプローチの双方を同時に実現することを志向しているといえる。

この点は、子どもを中心とした総合的な政策を志向する、こども家庭庁の理念と一致するものともいえるだろう。縦割りの軽減や、子ども行政・政策としての一元化という、こども家庭庁創設の契機ともなった課題の解消が一定程度、前進していると評価できることが今回の分析から見えてきた[2]。

しかし、その上で、なお、以下の2点の課題に留意する必要があると思われる。

まず1点目は、政策上の課題である。総合的に広く政策および対象層を含むとしても、しかし、それらの政策目的が矛盾や相反する場合があり得る。そのようなときに、どちらに軸足を置くのかということは、文書だけからは明らかではない。

例えば、こども家庭庁では、従来、縦割りが大きいといわれている、福祉分野と教育分野の両者を含み、さらに内閣府の少子化対策も含んでいる。福祉や教育は、直接的に現在の子どもや子どもがいる世帯や保護者を対象とした、いわば個人のウェルビーイングの向上に応えようとする性格が強い。他方、少子化対策は子どもが生まれ育ちやすい環境整備という点で間接的・将来的に子どもや親世代などへのウェルビーイングの向上に資する性格のものとはいえ、人口減を防ぎ、社会を維持するという、社会的な性格もある。そこでは、現在の子どもや保護者のウェルビーイングという視点が後景化しかねない点が否めない。

すなわち、社会の維持といった、社会的意味を強調することは、その分、現在の子どもや保護者の個別支援の観点が後退する懸念がある。このようなときに、どのように調整し、あるいは、どちらを優先的な政策として位置づけるのか、ということが不明なままである。特定の志向の政策に重心を置くあまり、対極にある政策がないがしろにされるようであれば、こども家庭庁の総合的な政策や、役割は損なわれてしまうおそれがある。この点は、行政だけではなく、政治の判断や世論の動向とも関係する点であると思われるが、注意深く見守る必要があるだろう。

第Ⅰ部　政策編

　2点目は、組織・人員上の課題である。こども家庭庁をめぐっては、義務教育を文科省が引き続き所管し、さらに、子どもの貧困と不可分な親の就労や生活困窮分野が厚労省に残るなど、中途半端ともいえる組織のあり方により、こども家庭庁の基本理念や基本方針が骨抜きとなったり、形骸化したり、その実効性が低下する懸念もある。

　現状のこども家庭庁の組織体制を前提とすると、組織論を超えて、実際の運用において、いかに基本理念や基本方針に近づけるようにできるのか、ということが重要になろう。

　その上で、ポイントになるのが、自治体や民間（企業、NPO等）からの出向はじめ多様な人材の参画・交流による政策過程の多元化・多層化であろう。

　そこで、続く3点目として、こども家庭庁発足後の政策過程、NPO等の市民社会や地方自治体との関係等、新たな政策過程の展望について、インタビュー調査の分析から検討していきたい。

（3）出向はじめ多様な人材の参画・交流による政策過程の多元化・
　　　多層化について

　まず、インタビューの分析から浮かび上がってきたポイントを、2つの主要な質問である、①出向人事経験者が実際に出向先で働く経験を通して感じたこと（苦労したこと・改善すべきと感じる点、出向して良かった点、出向者として一緒に働いて良かった点）、②出向人事制度そのものの課題点、の順番で、以下に記載する。なお、各人の発言は、テキスト化した発言をそのまま引用したものではなく、各発言の要点を著者がまとめたものである。

①出向人事経験者が実際に出向先で働く経験を通して感じたこと
　〈苦労したこと・改善すべきと感じる点〉
・事前情報、オリエンテーションがあった方が良かった（Dさん）
・横のつながりを作れる機会があった方が良かった（Dさん）
・地方厚生局出向者として、自治体の出向者の東京事務所のように、元気？などと気にかけてくれる人がいなかった。本省内部でも、フォローがなかった（Dさん）
・転籍（割愛）という形で来たが、いわゆる研修生と異なり、同期や横の

つながりが少なく、相談できる相手も、直属の係長くらいしかいなかった。本省プロパーだと、あの課の同期に聞ける、みたいな感じがあると思うが、自分にはなかった（Fさん）

・横のつながりを作る機会や研修などがあれば良い（Fさん）

・出向者も、国会対応や予算など、本省の独自のロジ的な面はわからないので、わかるようなサポート体制があった方が良い。せっかくの現場感覚や経験が十分に活かせるように、着任時研修だけでなく、ロジ面のサポートや研修も必要ではないか（Eさん）

〈出向して良かった点〉

・戻ってから、本省の仕事の進め方などが見えるようになったのは良かった（Dさん）

・大学に戻ってから、本省（文科省）の意思決定のやり方や、組織の仕組みがわかったので、わからないことを遠慮せずに聞けたりできるようになったのが良かった（Fさん）

・お金の流れや仕組みなどがわかった。その経験や知識は戻ってからも生きた（Aさん）

〈出向者として一緒に働いて良かった点〉

・出向者が、この通知が分かりにくい、現場での受け止め方といったことや、補助金では、ここまで補助対象としてもいいのではないか、と現場感覚や経験に基づいた意見や発言をしてくれたのが助かった。それで通知が改正されることもあった（Eさん）

・上司がフランクで相談しやすい雰囲気だと、その下の補佐、係長もそういう雰囲気で、出向者も相談しやすい、発言しやすい（Eさん）

②出向人事制度そのものの課題点

・業界団体との関係、付き合いは、継続性が求められる。義理・人情の世界でもある。お客さんで来ているような、1〜2年で変わる人は正直相手にされないし、大事な仕事は任せられない。短期間で来るのであれば、即戦力として活躍できるようにするべき。例えば、公務員の苦手分

野、広報経験者に広報の即戦力として来てもらうなど（Hさん）

・国から定数や研修の通知や指示が来るが、現場では人が足りないことなどもあり、厳しい。自治体間で人の取り合いが起きている（Cさん）

・出向しても、出向先で意見を言えたり、声をあげたりするのは、なかなか難しいのではないか。市から県に出向したことがあるが、なかなか現場側の意見を言えたりできなかった。地方から国に行く場合には、なおさらそうではないか（Cさん）

・こども家庭庁に多様なアクターが入ってくるとしても、1、2年で入れ替わる、出向者・研修生、回転ドア的の人間でなく、専門性のあるプロパー職員も重要（Bさん）

・官において民が生きる余地があるのは専門性。ただ、専門性を期待するとしても、何を期待するのかを明確にしないとあまり意味がない。それに、出向元と近い役所の部署だと、利益相反や癒着の問題も出てくるので、ネックになる（Gさん）

・官が民に提供できるキャリア形成のメリットは、人脈、出向者同士の横のつながり、行政の仕組みの理解くらい。役所独特の仕事の進め方は、民間の経営感覚からみて合理的でもなく、民から官に来るインセンティブや意義を見出しづらい（Gさん）

　以下、考察を加える。

　まず、①出向人事経験者が実際に出向先で働く経験を通して感じたこと（働きやすさ、出向経験で得たこと・学んだこと、苦労したこと等）について、多く語られていたのが、外部から来る出向者は、派遣先に同期のような仲間や気軽に相談できるような人がおらず、声かけやフォローも少なく、人的なネットワークが不足していることだった。そのことが業務上もコミュニケーションの低下を生んでいること、何かわからないことや困ったときに相談できる人がいない、という状況に陥りやすく、孤立や仕事を抱え込んでしまうリスクの温床にもなりかねないことになっていた。換言すれば、相談やコミュニケーションができる仲間作りや、出向者同士の横のつながりが必要とされていた。この点、出向者に限らず、職場のコミュニケーションを良好なものにする上で、一般に、上司がフランクで相談しやすい雰囲気だと、その

第1章 「こども家庭庁」は、子ども政策にいかなる変化をもたらすか

下の補佐、係長もそういう雰囲気で、出向者も相談しやすい、発言しやすい（Eさん）という意見もあった。

また、国会対応、議員対応、予算要求など役所独特の仕事の進め方や業務などに対する周りのサポートが必要という声も聞かれた。出向者本人のみならず、例えば出向者の上司・部下を持った経験があるEさんは、出向者が国会対応や予算など本省の独自のロジ的な面はわからないことを前提に、せっかく来てもらったので現場感覚や経験が十分に活かせるように、着任時研修だけでなく、ロジ面のサポートや研修も必要ではないかと指摘していた。また、出向に先立ち、事前情報、オリエンテーションがあった方が良いという意見もあった。

出向して良かった点としては、本省の仕事の進め方やお金の流れ、組織の仕組みなどが見えるようになって良かったという声や、出向元に戻ってからもその経験や知識が生きたという指摘に加えて、本省との間で信頼関係が生じ、わからないことを遠慮せずに聞けたりできるようになったとも語られていた。

逆に、本省職員が感じる出向者として一緒に働いて良かった点としては、現場感覚、現場での受け止め方、経験に基づいて意見や発言をしてくれたのが、例えば、わかりづらい難解な通知の改正につながったなど、現場に寄り添った業務改善に資するものだったという指摘があった。

続いて、②出向人事制度そのものの課題点としては、様々な観点から声が聞かれた。多く聞かれたのが、出向者が期待された役割または専門生を生かす上で、現状、様々なネックが多いのではないか、ということだった。例えば、多くの出向者は、1～2年の期間限定で来るが、仕事や、業界団体との付き合いにおいて継続性が求められるなか、その期間しかいないようであれば、大事な仕事を任せられない、業界団体からも正直相手にされない、という指摘があった。また、出向者が声を上げるのは難しいのではないかという意見があった。加えて、出向者に専門性を期待するとしても、専門性を明確にしないとあまり意味がないという声があった。さらに、官が民に提供できるキャリア形成のメリットは少ない上に、役所独特の仕事の進め方は民間の経営感覚からみて合理的ではなく、民から官に来るインセンティブや意義を見出しづらいのではないかという懸念も語られた。また、そもそも地方自

35

治体も人手不足、人の取り合いの状態にあり、人を出向させるだけの人的リソースの余裕がないという声も聞かれた。

ここまでみてきたことは、出向に限らず、任期付き採用などにもあてはまると思われる。単に多様な人材を揃えたということや、役所に乏しい専門性を取り入れたということにとどまらず、そうした人材や専門性をうまく活用し、機能させるための課題が少なくないことが、今回の調査から浮かび上がった。

3 まとめと今後の課題

ここまでみてきたように、こども家庭庁の創設は、子ども政策の目的、対象層、プロセス（政策過程）に大きな変化をもたらす可能性があることが浮かび上がった。

具体的には、子どもの視点や子どもの権利性等の導入・深化、これまで分断的であった特定の子ども層とすべての子ども層の支援の一体化、地方自治体との連携強化、NPOをはじめとする市民社会との積極的な対話・連携・協働、自治体職員や民間人の出向・登用等によって、子ども行政や子ども政策のあり方を大きく変えうることが示された。

他方、例えば、安定的財源や十分な人員体制の確保、適切な人材活用等、課題が多いことも明らかになった。かかる課題を踏まえつつ、2023年4月に発足したこども家庭庁が、今後、子ども政策にどのような影響をもたらすのか、引き続き見守り、考察していきたい。

注
1）子ども（児童）の権利が明記されていることも注目に値するだろう。日本は、1989年に国連が採択した「子どもの権利条約（児童の権利に関する条約）」に94年に批准した以降も、子どもの権利は他の法律で既に保障されているという立場から、法整備は進めてこなかった。だが、児童虐待などが深刻化するなか、2016年改正の児童福祉法にて、子どもを権利主体として、子どもの権利が、法的に明確に位置づけられた。その後、2019年改正の子どもの貧困対策法でも、「児童の権利に関する条約の精神にのっとり」、対策を進めることが明記されるなど、子どもの権利主体性や、子どもの権利が認められるようになっている。こども家庭庁をめぐる議論でも、こうした流れ

を汲み、子どもの権利や最善の利益を、基本理念に位置付けているものといえよう。

2）本分析の図による整理・分析は、あくまで今回の分析対象である文書に出てきている概念（言葉やフレーズを含む）のみをあげている。文書には直接的には出てこないが、子ども行政、少子化対策などで出てくるもののうち、例えば、「格差是正」、「機会均等の推進」は左上又は右上の象限のものとして、「伝統的な家族規範の維持」や「社会維持のための人口政策」は左上または左下の象限のものとして、位置づけることができよう。

第2章

子どもの貧困をめぐる子どもと家族の
ウェルビーイング

はじめに

まず、本論のキーワードとなる、子どもの貧困とその対策について、著者なりに簡潔にまとめると、次のようにいえる（松村 2023a）。

貧困世帯の子どもは、自分では選択できない生まれ育つ世帯の貧困に起因し、様々な不利・困難に直面している。例えば、望む教育を受けられなかったり、社会関係に十分に参加できなかったりと、その影響は、実に多岐に渡りうる。それは社会において許容されてはならない不公正であり、是正する必要がある。こうした意識のもと、主に 2000 年代中盤以降、子どもの貧困が社会課題として注目され、子どもの貧困対策が進められている。福祉やケアが家族に依存する程度が大きい家族主義の傾向が強く、また、子どもは親や世帯に付随するものと捉えられがちだった日本社会において、子どもの主体性や権利に着目する子どもの貧困対策の意義は小さくない。

他方、子どもの貧困対策は、近年、民間を主体に多様な取組が広がり、行政の子ども政策もめまぐるしく変遷するなか、大きく変わりつつある。具体的には、本章が主題として扱う、子どもと家族のウェルビーイング（Well-being）[1] に資することが期待されるようになっている。また、一般的な子ども政策、少子化対策、他の政策と結びつきを強めるかたちで位置づけが変化している。こうした子どもの貧困対策の変化を踏まえることは、子どもの貧困や、子どもと家族のウェルビーイングを考える上で有用であろう。

以上を踏まえて、本章では、まず、子どもの貧困の定義や概況を確認する。続いて、子どもの貧困の課題、子どもの貧困対策に関する政策の展開、政策における今後の展望、という順に論じていきたい。

1 子どもの貧困の定義や概況

　まず、子どもの貧困率の定義・概況を、代表的な調査結果や先行研究を確認しながら、述べていく。

　厚生労働省によれば、子どもの貧困率とは、等価可処分所得（世帯の可処分所得〔収入から税金・社会保険料等を除いたいわゆる手取り収入〕を世帯人員の平方根で割って調整した所得）の中央値の半分に達しない年収状況の世帯で暮らす 17 歳以下の子どもの割合を指す。

　では、現在の日本社会で、貧困線は、どれくらいなのか。この点、厚生労働省は 2023 年 7 月、2021 年時点が調査時点の「2022 年（令和 4 年）国民生活基礎調査」の結果を公表した。それによると、子どもの貧困率は 11.5%（前回調査時〔2018 年〕より 2.5% 改善）だった（厚生労働省 2023）。ひとり親世帯の相対的貧困率は 44.5% で、ひとり親世帯の厳しい状況が続いている。また、母子世帯は 75.2%、児童のいる世帯は 54.7% が「生活が苦しい」と感じており、子育て世帯の厳しい状況がうかがえる。

　貧困状態の子どもたちは、生活が苦しいというだけでなく、教育、進学、孤立など多元的に不利なことが多くの先行研究によって指摘されている。例えば、子どもの学力は、生まれ、すなわち、子どもの出身家庭の社会経済的地位（Socioeconomic status、略称は「SES」）、出身地域、親の学歴、性別などによって影響を受けるとされ、子どもの学力と SES には正の相関があることが指摘されている（松岡 2019）。世帯年収が上がるにつれて、子どもの学力・大学進学率は上昇する。貧困世帯の子どもの学力は、一般世帯の学力よりも低い傾向にあり、「教育格差」があるのみならず、大学等への進学についても、学力の問題のみならず、経済的理由などにより、「進学格差」があることも指摘されている（小林 2008）。例えば、生活保護世帯の大学等進学率は 39.9%（2021 年）であり、近年増加傾向にあるものの、全世帯の大学等進学率 75.2%（同年）を大きく下回る状況が続いている（厚生労働省 2021）。

　また、貧困世帯では、教育や進学以外にも、様々な不利が指摘されている。例えば、子育て世帯の食料の不足経験を訪ねた調査（独立行政法人労働政策研究・研修機構 2018）によれば、母子世帯は 6 世帯に 1 世帯が、「過去の 1年間、お金が足りなくて、家族が必要とする食料を買えないこと」があった

と回答している。さらに、金銭的援助について頼れる人が「誰もいない」世帯の割合は、母子世帯が 51.5％、ふたり親世帯が 39.9％と差が大きい。経済的要因のみならず、ひとり親世帯では、親の就業時間が長く、子どもが親と過ごす時間が少ない傾向にある。子どもにとって、親と食事を一緒にとる機会や、自分を理解・肯定し、雑談や相談相手になってくれる他者の乏しさにつながりかねない。こうしたケースでは、家族以外の他者の存在や支援が必要になる。

さらに、近年注目されている貧困世帯の不利として、体験格差があげられる。公益社団法人チャンス・フォー・チルドレン（2023）によれば、世帯年収 300 万円以下の低所得世帯の子どもの約 3 人に 1 人が、1 年を通じて学校外の体験（スポーツや文化芸術活動、自然体験、社会体験、文化的体験など）が何もない体験格差の状態に置かれている。また、同調査によれば、世帯年収 300 万円未満の家庭の子どもにおける学校外の体験がない割合は、世帯年収 600 万円以上の世帯と比較して 2.6 倍高い。体験格差は、貧困世帯の子どもにとって、様々な経験の剥奪のみならず、他者との出会い、社会的なつながり、ロールモデルの獲得、さらに、進路選択や、様々な経験や社会への問題意識などが評価されるタイプの入試といった場面でも、不利に働くだろう。

ここまで述べてきたように、子ども期の世帯の貧困によって教育、進学、体験の機会に恵まれず、その延長として成人期以降も、不安定・劣悪な労働条件での就職、低所得、低い生活水準や社会的孤立の状態に世代を超えて陥るといった、いわゆる「貧困の連鎖」や「世代的再生産」が指摘されている。

別言すれば、自分で選べない生まれ育った環境によって、教育・進学・体験の不利、その後の人生でも、ライフチャンス・就職・結婚・子育て・健康状態など、多元的にウェルビーイング（ある人が、その人らしく、尊厳を持ちながら、身体的・精神的・社会的に良い状態であること）への長期的な脅威となる。それは、社会において、不公正であり、是正する必要がある。こうした認識のもと、子どもの貧困対策が広がっているが、他方で、子どもの貧困には、課題も指摘されている。次節では、その点について述べていく。

2 子どもの貧困の課題

　子どもの貧困の課題として、著者は、子どもの貧困という捉え方や子どもの貧困対策に関して、以下の2点の課題があると考えている（松村 2023a）。

　まず、1点目は、なぜ、子どもの貧困を大人の貧困や世帯の貧困と区別し、子どもの貧困に着目するのか、という疑問に関することである。

　この点、松本（2017：3）は、「『子どもの貧困』は広く貧困の一側面であり、『特別な』『新しい』貧困ではない。貧困状態下にある子どもに対する理解を深め、研究と実践の幅を広げるために、この言葉が使用されるべきである」と述べる。

　著者なりに付言すれば、大人の貧困や世帯の貧困が基本的に念頭にある、これまでの「貧困」の視座に立脚した場合には見えてこない、子どもを中心に見たときに浮かび上がる、子ども特有の貧困に起因する様々な影響や不利に着目する上で、子どもの貧困という視点が有用であるといえる。実際、近年、子どもの貧困が知られるようになってから、これまでの研究や実践では見過ごされてきたことも多かった、貧困状態の子どもの様々な不利や格差が、社会的に注目され、一定程度はその対策が前進してきた。

　続いて、2点目の課題は、貧困というのは、詰まるところ、経済的困窮、または、そのために衣食住の最低限のものを購入できないことを含意するという認識のもと、金銭給付（再分配）を拡大すれば事足りるのではないか、という認識や疑問に関するものである。国や地方自治体といった行政が、金銭給付（再分配）を強化すれば十分ではないか、という疑問を生むことがあるようだ。

　かかる疑問に答える上で重要な示唆を与えてくれるのが、貧困とはなにか、という問いに関する先行研究の指摘である。

　イギリスの貧困研究・社会政策研究を代表するルース・リスター（2021＝2023：29）は、「物質的／非物質的な貧困の車輪」を提示し、車軸（円の中心）に位置するものとしての「物質的核（容認できない困窮）」にとどまらず、車軸を取り囲む外輪部（周辺部）に位置する「関係的／象徴的な側面」として、「尊重・敬意の欠如」「屈辱」「恥辱やスティグマ」「尊厳および自尊感情への攻撃」「〈他者化〉」「人権の否定」「シチズンシップの縮小」「声

を欠くこと」「無力」をあげる。貧困の物質的な側面と、関係的／象徴的側面は、相補性と独立性を持つものとされる。

　経済的次元、および、衣食住のために最低限必要な物質を欠くことだけが貧困ではなく、社会的・文化的な次元、著者なりにもう少しかみ砕いていえば、社会における他者及び自己からの尊重、人権、社会的なつながりなど、貧困は、多元的な次元に及ぶ。貧困状態とは、このように、多元的に剥奪されうる状態を含意するといえる。

　また、剥奪とは、当該社会において通常享受されているとみなされている生活資源や生活様式などを享受できない状態（「相対的剥奪」）や、資源、関係、機会などから多元的に排除（「社会的排除」）されていることと解釈されることが多い。

　以上を踏まえると、子どもの貧困対策は、経済的次元、すなわち金銭給付（再分配）の拡大や強化だけでは足りないことになろう。すなわち、あくまで経済的次元が中心ではありつつも、そこにとどまらない、多元的な剥奪や不利に向き合う必要がある。

　子どもの貧困対策や、こども大綱といった今日の政策でも、基本的にはこうした理解に立脚し、経済的次元にとどまらない次元への対応が広がっている。例えば、貧困世帯の子どもの特徴として、社会的孤立、低位なウェルビーイングなどが指摘されているが、そうした子どもに、ケア、居場所、他者とのつながり、ロールモデルの提供などが必要とされている。

　詳細は後述するが、こども食堂や学習支援は、経済的次元に起因する空腹や学習機会の欠乏への対応のみならず、対人的なケアや他者とのコミュニケーション、社会的な居場所などの性格を併せ持つことにこそ意義がある。

　ここまで、子どもの貧困という捉え方やその対策の課題をあげてきた。続いて、子どもの貧困対策に関する政策の展開を次節でみていくことにする。

3　子どもの貧困対策に関する政策の展開

　2013年に「子どもの貧困対策の推進に関する法律」（以下、「対策法」と略す。）が成立、2014年には「子供の貧困対策に関する大綱について」（以下、「大綱」と略す）が閣議決定されるに至った。対策法の第一条（目的）は、

「子どもの将来がその生まれ育った環境によって左右されることのないよう、貧困の状況にある子どもが健やかに育成される環境を整備するとともに、教育の機会均等を図る」ことを明記し、第二条（基本理念）では対策の4つの柱として、「教育の支援、生活の支援、就労の支援、経済的支援」が示された。大綱においても、これらの4つの柱をより具体化する各種政策や方針が示され、各自治体において取組が期待されるようになった。

さらに、大綱は2019年に改正され、例えば、目的として、将来の貧困の連鎖だけでなく「現在」の貧困にも焦点を当てることや、子育てや貧困を家庭のみの責任とするのではなく地域や社会全体で課題を解決するといった視点が追加されていることなどが注目される（内閣府 2019）。貧困を家庭だけの責任とすることなく、貧困世帯の子どもを社会全体で支えようという方向は、広く一般的に子ども・子育てを社会全体で支えていこうという、いわゆる、子育ての社会化のベクトルとも符合するものであろう。

その後も、子どもの貧困対策は、こども家庭庁を見込み、少子化対策や他の政策との結びつきを強めるかたちでその位置づけが変遷していった。政府は、内閣官房に設置された、こども政策の推進に係る有識者会議での議論を踏まえて、「こども政策の新たな推進体制に関する基本方針～こどもまんなか社会を目指すこども庁の創設～」を閣議決定した（2021年12月21日）。

さらに、2022年6月にはこども基本法が成立し、その後は、同法に基づき、こども家庭審議会の議論や答申を経て、こども政策を総合的に推進するための政府全体のこども施策の基本的方針等を定める、「こども大綱」が閣議決定された（2023年12月22日）。

こども大綱では、従来の少子化社会対策大綱、子供・若者育成支援推進大綱及び子供の貧困対策に関する大綱を一つに束ね、一元化するとともに、さらに必要なこども施策を盛り込むことで、これまで以上に総合的かつ一体的にこども施策を進めていくことが期待されている（こども家庭庁 2023）。

さらに、こども大綱では、「こどもまんなか社会」の実現を目指し、そのための基本的な方針として、①こども・若者は権利の主体であり、今とこれからの最善の利益を図ること、②こども・若者や子育て当事者とともに進めていくこと、③ライフステージに応じて切れ目なく十分に支援すること、④良好な成育環境を確保し、貧困と格差の解消を図ること、⑤若い世代の生

活の基盤の安定を確保し、若い世代の視点に立った結婚・子育ての希望を実現すること、⑥施策の総合性を確保することを掲げている（こども家庭庁2023）。

　また、こども基本法は、国・地方自治体の責務を規定する。国の責務として、こども施策を総合的に策定、実施する責務を有すること（第4条）、地方公共団体の責務として、こども施策に関し、国及び他の地方公共団体との連携を図りつつ、その区域内におけるこどもの状況に応じた施策を策定、実施する責務を有すること（第5条）を定めている。さらに、こども大綱の策定義務を国に課し（第9条）、都道府県および市区町村にこども計画（こども施策についての計画）策定の努力義務を定めている（第10条）。また、国及び地方公共団体がこども施策を策定・実施・評価するに当たっては、当該こども施策の対象となるこども又はこどもを養育する者その他の関係者の意見を反映させるために必要な措置を講ずるものとすることを規定し（第11条）、こども施策に対するこども等の意見の反映を図っている。

　これらの近年の動きのなかで、子どもの貧困対策に着目すると、大綱改正からそれほど変化はないが、子どもの貧困対策の政策的な位置づけの変化として、2点を指摘することができるだろう。

　まず1点目は、子どもだけなく、家庭や世帯（保護者）の支援に一層重きが置かれるようになっていることである。子どもの貧困対策の改正大綱や、こども家庭庁、こども大綱をめぐる議論において、子どもが生まれ育つ基盤である家庭や世帯への支援がより着目・拡充されるようになっている（もっとも、こども家庭庁の名称をめぐる議論でも話題になったが、家庭への支援拡充だけでなく、子育ての社会化と反する、子育ての家庭責任を強調するロジックをも含み得るものであることに留意が必要である）。

　2点目は、少子化対策や他の政策との結びつきが強まっているということである。先述のように、こども大綱では、従来の少子化社会対策大綱、子供・若者育成支援推進大綱及び子供の貧困対策に関する大綱を一つに束ね、一元化され、これまで以上に総合的かつ一体的にこども施策を進めていくこととされている。さらに、こども大綱と同日に閣議決定された「こども未来戦略〜次元の異なる少子化対策の実現に向けて〜」では、3つの基本理念として、①若い世代の所得を増やす、②社会全体の構造・意識を変える、③全

てのこども・子育て世帯を切れ目なく支援する、を掲げている。これらは、貧困世帯のみを念頭にしたものではないが、貧困世帯で影響がより深刻と考えられる、子育て費用・教育費用の軽減を目的として、多子世帯の大学等授業料・入学金の無償化導入を打ち出すなど、貧困対策が少子化対策やその他の政策と結びつきを強めるかたちで実現される傾向が強くなっている。

　こうした変化が、子どもの貧困対策としてみたときに、どのような影響を及ぼすのかは今後注視する必要があるだろう。貧困対策と位置づけることでその対象者に生じていたスティグマが緩和されることが期待される一方で、全ての子ども・子育て世帯を対象とする一般政策の性格を強めることで、貧困世帯に固有の不利や困難への対応が後退することがないことが望まれるだろう。

　また、ここまで行政における子どもの貧困対策に関する政策の展開をみてきたが、子どもの貧困対策では、民間の取組が先行したり、民間に委ねられている部分も少なくない。特に、近年は、こども食堂や居場所支援など、NPO など民間主体の取組が多様化しつつ広がりを見せている（湯浅 2021）。

　そのため、続いて、松村（2023a）の整理を参考に、民間の取組の展開を述べていく。まず、支援対象の変化である。貧困世帯と限定とすることは、利用者にスティグマ（恥辱）、偏見、差別を生みかねない。そのため、近年では、貧困世帯を含む一般世帯を広く対象にした取組が増えている点である。例えば、こども食堂では、こうした意図から、貧困世帯を対象とするイメージが強い、こども食堂ではなく、地域食堂とする取組もみられる。

　また、支援のタイミングも、貧困に陥ってからの事後的な支援ではなく、予防的な支援や、対象を一般化することによって貧困を脱した後も継続的に利用可能な支援が重視されつつある。さらに、支援の形態や意義も大きく変わりつつある。かつては貧困状態から脱却させる（≒自立させる）ための手段として、学力向上（学習支援）や空腹を満たす（こども食堂）といった限定的目的に基づいていた。しかし、今日では、学習支援であれ、こども食堂であれ、対人的なケアやコミュニケーションが支援形態として重視され、支援の意義も、子どものウェルビーイングや権利保障を支えるものと、広く捉えるように変わりつつある。

　こども食堂や学習支援などの取組は、自立のための学力向上や空腹を満た

す手段にとどまらず、本人の意思を尊重しつつ、その場で交わされるケア、コミュニケーション、居場所感（自分を迎え入れてくれたり、話や相談を聞いてくれたり、気にかけてくれる他者がいる、安心して過ごせる場所があるという感覚）などによって、子どものウェルビーイングや権利保障に資することが重視されているといえよう。

こうした変化は、子どもの貧困が、社会課題として顕在化する以前と比べれば、様々な支援メニューが増え、子どもを主体としたウェルビーイングや権利保障の性格が強くなっているため、望ましい状況と一定の評価をすることもできるだろう。

しかし、民間の貧困対策は、行政からの助成や民間からの寄附などの社会投資が不十分であったり、人材が不足すると、持続性が危ぶまれる。子どもにとって、取組が消えてしまったときや、年齢的な問題や引っ越しなどで利用できなくなったときの反動や拠り所の喪失感は、取組を利用していたケースであればあるほど、大きなものになるだろう。民間主体の子どもの貧困対策は、利用する子どもにとって、かかるジレンマを抱え込むことにもなるといえる。

そのため、民間の取組だけに子どもが頼ることなく、多様な機関、様々な専門職、地域の人々などの社会資源に子どもがつながっていけることが重要である。そして、そうした役割は、公的な支援のあり方に関係するため、基本的には、行政が果たすべきだろう。だが、福祉行政と教育行政の縦割りなどの弊害で上手くいかないケースも少なくない。子どもが多様な社会資源につなげていけるために、コーディネーターの役割を担う人材の育成・支援や、仕組みづくりが重要だが、十分に進んでいるとは言い難い。

また、上記以外にも、貧困対策の経済的給付が依然として低水準に留まっている点や、教育支援に取組が偏重している点などの批判や懸念も根強い。ここまで述べてきたように、子どもの貧困対策は、行政の政策に加えて、民間の取組でも、変化が続いている。一方で、問題や懸念も多く含んでいる。本章の主題である、子どもと家族のウェルビーイングの点からは、いまだ不十分と言わざるを得ないだろう。

なお、こども大綱においても、NPO等の民間団体等に関する部分として、「こども・若者や家庭に支援を届けるに当たっては、支援が必要でも自

覚できないなどSOSを発すること自体が困難、相談支援の情報を知らない、知っていたとしても申請が複雑で難しいといった課題があるほか、SOSを発しても周囲が受け取れていないことがある。こども・若者や家庭が、必要な情報を得られ、必要な支援を受けられるよう、地域における関係機関やNPO等の民間団体等が連携し、当事者に寄り添いつつ、プッシュ型・アウトリーチ型の支援を届ける」と記載され（こども家庭庁 2023）、民間団体等への期待は大きいが、どこまで実効性があるかは未知数である。

　日本社会において、子どもの貧困対策は、一定程度は前進してきた。しかし、子どもの貧困の背後にある、そもそもの親や世帯の貧困、あるいは、格差などの社会構造的な問題が、改善したとは言い難い。

　こども食堂や学習支援には、再分配（金銭給付）だけでは実現できない、対人的ケアや居場所感など固有の小さくない意義があろう。だが、限界もある。そうした限界を、近年変化している子どもの貧困対策、さらに、新たに生まれた、こども大綱やこども未来戦略などの政策がどのように対応できるのか、注意深く見守っていくことが肝要だろう。

4 政策における今後の展望

　本章でみてきたように、近年、子どもの貧困対策やこども大綱、その他の政策において、子どもだけでなく、家族のウェルビーイングへの視点や関係する支援が徐々に普及・拡大してきている。

　本章の主題である、子どもと家族のウェルビーイングが、これほど政策的に重要視されたことはないだろう。今後、掲げられた理念をどれほど実現できるか、ということが、残された課題といえる。

　また、忘れてはならないのが、子どもの貧困は、貧困世帯の子どもにとどまらず、子ども・子育てを社会でどのように支えていくべきかという問いを投げかけてくるということである（松村 2023a）。

　その問いに応じるためには、日本社会の構造的な問題、再分配など社会保障のあり方に加えて、福祉、雇用、教育、さらに、家族にウェルビーイングのためのケアや福祉が大きく依存している家族主義のあり方などの見直しが欠かせないだろう。

第Ⅰ部　政策編

　この点、例えば、再分配の拡充や福祉的支援の充実といった社会保障・福祉だけでなく、労働条件・労働環境の改善や賃上げといった雇用、経済的支援拡充のみならず家族のケアを担っている場合などでも就学できる教育、その他の日本的慣行や制度の見直しが避けて通れないだろう。いわば、日本社会のあり方が広く問われていると認識すべきであろう。

　こうした認識の上に、本論全体の総括として、子どもの貧困をめぐる子どもと家族のウェルビーイング実現のために重要と思われる2点を最後に述べたい。

　まず、1点目は、子どもだけでなく、子どもが生まれ育つ基盤である家庭、保護者への支援の視点が欠かせないことということである。子どもの貧困や、子どもと貧困の一定の関係が指摘されるヤングケアラーは、ともすれば、子どものみを支援対象にしがちだが、家庭や保護者への支援が重要である。子どもと家庭、双方への支援が両輪となって、子どもの貧困をめぐる子どもと家族のウェルビーイングに資することになる。

　2点目は、貧困や虐待などの不利や困難を抱える特定世帯だけでなく、子どもがいる一般世帯を広く支援対象とすることである。一般世帯でも、子育て上の保護者のストレス、孤立などが指摘されており、そのことは、子どもや家族のウェルビーイングを脅かしかねないものである。貧困などの課題に直面する特定世帯の支援だけでなく、一般世帯の支援も、子どもと家族のウェルビーイングの実現のためには欠かせない。また、そのことが、子どもや子育てを社会全体で支えていこうという子育ての社会化と、限定的な支援やスティグマや分断の源になりがちな子どもの貧困対策の架橋に資すると考えられる。

注
1）ウェルビーイングを文科省（2021：4）は、OECD の「PISA 2015 年調査国際結果報告書」における、「生徒が幸福で充実した人生を送るために必要な、心理的、認知的、社会的、身体的な働き（functioning）と潜在能力（capabilities）である」という定義に依拠して用いている。本書も、かかる定義に基づくことにする。

第3章

教育制度は、「ウェルビーイング」のために
何ができるのか？
──「こどもまんなか」社会におけるケアに着目して──

はじめに

　近年の子ども政策の展開がめざましい。特に、2023年4月のこども家庭庁創設はインパクトが大きく、現在、子ども政策の中心として、同庁などが掲げている「こどもまんなか」社会や、その実現のための各種取組が、協力に推進されている。

　ここで、まず、あらかじめ断っておくが、本書は、「こどもまんなか」社会を、当然に目指すべき、善きものとは捉えていない。むしろ、後述するように、その内実やエビデンスが十分に議論された形跡が見当たらない一方、官邸主導・政治主導の性格が色濃いように思われる。

　「こどもまんなか」は、抽象的で、いかようにでも都合よく解釈できる。権力側や大人が、恣意的に操作可能なものであるため、その名の下、例えば、子どもの権利や自己決定・意見表明などの自由が不当に制約されたとしても、そのことを正当化するかたちで利用される危険を伴いかねないものだと考えられる。

　他方で、こども家庭庁や「こどもまんなか」と共鳴するようなかたちで、近年、教育政策でも前景化している、学校の「福祉的な役割」「居場所」「セーフティネット」などのアイディア・言説は、これまでの学校のあり方を、子どものウェルビーイング[1]向上や権利保障の志向と符合しつつ、ケアを通して、変革する契機をも含むとも考えられる。

　本章では、教育制度は、ウェルビーイングのために何ができるのか、「こどもまんなか」社会におけるケアに着目しながら、論じていくことにする。

49

第Ⅰ部　政策編

1 子ども政策の展開とその特徴

　主に 2010 年代以降、子ども政策は日本社会が取り組むべき最重要課題と位置づけられ、新たな法制度が施行されている。例えば、子どもの貧困対策の推進に関する法律（2013 年）、子ども・子育て支援新制度（2015 年）、幼児教育・保育の無償化（2019 年）、高等教育の修学支援新制度（2020 年）などがあげられる。

　その後、政府は、内閣官房に設置された有識者会議での議論を踏まえて2021 年 12 月に「こども政策の新たな推進体制に関する基本方針〜こどもまんなか社会を目指すこども庁の創設〜」を閣議決定し、2023 年 4 月にこども家庭庁が内閣府の外局として発足した。同時に、こども基本法が施行された。同法は、第 1 条の目的において、憲法及び児童の権利に関する条約の精神にのっとり、次代の社会を担う全てのこどもの健やかな成長、権利の擁護、幸福な生活を送ることができる社会の実現のため社会全体としてこども施策に取り組むことを明記している。

　さらに、2023 年 12 月には、子ども政策を総合的に推進するための政府全体のこども施策の基本的方針等を定める、こども大綱が閣議決定された。こども大綱では、従来の少子化社会対策大綱、子供・若者育成支援推進大綱及び子供の貧困対策に関する大綱を一つに束ね、一元化するとともに、「こどもまんなか社会」の実現を目指し、これまで以上に総合的かつ一体的にこども施策を進めていくとしている。「こどもまんなか社会」という言葉はやや聞き慣れないが、その定義として、こども大綱では「『こどもまんなか社会』とは、全てのこども・若者が、日本国憲法、こども基本法及びこどもの権利条約の精神にのっとり、生涯にわたる人格形成の基礎を築き、自立した個人としてひとしく健やかに成長することができ、心身の状況、置かれている環境等にかかわらず、ひとしくその権利の擁護が図られ、身体的・精神的・社会的に将来にわたって幸せな状態（ウェルビーイング）で生活を送ることができる社会」と述べている（こども家庭庁 2023：7）。

　ウェルビーイングや子どもの権利保障が、「こどもまんなか社会」の中核や、関連する子ども政策にあることがうかがえる一方、その具体的な内実は十分に議論されたとは言い難く、実現するための方策も判然としていない。

なお、こども家庭庁は、旧厚生労働省子ども家庭局が母体のひとつになっているが、同局が所管していた福祉や社会保障に関する記述が目立つことも特徴的といえる。

　ここまで述べてきた、こども家庭庁、こども基本法、こども大綱などは、内閣官房や内閣府が主導しており、いわゆる官邸主導・政治主導の性格も色濃く感じられる。

　他方、文部科学省（以下、文科省）の政策文書にも、近年、ウェルビーイングのほか、「こどもまんなか社会」に共鳴しうる、学校の福祉的な役割や機能に言及する記述がみられる。2021年1月26日、文科省の中央教育審議会の答申「『令和の日本型学校教育』の構築を目指して～全ての子供たちの可能性を引き出す、個別最適な学びと、協働的な学びの実現～」（以下、「令和の日本型学校教育」答申）がとりまとめられた（文部科学省 2021）。そのなかで、「日本の学校教育は（中略）全人的な発達・成長を保障する役割や、人と安全・安心につながることができる居場所としての福祉的な役割も担ってきた」（同：2）、「全人格的な発達・成長の保障、居場所・セーフティネットとしての福祉的な役割は、日本型学校教育の強みである」（同：7）、「学校は、全ての子供たちが安心して楽しく通える魅力ある環境であることや、これまで以上に福祉的な役割や子供たちの居場所としての機能を担うことが求められている」（同：10）といった記載がある。

　さらに、2023年6月16日に閣議決定された「第4期教育振興基本計画」（文部科学省 2023）では、「日本社会に根差したウェルビーイングの向上」が掲げられた。具体的な記載（同：8-10）としては、「ウェルビーイングの実現とは、多様な個人それぞれが幸せや生きがいを感じるとともに、地域や社会が幸せや豊かさを感じられるものとなることであり、教育を通じて日本社会に根差したウェルビーイングの向上を図っていくことが求められる」、「ウェルビーイングと学力は対立的に捉えるのではなく、個人のウェルビーイングを支える要素として学力や学習環境、家庭環境、地域とのつながりなどがあり、それらの環境整備のための施策を講じていくという視点が重要である」と記載され、「こどもまんなか社会」の中核である「ウェルビーイング」が前景化している。さらに、特徴的なのが、子どもだけでなく、教師のウェルビーイングへの着目である。具体的には、「子供たちのウェルビーイ

ングを高めるためには、教師のウェルビーイングを確保することが必要であり、学校が教師のウェルビーイングを高める場となることが重要である。子供の成長実感や保護者や地域との信頼関係があり、職場の心理的安全性が保たれ、労働環境などが良い状態であることなどが求められる。加えて、職員や支援人材など学校の全ての構成員のウェルビーイングの確保も重要である。こうしたことが学びの土壌や環境を良い状態に保ち、学習者のウェルビーイングを向上する基盤となり、結果として家庭や地域のウェルビーイングにもつながるものとなる」と述べている。紙幅の関係上、詳述しないが、長時間労働や過大な業務量等の実態を背景に、学校・教員の働き方改革や待遇改善の取組が進められている方向と合致しうるものといえる。さらに、教師や学習者のウェルビーイングの確保が、「家庭や地域のウェルビーイングにもつながるものとなる」というロジックは、子どもや学校を起点として家庭や地域のウェルビーイングを図ろうとする点で、家庭教育の重視といった近年みられる教育政策のロジックと一線を画す一方、「こどもまんなか」社会の志向と共鳴するものといえる。

　ここまで述べてきたように、「こどもまんなか」や「ウェルビーイング」が、子ども政策や教育政策など横断的に急速に広がりつつある背景としては、子ども政策の「司令塔」とされる、内閣官房・内閣府による総合調整、いわば官邸主導や政治主導の影響は無視できない。近年、特に第二次安倍内閣発足以降、官邸主導、政治主導の影響が濃くなっていることは政策全般で指摘されるが、とりわけ文科省の政策は「間接統治」（青木 2021）と呼ばれるほど、官邸・政治家・他省庁・財界などの影響が強いとされる。「令和の日本型学校教育」答申についても、石井（2021：13）は、「教育政策共同体の閉じたネットワークだけで政策過程を管理してきた従来のあり方とは異なる、省庁連携による教育政策形成としての性格を持つ」、「『教育政策共同体を越えた幅広いイシュー・ネットワーク（アライアンス）』（合田 2020：15）による政策調整過程の産物でもある」と述べる。各省庁や族議員などの従来の政策共同体ではなく、官邸（内閣官房・内閣府）、政権与党、イシューごとのアクターが、ネットワーク（アライアンス）を作り、官邸や政権与党の意向を色濃く汲む調整を官邸（内閣官房・内閣府）が行い、政策がトップダウンで決定づけられ、各省庁は決定に沿って政策を管理・実施する役割にとどまり、

政策形成の中心部から後景に退いている。

　こども家庭庁創設や、「こどもまんなか」などのアイディア・言説の提示も、官邸（内閣官房・内閣府）が中心的に行い、文科省や厚労省は周縁的なアクターにとどまっている。この点、こども家庭庁創設をめぐる動きや、「こどもまんなか」を実現する子ども政策については、文科省は、周縁的なアクターであることを逆手にとり、一定の距離をうまくとり、政治・政局のドタバタに巻き込まれることを巧みにかわしながら、自らの行政資源を温存することに成功しているようにもみえる。

　しかし、文科省や教育政策の「内部」の事象である、「令和の日本型学校教育」答申や、第4期教育振興基本計画で、たとえ、その形成過程において、文科省以外の官邸や政権与党、イシューネットワークに参画しているアクターの意向の色が濃いものであったとしても、「福祉的な役割」や「ウェルビーイング」が掲げられるとなると、話は別になる。こども家庭庁や「こどもまんなか」社会、子ども政策と共鳴・通底し得る、かかるアイディアや言説が明記され、前景化することは、「外部」のこととして遠巻きにしてきた文科省のスタンスに、「内部」のこととして、向かい合わなければならないという転換を迫るものである。そもそも、こども家庭庁や「こどもまんなか」社会などのアイディア・言説が、その内実やエビデンスが議論されないまま、はじめから立ち上げありきの政治的パフォーマンスの産物に過ぎないともいえるなか、「こどもまんなか」や「ウェルビーイング」といった抽象的なアイディア・言説に基づく政策を実際に管理、実施することは、実務上は厄介なことでもあるはずだ。しかし、現実に、「令和の日本型学校教育」答申や、第4期教育振興基本計画に盛り込まれたことに加えて、さらに、官邸側の意向によって、こども家庭庁、「こどもまんなか」社会、子ども政策が、パフォーマンスでなくその実現・実効性を期待されるようになると、文科省、教育委員会、学校、教員は、そのための取組に邁進しなければならない。そのとき、元来そうした役割があったにせよ、少なくとも日本の学校で、教育や学力などに隠れて長年表立っては出てこなかった「福祉的な役割」や「ウェルビーイング」の確保や向上は、学校だけでは十分に対応できないため、自ずと福祉行政や、福祉的な支援を行う教員以外の他専門スタッフ（スクールカウンセラー〔SC〕やスクールソーシャルワーカー〔SSW〕など）、さら

には、教員の業務軽減の観点などから「外部」たる地域の人材などを必要とする。換言すると、従来の学校の立場として、「外部」や「異質」なものと受け止めていた、それらのものと接合し、協働せざるを得ないことになる。

　このことを学校や教員が「こどもまんなか」社会に資するものとして、また、子どもや教員の「ウェルビーイング」に向けて変革するものとして好機と捉えるか、それとも、厄介・面倒なことと捉えるかは、判断が分かれるだろう。だが、いずれにせよ、従来、学校「内部」で完結する傾向が強かった日本の学校が、「外部」や「異質」たる福祉行政や地域の社会資源や取組とつながっていく契機になるともいえるかもしれない。

　しかし、そうだとしても、では、どのように、学校、子どもと教員の双方のウェルビーイングを確保・向上させることができるだろうか。「令和の日本型学校教育」答申について石井（2021：12）は、「安心安全な居場所・セーフティーネット等、コロナ禍で顕在化した教育福祉的な役割も含め、全人教育を構成する要素が明示的に示されたことで、これまでの役割を減らすことなく、学校や教師の役割が肥大化したようにも映る」と指摘する。また、第4期教育振興基本計画で教員のウェルビーイングの確保の必要が掲げられる状況に、どのように対応すべきか。教員を含めた「ウェルビーイング」の確保・向上が教育振興基本計画に盛り込まれたこと自体は、注目に値するものの、石井が懸念するように、学校・教員の役割が増えるという事態は避ける必要があろう。ウェルビーイングという、耳障りは悪くないが、曖昧で対応すべき範囲や責任の所在が不明瞭なワードがこれからの教育政策を席巻していきかねない一方、教育現場は、待ったなしの疲弊した実態が続いている。子どものウェルビーイングのために際限のない対応を、学校や教員に強いるようでは、教員のウェルビーイングの確保とは逆行する。子どもと教員、それぞれのウェルビーイングの内実と、そのために必要な支援や組織としての仕組みを、現実的に活用しうる学校内外の人的資源をはじめ社会資源を見据えた上で、現場ごとに、真剣に議論する必要がある。ただ、例えば、学校・教員の役割を縮小し、その分、外部の人材を学校に投入すればいいというような単純な話ではない。この点、ウェルビーイングの陥穽について、日本社会の学校文化、家庭と学校のクロスオーバーが進む状況などを踏まえて、次節では論じていきたい。

2 ウェルビーイングの陥穽

　まず、ウェルビーイングを目指すべきものとしても、ウェルビーイングには、学校だけでなく、子どもが生まれ育つ基盤である家庭が影響する。例えば、家庭教育や子育ては、階層による格差が指摘されている（本田 2008；額賀・藤田 2022）。家庭が持つ社会資源は階層差があり、とりわけ貧困層では社会資源が限られているため、そこで生まれ育つ子どもには、様々な不利や困難に直面しやすく、ウェルビーイングへの脅威となる。貧困層でなくとも、虐待やヤングケアラーのケースでも子どものウェルビーイングを考える上で、家庭の影響は看過できない。子どものウェルビーイングは、生まれ育つ家庭の階層などによって差がある。そうしたなか、学校・教員が子どものウェルビーイングを目指すならば、家庭と学校・教員がそれぞれどこまでの対応をすべきか、責任を持つのか、その範囲を決める必要があるようにも思えるが、そもそもウェルビーイングという概念自体が曖昧である以上、その線引きは不明瞭なものとならざるを得ない。むしろ、家庭、学校・教員が、それぞれの役割の下、できる範囲でウェルビーイングに向けた取組を行うことが望ましいようにも思える。

　しかし、ここでも話は単純ではない。なぜなら、学校と家庭の機能が弱体化し、それぞれが担ってきた役割を単独では果たせず、両者が融合するような状況が指摘されているからである。例えば、倉石（2021：184-189）は、学校、家庭の両アクターが弱体化し、それぞれが担ってきた教育、養育（福祉）へのクロスオーバーが進行している状況を指摘する。

　また広井（2018：102-103）も、「教育と福祉という二つの領域は、いずれも“人が人をケアする”代表的な分野でありつつも、これまで互いに「遠い」存在だった」が、「『福祉と教育のクロス・オーバー』あるいは協働の要請ということが生じ、それは若年者を含む失業の慢性化、格差の世代間累積と『子どもの貧困』問題、『人生前半の社会保障』などといった横断的な課題として生成している」と指摘する。

　ここで、地域（地域の様々な人・団体・活動などの社会資源や取組）というアクターも、教育と福祉の双方にクロスオーバー、接続し得る存在として捉えることができるだろう。

第Ⅰ部　政策編

　ただし、クロスオーバー、接続は、実際には容易なものではないことが想定される。荒見（2020：187）は、戦後日本の子どもをめぐる政策体系を「一般的な子どもに対する普遍的な教育保障・生活保障は学校と家庭がそれぞれ責任を持ち、その両者が対応できない特殊・個別・多様なニーズをもった子どもに対しては児童福祉行政（専門性が高く狭い支援）と地域社会が支援する（ボランティアによる広い支援）」という分業体制を述べる。近年、教育と福祉、地域との連携が盛んに言われているが、こうした分業体制の歩みや、それぞれが固有の文化などを持つことを踏まえると、連携は簡単なものではないだろう。

　そもそも、日本の学校では、長年、同質性の高い集団を念頭に、生徒の家庭環境や個別事情を特別視しないことを原則とした、画一的な教育が行われ、そうした学校文化や習慣は根強い。例えば、小川（2018）によれば、日本の学校では、個別のニーズへの配慮は「特別扱い」として学級集団づくりを損なうものとして忌避され、教員が圧倒的多数を占める教員単一文化の下、教員が、職務範囲の無限定性や長時間労働を引き受けつつ、OJT（職場内教育）や研修によるオールラウンドな職務能力を身につけ、子どもに対応してきた。

　しかし、近年、貧困、いじめ、不登校、虐待等の問題がクローズアップされ、教員だけの対応の限界や、福祉的支援の必要の高まりを背景に、教員以外の他専門スタッフ、スクールカウンセラー（SC）やスクールソーシャルワーカー（SSW）などの学校派遣・配置等が国の補助事業や自治体独自施策として進み、いわゆる、学校プラットホームやチームとしての学校も注目を集めている。こうした変化を、高橋（2021）は、日本社会の貧困や格差の拡大によって子どもの貧困対策が迫られるようになり、学校が子どもの貧困対策のプラットフォームとされるなど、学校が福祉機能を担うようになったと指摘する。

　かかる学校の福祉機能は一定の意義を持つだろう。しかし、他専門スタッフとの連携でさらに教員が多忙化することや、他専門スタッフの勤務が限られるなかでどこまで専門性を発揮できるのか等の危惧もある。学校プラットフォームであれ、チームとしての学校であれ、学校をベースとしたあり方は、投入される人的資源やそのための財政の拡充が伴わなければ、「従来型の古

い学校システムの「拡大再生産」に留まるという懸念もある」（小川 2018：114）と指摘される。高橋（2021：24-25）も、「学校が福祉機能を担うことによって貧困化、格差の拡大を防ぐことは、子どもや社会のために望ましいことである。ただし、その目的を達成するためには、学校に対するこれまでとは次元の異なるレベルでの大規模な人的・財政的支援が不可欠である」が、そうした支援がないなか、「福祉に関する大きな負担と重い責任が教員にのしかかってくる」と述べる。

　学校プラットフォームや、チームとしての学校のあり方が提起され、また、学びのあり方として新たに「個別最適な学び」や「協働的な学び」などが掲げられても、これまで脈々と続いてきた学校文化などは、簡単に変わるものではないだろう。

　また、ウェルビーイングが推奨されても、ウェルビーイングに比べて可視化や数値化になじむ学力や成績が、ウェルビーイングを代替する指標として台頭する危険はないのだろうか。学力は、生まれの階層差による影響を強く受けるものである（松岡 2019）。教育の成果やエビデンスが問われるようになるなか、ウェルビーイングの内実や指標が十分に議論されないまま、ウェルビーイングの必要や新しい学びのあり方を推進しても、結局のところ、階層差が隠蔽されたまま、可視化や数値化になじむ学力や成績の重視に回帰する一方、ウェルビーイングに関して学校や教員が対応するべき範囲や責任の所在が曖昧となる恐れはないだろうか。

　さらに、もうひとつ、見過ごしてはならないことは、子どものウェルビーイングと教員のウェルビーイングは、二者関係だけで捉えると、両立するとは限らず、とりわけ日本の教員・学校文化では、子どものウェルビーイングを高めようとするあまり教員のウェルビーイングが後退するという事態に陥りやすいことである。今日の教員の長時間労働や過大な業務への対応といった実態から、そのような事態は容易に想像できる。他方で、第4次教育振興基本計画のように、子どものウェルビーイングの確保・向上が前景化し、実質的にそのための教員の役割が求められるようになると、教員としては、自己のウェルビーイングと引き換えに子どものウェルビーイングを確保・向上しなければならないのか、あるいは、子どものウェルビーイングの犠牲のもとに自分のウェルビーイングを優先させていいのか、というジレンマに陥る

ことにもなりかねない。この点、日本の教員の多くは、子どものウェルビーイングを優先させてきたのが実態であろう。その結果、長時間、過大な業務量を引き受け、心身の不調をきたす教員が増え続けている。この点、第4次教育振興基本計画では、そうした教員にも一見配慮しているように、「子供たちのウェルビーイングを高めるためには、教師のウェルビーイングを確保することが必要であり、学校が教師のウェルビーイングを高める場となることが重要である」とも述べている。しかし、子どもと教員のウェルビーイングが、二者関係にとどまり、トレードオフであるかぎり、子どもと教員の双方のウェルビーイングが両立することは困難であろう。

　そのため、ウェルビーイングをめぐり、子どもと教員だけではない、第三者の関わりが重要になる。この点、いわゆる学校プラットフォームやチームとしての学校では、先述のように、教員以外の他専門スタッフ、スクールカウンセラー（SC）やスクールソーシャルワーカー（SSW）の拡充や教員との連携が推進されているが、教員負担の拡大などが懸念される。加えて、不利や困難を抱える世帯の子どもや、個別的なニーズへのケアを必要とする子どもほど、学校から遠ざかる傾向にある。例えば、生活保護世帯の子どもは、学校やそこでの人間関係から遠ざかり、その結果、孤立する傾向が指摘されている（林 2016：99-102）。不登校の増加や、学校外での学びを選択するケースも増えるなか、学校をベースとした子どものウェルビーイングに向けた取組は、実効性の観点からも疑問が残ると言わざるを得ない。

3 「こどもまんなか」社会におけるウェルビーイングとケア

　前節まで述べてきたように、学校・教員が、学校内でウェルビーイングのためにできることは、残念ながら多くはないように思われる。他方で、学校外、例えば、地域の取組や人材と連携しながら、学校内外を起点としてウェルビーイングに向けたケアを進めることは、子どもだけでなく、学校・教員、さらには、家庭や地域といったより広い範囲で小さくない意義を持つものと著者は考える。以下、その理由を論じていく。

　まず、ケアは、ウェルビーイングを高め得るものといえる[2]。ここで、ケアとは、介護・育児など労働性の強い、強いケア（狭義のケア）だけでなく、

他者への配慮・気遣い・気配りといった労働性の弱い、弱いケア（広義のケア）に分けることができるが（稲葉 2013）、学習や付随するコミュニケーションでは、特に、後者の弱いケア（広義のケア）が重要となる。学校において教員と子どもの間で行われる、気にかける、配慮をする、勉強を教える、話を聞く、相談に乗るといった相互作用の営みは、子どものウェルビーイングを高めることが考えられる。この点、柏木（2020）は、「ケアする学校」のあり方を指摘し[3]、さらに、柏木（2023）は、ケアする能力は他者からケアされる経験を通じて育まれるというノディングス（1992=2007）の指摘を踏まえつつ、教員からのケア、そして、子どもによるケアが、公正な社会づくりに資すると述べる。柏木（2023：200）は、学校の意義は公正な社会の形成への寄与にあり、教員の役割は「学びとケアを結合させるところにある」、「自他の幸福についての配慮とケアが世界に行き渡ること」によって、「社会のウェルビーイングが保障されると考えられる」と、ケア論に基づいた学校・教員の役割とウェルビーイングの関係を述べる。かかる柏木の指摘は、教員がケアの送り手となり、さらに、ケアを受けた子どもが今度はケアをするようになるという、ケアの循環や、さらに、学校だけにとどまらず、より広く公正な社会づくりに資するというケアの波及など、ケアが多様な意義を有することを論じており、「福祉的な役割」や「ウェルビーイング」が期待されるようになっている学校・教員の役割をケアの視点から考える上で、示唆に富む指摘といえる。

　続いて、学校外、例えば、地域で行われている生活困窮世帯やひとり親世帯の子どもの学習支援も、とりわけ低位な子どものウェルビーイングを、ケアによって高める可能性が指摘されている（松村 2020）。学習支援に限らず、例えば、近年、大きく広がりを見せているこども食堂（地域食堂）も、空腹を満たすだけでなく、大学生や地域住民とのコミュニケーション、居場所、各種相談、専門職や専門機関につなげていくことに力を入れているところが少なくない。具体的には、先述のように学校から遠ざかっていたり、社会的に孤立する傾向が見られる、不利や困難を抱える世帯の子どもに、学校とは異なる話し相手・相談相手とのコミュニケーション、安心して過ごせる居場所の提供、様々な社会体験などのケアが行われている。こうした学校外の地域でのケアの取組は、子どものウェルビーイングを高め得るとともに、多く

第Ⅰ部　政策編

は世帯支援の性格も有しているため、親のウェルビーイング、ひいては、家庭のウェルビーイングを高める可能性もあるだろう。また、子どもや家庭のウェルビーイングを高めることは、結果として、教員による子どものウェルビーイングを確保・向上のサポートにも資するものであり、教員の業務や負担の軽減という点からは、教員自身のウェルビーイングにも寄与し得ると考えられる。

　さらに、重要なことは、このような学校におけるケアと学校外の地域におけるケアが、車の両輪のように一体となり、多層的なケアを形成し、また、ケアの受け手が今度はケアの送り手になるというケアの循環につながっていくことである。学校・教員によるウェルビーイングだけでは先述のように限界がある。他方で、家庭の階層差によって子どものウェルビーイングに差が生じ得る以上、家庭だけに任せることも適切ではない。そもそも、先述のように、学校、家庭、それぞれの機能が弱体化し、クロスオーバーが生じている状況において、どちらかだけに任せることは妥当ではない[4]。しかし、かかるクロスオーバーの状況で、地域におけるケアは、両者を架橋し、関係を編み直し、相互に波及する可能性を有する。その結果として、全体として、学校─地域─家庭の間で、多層的で双方向的なケアが循環していくことが考えられるのではないだろうか。

　もちろん、その実現のためには、先述のように日本の学校・教員の文化、個人情報の壁、学校・教員のみならず地域の人材や取組の質の担保・安全性の確保など、越えなければならない課題がある。この点、ポイントとなるのが、司令塔・総合調整としての行政である。「こどもまんなか」というアイディア・言説については、その内容が必ずしも判然とせずに曖昧であるという懐疑的な見方もできるが、それでもなお、行政の現場では、「こどもまんなか」に向けて、その理念を実現するべく、例えば、少しずつではあるものの、教育行政と福祉行政が一体となった取組や組織再編が進んでいる。

　この点については、第9章で述べるように、教育と福祉の連携や、学校と地域の社会資源や取組との連携を分析した結果として、学校・教員側の敷居の高さや、連携に消極的な学校・教員側の姿勢が、元教員の行政職員などキーパーソンによる働きかけや、行政主導の調整やバックアップなどにより、少しずつ変化し、連携が進み得ることを指摘できる。学校は「学校外」

60

の「異質」なものに警戒的・排除的になりがちであるが、学校と地域の社会資源や取組がつながることを、行政主導で進めたり、調整やバックアップを行うことによって、学校と地域の社会資源や取組との連携が前進し、家庭・学校を含む多層的なケアが地域で形成されていく可能性がある。

　また、ここでの行政としてポイントとなるのは、教育行政と福祉行政という二元的、縦割り的な行政や発想ではなく、子ども政策としての司令塔・総合調整部局や、子ども政策関係部局間の連携向上に資する仕組み（子ども政策関係部局間の連携向上に資する人事上の工夫や、研修の一体的実施、子ども政策のワンストップ相談窓口の設置等）である。子ども政策の具体的実施を中心的に担う地方自治体が、「こどもまんなか」行政を進めていくにあたり、司令塔・総合調整的な役割を果たすことが期待され、一部の地方自治体ではすでにそうした取組事例もある（内閣官房 2022）。こうした、子ども政策の司令塔・総合調整的な役割などを担う行政部局が中心となって、教育行政と福祉行政の連携のみならず、地域の社会資源や取組との連携を調整したり、バックアップすることが、学校—家庭—地域での多層的なケアや循環につながることが考えられる。

　もっとも、そのためには、司令塔・総合調整を行う行政の予算や人員など資源の拡充が必要であることに加えて、学校—家庭—地域への資源の拡充や再分配の強化が欠かせないといえるだろう。

おわりに

　前章で述べたように我が国の子ども政策で、ウェルビーイングが、これほど政策的に重要視されたことはないだろう。「こどもまんなか」社会が注目を浴びるなか、国の子ども関係の予算の増加が見込まれている。また、教員の働き方改革や処遇改善の流れは、今後も加速していくことが想定される。

　こうしたなか、本章で述べてきたことをまとめると、まず、教育制度は、学校におけるケアの視点に基づくことで、教員のケアによって子どもが受け手だけでなく、ケアの送り手になるというケアの循環や、学校だけにとどまらずより広く公正な社会づくりに資するケアの波及など、ケアの多様な意義が生まれ、展開する基盤となり得る可能性を有するといえる。こうした学

校におけるケアの視点や意義は、「福祉的な役割」や「ウェルビーイング」が期待される今日の学校・教員とも符合し得るものであろう。

他方、教育制度だけでは限界もある。この点、本書が着目するのは、教育行政と福祉行政という二元的、縦割り的な行政や発想ではなく、子ども政策の司令塔・総合調整的な役割を担う行政部局が中心となり、教育と福祉の連携のみならず、地域の社会資源や取組との連携の調整やバックアップで、学校―家庭―地域の多層的なケアや循環を生み出すことである。

そのためには、予算や人員など資源の拡充などが欠かせない。加えて、これまでの二元的、縦割り的な行政や発想を打破するために、各制度・各行政が一体となったケアを生み出し、ウェルビーイングを広く支えていくためのあり方や、その実現に向けて何が必要であるのか、課題はどこにあるのかということを考え続けなければならないといえるだろう。

注
1) 第2章の注1) を参照。
2) ケアとウェルビーイングの関連性や重要性について、貞広（2020:39）は、家庭の社会的経済的背景によって学びの継続や、学習の前提となる子どものウェルビーイングの格差も存在している点を指摘した上で、「子ども・若者が学びやつながりを奪われることに対するケアの保障を確保し、心の安全を前提としなければ、学びを保障することはできないだけでなく、社会的にも大きな損失を抱え続けることになる」と指摘する。
3) 柏木（2020：229）は「ケアする学校」の条件として、3点（①物質的・文化的剝奪を防ぐ、あってはならない差異を埋めるための異なる処遇、②子どもの差異を尊重し、選択の自由を認める、あっても良い差異を認めるための異なる処遇、③異なる処遇とそれによる人権保障に取り組む地域をモデルに、子どもたちの批判的思考とケアする能力を育むカリキュラム）を教職員で共有し、正統な仕組みを通じて実施していることをあげる。「ケアする学校」は、これらを通じて、子どもの学ぶ権利を実質的に保障し、子どもの貧困対策を講じていると述べる。
4) この点について倉石（2021:188）も、学校と家族（家庭）という教育と福祉（養育）を担ってきたアクターの弱体化や、そのバックアップアクターの不在を指摘し、「弱体化した者同士の支え合い（＝共倒れ）という危機の構図を変えるには、教育や福祉（養育）という機能領域にかかわる第三、第四のアクターの登場がどうしても不可欠である」と述べる。

第Ⅱ部

行 政 編

第4章

国家公務員における人事制度の硬直性と職員の
キャリア形成・キャリアパスに関する一考察
——組織のロジックと個人のロジックの対立・葛藤に着目して——

はじめに——問題提起——

　近年、中央省庁の国家公務員の働き方や、人材育成・確保といった人事への注目が集まっている。

　国会対応などの長時間労働、人員はじめ各種のリソース（資源）に照らして過大な業務量、政治はじめ各方面からの重圧、世間からの公務員バッシング、心身の故障者や離職者の増加などに示されるように、霞が関の中央省庁の国家公務員の労働環境が、「ブラック」（千正 2020）と評されるほど、劣悪なものになっている。

　人事院の調査では、30代職員のモチベーションを特に低下させたことがあるものとしては、全体として「業務多忙や長時間勤務等によりワーク・ライフ・バランスが保てないこと」、「業務に社会への貢献、やりがいを感じられないこと」、「上司等からの支援の欠如」「給与・賞与等の処遇」「上司からの否定的な評価」を回答した者の割合が高かった（人事院 2018）。さらに、厚生労働省改革若手チームが同省本省職員に行ったアンケートでは、半数の職員が「仕事が心身の健康に悪影響を与える職場である」と回答し、20代後半の職員の約半数が「やめたいと思うことがある」と回答している（厚生労働省改革若手チーム 2019）。実際、退職者は増加傾向にある。人事院（2022a）は、中央省庁の幹部候補の総合職の退職状況を初めて公表したが、それによると、2020年度退職者数は109人で、2013年度の退職者数と比べて33人（43.4％）増加し、特に、在職年数10年未満の退職者数が増加傾向にある。また人事院（2022b）によると、国家公務員28万人ほどのうち、20

年度に超過勤務の上限を超えた職員の割合は 8.7% で、前年度より 1.6 ポイント増加している。

　さらに現役世代の公務員のみならず、次世代の行政を担う国家公務員の確保も問題となっている。人事院（2021）によると、21 年度の国家公務員総合職試験の申込者数（春季＋秋季）は 1 万 7,411 人。志望者の減少は 5 年連続で、前年度から 2,515 人（12.6％）の減少、現行の採用方式となった 12 年度以降で最低を記録している。

　ここまでみてきたように、国会対応などの長時間労働、過大な業務量などに示される、その労働環境がブラックと評され、そのことは、在職年数 10 年未満の若手退職者の増加や、国家公務員採用試験の申込者の減少につながっていると言われる。先進諸国に比べて国家公務員が少ない我が国において、行政需要の増加・複雑化に伴って拡大する業務量や、政官関係の力学変化によるプレッシャーなど、国家公務員を取り巻く環境は厳しさを増している。

　これまで、日本の公務員制を特徴づける要素として、閉鎖型任用制、入口選別制、キャリア制、ジェネラリスト優位、平等主義的な相互性、遅い選抜、メンバーシップ型人事、限られた政治任用、グループ単位の分権型人事、過少な公務員数（少数精鋭主義）などが指摘されてきた（西尾 2018：2020）。また、そうしたなかでも、かつては、省庁ごとに少ない人的リソースで最大限の活動量を引き出す「最大動員」（村松 1994）を特徴とするシステムが機能していたが、「少ない人的リソースで最大限の活動量を引き出す最大動員システムの持続可能性は、もはや失われたと捉えるべきだろう」（伊藤 2021）とも言われる。

　国家公務員の労働環境や人事システムについて、現在の状況が続くかぎり、国家公務員の担い手が足りず、結果として、行政システムの機能不全や劣化は避けられない。加えて、複雑化する行政において専門的・技術的な知見や人材、さらには多機関連携（伊藤編 2019）が必要となるなか、上述の西尾が指摘するような従来型の日本の国家公務員の人事システムは、限界を迎えつつあると言えるだろう。

　この点、近年、国家公務員の労働環境や働き方が注目され、「ブラック」であることを改善することや、職員不足を民間からの中途採用者の拡充に活

第Ⅱ部　行政編

路を見出そうとする動きがみられる。

　しかし、人事制度を揺るがしかねない退職者の増加や国家公務員試験申込者の減少は、本当に、労働環境の厳しさが主な原因なのだろうか。また、労働環境の見直しや、人的補塡だけで、事態を乗り切れるのだろうか。

　この点、他の要因、例えば、個々の職員が採用年次や職種ごとに人事が決定する前例踏襲的で硬直的な異動を繰り返すことではなく、主体的・自律的に個人のキャリア形成や柔軟なキャリアパスを望むようになっていることの影響は考えられないだろうか。

　具体的には、これまで国家公務員の人事制度の硬直性に代表される、「組織のロジック」（本書では、考えや行動を基礎づける、または、方向づける論理を「ロジック」と呼ぶ）が、主体的・自律的なキャリアを志向する「個人のロジック」に追いつけず、職員のモチベーションの低下や、国家公務員という職業が職員にとって魅力的なものではなくなりつつあり、退職にも至るケースが増えている可能性はないだろうか。もしそうであれば、労働環境の改善や人的補塡は、抜本的な解決にはなりえず、一時しのぎにしかならないのではないだろうか。むしろ、人事制度や、その他の要因を抜本的に見直す必要があるのではないだろうか。

　この点、先行研究に目を向けると、公務員人事に関する研究は蓄積が進んでいるが、多くは人事記録や計量データから、採用・登用・人事異動の傾向や特性を明らかにしようとするものである。しかし、人事は人事権を握る側が決定する側面が大きいものの、多くの行政機関では、事前に職員が希望するポストやキャリアパスを意向調査に回答しており、必ずしも人事側が一方的に差配するものではない。そのため、職員側が希望するポストやキャリア形成に関してその希望がどの程度かなったか、結果についてどのように感じ、そのことが業務のやりがい、モチベーション、就業継続または離職にどのように影響するのかということを、職員側から人事側に明らかにする意義は小さくないだろう。

　本研究では、こうした問題意識のもと、国家公務員における人事制度の硬直性と職員のキャリア形成・キャリアパスについて、組織のロジックと個人のロジックの対立に着目することで、中央省庁の人事制度の現状や課題点を明らかにし、人事制度に一定の示唆をもたらすことを試みる。

第4章　国家公務員における人事制度の硬直性と職員のキャリア形成・キャリアパスに関する一考察

1　分析の視点とデータ概要、倫理的配慮

　分析の視点としては、上記の相反しうる2つのロジックの観点から、国家公務員の人事制度の硬直性と職員のキャリア形成・キャリアパス志向の関係性や齟齬に着目する。その際、単に関係性の変化や齟齬の有無を明らかにするだけでなく、そのことが、他の要因と併せて、職員のモチベーションや退職意向などにどのような影響を与えているのかということについてもみていく。さらに、結果を踏まえて、どのような人事制度・運用が望ましいのか、課題は何なのかという点についても考えていきたい。

　本研究で用いた調査およびデータの概要は以下である。国家公務員（民間からの出向者を含む）を対象に、子ども政策に関係する国家公務員の人事制度の現状や課題を明らかにするべく、人事の硬直性（年功序列、採用職種によるポスト、キャリアパスの制約等）、希望ポストと現実の齟齬の程度、やりがい・モチベーション、働き方・労働環境等を主要質問項目としたインタビュー調査を行った。インタビュー調査の時期は2022年3月〜2023年3月で、計25人を対象にオンラインで1人あたり1時間をめどに半構造化インタビュー方式で行った。インタビュー前に書面を用いて、調査の趣旨・目的、対象者の権利、データの公表方法等について説明を行い、同意を得た。また、録音に同意を得られた場合は録音を行い、調査後にデータをテキスト化した。

　なお、本書では引用に際して読みやすさの点から発言趣旨を曲げない範囲で加工を行っている。表4-1にインタビュー対象者リストを示す。所属省庁のうち、子ども政策との関係が特に強いのはM2、M4であるが、子ども政策の横断的な性格上、他の省庁の所属の場合も、いずれも、子ども政策に一定程度、関与している。

67

第Ⅱ部　行政編

表4-1　インタビュー対象者リスト

番号	表記	所属
1	Aさん	M1省（M2省より出向中）
2	Bさん	国際機関（M3省より出向中）
3	Cさん	M4省
4	Dさん	民間（元M4省）
5	Eさん	民間（元地方自治体、M5省に出向経験あり）
6	Fさん	地方自治体（元M4省）
7	Gさん	民間（M5省に出向経験あり）
8	Hさん	M1省（M4省より出向中）
9	Iさん	民間（元M4省）
10	Jさん	M2省（NPOに出向経験あり）
11	Kさん	M4省
12	Lさん	地方自治体（M4省に出向経験あり）
13	Mさん	M2省（地方自治体、他省庁に出向経験あり）
14	Nさん	民間（元M6省）
15	Oさん	元M4省
16	Pさん	国公立大学（M4省）
17	Qさん	地方自治体
18	Rさん	元地方自治体（M4省に出向経験あり）
19	Sさん	M4省
20	Tさん	M2省（国公立大学より転職）
21	Uさん	民間（元M4省）
22	Vさん	元M6省
23	Wさん	M3省所管の民間企業に出向経験あり
24	Xさん	民間（元M4省）
25	Yさん	民間（元M4省）

（出所：筆者作成）

2 分析結果と考察

分析結果として、（1）主体的・自律的なキャリア形成志向、また他に、職員のモチベーション、やりがい、退職意向に影響するものとして、（2）政策づくりなど創造的な業務志向、（3）労働環境・働き方、に大別された。以下、順番にみていく。

（1）主体的・自律的なキャリア形成志向
採用職種・年次による限定的な人事異動・ポストの問題点
まず、職種ごとに年次に応じたポストを段階的に転々とこなしていくことや、採用職種間や採用グループの慣例を超えたポストにつくことが事実上著しく制限されていることなど、人事が硬直化していることの問題を指摘する声が多く聞かれた。例えば、総合職（旧Ⅰ種試験）で入省したＣさんは、年次ごとにポストが固定されており、ポストありきで人が動くと語った。

> Ｃさん：ある役職にはこのぐらいの年次っていうのが固定されている。ポストありきで、そこを埋めていくのに、じゃあこの年次からどういう人が、って優先順位が決まっていく。

Ｃさんの語りによれば、適材適所の配属というよりも、年次に応じてポストを埋めていくことが優先されているという。また、同じく総合職（旧Ⅰ種試験）で、事務系ではなく技術系で入省したＹさんは、技術系以外の分野で働く機会があり、いろんな分野に今後挑戦したいと思ったが、人事からは前例がない、人員も足りないといった理由により、希望通りの異分野への挑戦が叶わず、もともとの分野の人事ローテーションの２巡目に入ったところで魅力を感じられなくなり、退職したと語った（現在は民間勤務）。

> Ｙさん：採用された技術系以外の分野で働くことがあり、違う分野、他の分野も面白いと感じた。でも、人事に「そもそも人が足りないし、前例がないのでダメ」だと言われて、前例がないことを調整することも面倒だと感じたので、あきらめた。もともとの分野では、これまでやってき

第Ⅱ部　行政編

たポストの2巡目に入って、また同じことをするよりも、別のところで働きたいと思った。採用職種の垣根を超えた人事異動や、希望するポストに行けたらいいのに、そういった仕組みがなかった。違う人事グループに籍を移すまでもなくても、一時的であっても、採用職種の垣根を越えて行きたいところに行けたり、場合によっては、戻ってこれるような仕組みがあればいいのに。

　異動ポストが硬直化してしまい、入省時とは違う関心や意欲が芽生えたとしても、それに応えるような、採用職種の垣根を超えた異動が許されない状況では、せっかく職員に新たな関心や意欲が生じても、抑えつけられることになってしまう。こうした人事の硬直性は、社会が複雑化し、公務員もリスキング（学び直し）やスキルのアップデートが期待されるなか、時代に逆行するともいえるだろう。前例や採用職種の垣根を超えてチャレンジしたい人にもチャンスを与えられるような、柔軟性や融通が重要なのではないだろうか。

　また、ここまで、将来の幹部候補としてジェネラリストを期待される総合職のケースをみてきたが、より特定分野の専門性や定型的業務を期待される一般職（旧Ⅱ種・Ⅲ種）で採用された職員からも、限定的で狭い政策分野や、閉鎖的な人事グループのみで働くことの問題点（配属されたグループの仕事にやりがいを見出せなければ退職するしかない等）や、その改善を求めることが多く聞かれた。例えば、Dさんは、入省時に配属された人事グループの分野でしか基本的に異動がなく、限定された業務や政策分野にしか携われないことに驚いたと語った。

　Dさん：一般職の業務説明会のときに、一般職だと基本的に特定分野内だけで異動するとか、一般職の人事グループの存在とか、そもそも知らなかったし、幅広い分野でやれるのかなと思いつつ、スペシャリストとして養成する観点からだと思うけれども、自分の知らない所でカテゴライズされ、その人事グループのなかで働かなくてはいけないっていうことに、最初ちょっと、びっくりしました。自分以上に、職場に入る前に、例えばこの分野について特化したいんで、やりたいですって面接で説明

70

して、それで入ったにもかかわらず、結局その分野に入れなくて違う分野の仕事をするっていう、もしそういうことになる人がいたら、人事の硬直性について多分、不満を持つだろうし、モチベーションも下がるだろうし。であれば、最初からそういう説明をちゃんとしてもらった上で、同意を得た上で入省の手続きに入るなり、そういった説明があるといいのかな、と。

　また、Fさん（現在は国家公務員を退職し、自治体職員に転職）は、特定分野（プロパー）の垣根を超えた異動があった方が良いと指摘する。

　Fさん：特にノンキャリの職員さん、プロパーの垣根は越えるようなシステムを作ったほうがいいと思いました。僕の場合でいうと最初に配属された分野にしかいないわけだけれども、局を超えた異動が、できるようになったらいいんじゃないかと思ってまして。それが嫌だっていう人もいるんだけれども。ここを乗り切れば次は希望した所に行けるんだ、みたいなモチベーションになると思うので。人事の垣根を取っ払って、組織、各部署が必要とする人を、求められていれば、そこには積極的に行かせてあげるみたいなシステムができるといい。

　また、Hさんも、採用時の人事グループの垣根を超えた、グループ替え（転籍）をもっと認めた方が良いのではないかと述べた。

　Hさん：例えば10年に1度は、希望とかその人の適性の調査をして、グループ替えとかを行ってもいいんじゃないかなとは思っています。その人の希望どおりだったら、それはそれでいいのかもしれないけれども。希望どおりだったとしても、自分の認識とちょっと違ってたな、みたいな面もあるかもしれないし。それで退職とかにつながっちゃったら、それはそれで、もったいないじゃないですか。

　また、1つの省の人事グループのみならず、他省庁、さらには、民間企業やNPOなど外の組織に出向することの重要性を指摘する声も聞かれた。例

第Ⅱ部　行政編

えば、Fさんは、同じ省内での違う部局での経験、さらに、他省庁に出向したことが、モチベーションの向上や仕事の工夫、視野の広がりなど、様々な良い経験になり、自分のキャリアを考える上でも有益だったと振り返り、人事交流の重要性を指摘した。

　　Fさん：長期的に見て、一回、外に出ると、もともといた部署の仕事って
　　　　重要だったんだっていうふうに思うこともあって、戻ってから、すご
　　　　い高いモチベーションで働いてくれることにもつながるんじゃないか
　　　　なっていうふうに思っていて。一回、違う部局に飛んで、いろいろ勉強
　　　　しているときにもとの部局の仕事ってすごい重要だったんだっていうふ
　　　　うに思ったら、2、3年後、戻ってきたときに、仕事の工夫の仕方とか
　　　　変わってくるだろうし、意識も変わってくる。仕事の視点が変わるか
　　　　ら。大局も見極められるようになってきたり。それが、外で得た経験が
　　　　自分の所に戻ってきて生かされるのであれば、長期的にはなるけれども、
　　　　やっぱりそういう垣根を越えた人事っていうのは、やっていったほうが
　　　　いいんじゃないかなって思っていて。他の部署の人のね、仕事のやり方
　　　　とか。すごい刺激受けるっていう言葉だけで済ますのは、あれだけれど
　　　　も、いろんな創意工夫が芽生えるというか、自分も明日からこうやって
　　　　仕事しようとかね。あの部局では、こうやって仕事してるから、うちで
　　　　応用できるところないかなとか、そういうふうに感じられるから人とし
　　　　てもどんどん成長していくよね。いろんな人と接点、持てるからね。仕
　　　　事しながら自分の成長が感じられるようなところがないと、ただ単に仕
　　　　事してるだけじゃつらいよね。そのためには職員が成長できる、成長し
　　　　やすいシステムというか、成長しやすい仕組みがあるといいかなと思っ
　　　　たときにはやっぱり、いろんなというか積極的な人事交流、人事異動が
　　　　必要だなと思います。

　他にも、Jさんは、NPOに出向したが、目的共有や効率的な意思決定、先進的なマネジメント、職員が成長実感を得やすい柔軟な人事制度や働き方を学んだと振り返っていた。この点、政府は、出向者をはじめ官民の人材の交流、公募による外部人材の積極的な登用など官と民の壁を越えた、多様な

人材の流動性を高める方向を打ち出している。国家公務員のなり手が減少するなか、今後、国家公務員の人事管理は、メンバーシップ型とジョブ型が融合した「ハイブリッド型」の方向へと向かわざるを得ないという指摘もある（植村 2022）。実際、2021年9月に誕生したデジタル庁は、官庁と民間企業との間で職員が行き来する「回転ドア」の人事を掲げ、発足時の約600人の職員のうち民間人材が非常勤採用も含め約200人を占めている。積極的な官民交流や民間人材の登用は、先述のように国家公務員プロパーにも様々なメリットが期待されている。

　しかし、本章で述べているように、職員のキャリア形成やキャリアパスの改善をはじめとする硬直的な人事制度の見直し、労働環境や働き方の改善などがまずは重要なのではないだろうか。そうでなければ、ネガティブなかたちでの離職者、職場に定着しないことにもつながりかねず、期待されている役割を果たせないおそれがあるだろう。

　さらに、職種にかかわらず、入口である採用時点の職種だけで、その後のキャリアパスを区分せずに、途中で、柔軟に移れるようにするべきだという指摘もあった。例えば、総合職採用のJさんは、ジェネラリスト、スペシャリスト、それぞれが必要だと指摘しつつ、次のように語った。

　　Jさん：入省の時点の段階で全部それを選別、つまり一般職区分で入ってきたら、基本的にはスペシャリスト方向に行く、総合職で入ってきたらそれは一般的にジェネラリストであり幹部養成のほうに行くっていうのが、採用の瞬間だけで基本的に決まるというのが、後から一応ある程度、幹部養成コースみたいなのを用意したりして、出入りはあるんですけど、原則がそうなっているというところが、なんか、それでいいのかなっていうのが。あるいはもっと柔軟に、ジェネラリストのコースと、スペシャリストのコースっていうのが、入省後でも、ある程度、移ったりできる、能力とか意欲とかがあれば、適性とかがあれば相互に移ったりすることが、ある程度、自分たちでできるような、そういうパスみたいなのをある程度つくることが必要かな、と。

職員個人のキャリア・スキル形成上の問題点

　また、職員からは、異動のみならず、個人のキャリア・スキル形成の上で
も、現状の人事制度には、様々な不安や懸念があるとも語られていた。例
えば、総合職（旧Ⅰ種試験）で採用されたＡさんは、総合職であるがゆえに、
将来の幹部候補として、若いうちに省内のいろいろな政策分野やポストを担
当するジェネラリストを期待されていることは理解できるものの、それだけ
では足りず、専門性も身につけたいと語った。

　　Ａさん：個人的にはいろんな業務を経験したいと思うほうなので、ジェネ
　　　ラリストを目指したいとは思ってますけども。ただ、もう私も、若手で
　　　はなくなってきているので、そういう意味では、ある程度いったときに
　　　何か強みを持っていないと、結局、何なんだという、そのセカンドキャ
　　　リアも含めて考えると、何か持っていたほうがいいんだろうなっていう
　　　のは、先輩を見ていてもそう思うので。ちょっと早いですけど、退職さ
　　　れた後もその人の専門性を買われて、どっか外部の機関から当てにされ
　　　るっていうのは多分、ジェネラリストだけではそうはならないと思うの
　　　で。そこは両方追求したいなというのはありますけどね。

　さらにＣさんも、知識や制度に精通し、役人に必要な基本的な思考の枠組
みや型が身についたジェネラリストが有用だと指摘する一方、1 ～ 2 年の短
期間で異動するジェネラリストでは、「相手方」たる多数の利害関係者との
関係や、リニューアルが求められる科学的知見の習得などの面では難しいの
ではないか、「ジェネラリストありき」は、もはや「通用しない時代」だと
述べた。

　　Ｃさん：（ジェネラリストは重要だけど）他方で、それだけでは済まされな
　　　いというか、相手方がいるだとか、常にリニューアルが求められる科学
　　　的知見が必要だとか、そういった分野はとてもじゃないですけど、ジェ
　　　ネラリストで、1、2 年で異動されていくような形であれば、全くもっ
　　　て代わるたびに下の人たちが、一から教えられるだけの力量があるのか
　　　ですね。上に立ったときに、なんか違う付加価値ができるのかっていう

と、そうではないので。だから、ジェネラリストありきで全ての人を回すっていうのは、もう全然、通用しない時代になってきてはいると思って。

　また、時代に応じた役人、役所側の知見やスキルのリニューアルやアップデートの必要は、他の方も語っていた。例えば、Nさんは、複雑化する現代社会では、役所側もスキルのアップデートがなければ、どんどん社会との間で乖離が生じ、対応できなくなってしまいかねないと危機感を持ち、時代に応じた役人のスキルのアップデートの必要を指摘した。

　Nさん：法律とか政策とかのスペシャリストでもあるんですけれども、今って社会も複雑になってるし、政府が何か言えばみんな言うこと聞くって時代でもなくなってきているわけじゃないですか。そういうなかで、役所のスキルもアップデートしていかないと、どんどん乖離がほんとに出てきてるなあっていう感じはしますね。

　またFさんは、職員をどのように育成したいのか、という育成ビジョンが欠如していると述べた。ビジョンが示されれば、職員としても納得した上で仕事を異動し、やりがいやモチベーションを感じることができるかもしれないにもかかわらず、他に人がいないといった消極的・場当たり的な理由しか示されなかったと振り返った。

　Fさん：職員育成のビジョンがないことは、すごく感じてました。ビジョンについては、まず職員、個人個人の自分のビジョンがあって初めて、上もこの人どうやって育てていくかっていうふうにビジョンを考える、ビジョンを考えられるものだと思うんだけども。ある程度、組織としても職員をこうして育てていこうみたいなビジョンがあらかじめあると、職員もそれに納得して仕事していく、異動もしていくし、異動も受けられるし。ちゃんとしたビジョンが組織として、個人に対するビジョンを持ってくれると、そこは職員は絶対やりやすいと思います。なんで自分がこのポストに行かされているんだろうっていうのは、明確にあったほ

第Ⅱ部　行政編

うが絶対、職員はやりがいが感じられて。君はタフだからとか、君は独身だからとか。そんな理由でしか決まってないからね、人事は。どうせ、そんな理由で決まるにしても、何かしら君にはこうなってもらいたいから、ここに行ってもらうんだみたいなものを提示してもらえると、下はモチベーションを持って働けるかな。実際、人事も一人一人そんなことやってたら大変だろうから、厳しいとは思うんだけれども。できるかぎり上司の人は、考えて伝えてあげたらいいんじゃないかな。

　この点、植田（2022）が指摘するように、若い世代の就業意識の変化の影響もあると思われる。具体的には、例えば、いわゆるＺ世代（主に1990年代後半から2010年代前半に生まれた世代）の特徴といわれる、個性や自分らしさ、仕事からの実感ややりがい、自分の成長実感、自律的なキャリア選択、プライベートや家族・友人重視といった志向は、これまでの役所の人事制度、働き方、組織文化と相容れないだろう。異動（配属）に関して、本人の意向が顧みられずに配属先が決まってしまうことを指す、配属ガチャという言葉が広がり、さらに、配属ガチャの下で意欲を失う職場を去る若者の姿が近年指摘されているが、公務員にも少なからず当てはまるのではないだろうか。
　また、人事評価制度にも厳しい声が聞かれた。例えば、Ｈさんは次のように語った。

Ｈさん：年功序列自体が問題っていうよりも、その人の資質として、何ていうのかな。例えば、全然、仕事もしてないような人が、それなりの地位に就いちゃうっていうことが問題なのかなって。年功序列自体というよりも、そういう不適切な人を上に配置できちゃうようなシステムが問題なんじゃないのかなって思いますね。（人事評価はあるけど）全然、建前みたいな、形式上のものだけとしか思ってないですね。一応、上下付くっていう建前にはなってますけど、それがうまく機能してないというか。上の、昇給をもらえるのは大体キャリア組で。それ以外は普通。特に何もしてないような人でも普通をもらえちゃうみたいな。懲罰とかそういうの、もらってないかぎりは。

76

第4章　国家公務員における人事制度の硬直性と職員のキャリア形成・キャリアパスに関する一考察

　この点、2007 年に公務員制度改革の一環として、任用や給与の基礎にもなる人事管理に関して、採用年次や採用試験の種類にとらわれず、人事評価に基づいて適切に行う原則（人事管理の原則）が打ち出されたが、Ｈさんによれば、人事評価は「建前」であり、「機能していない」という。

　ここまでみてきたように、数々の意識改革や公務員制度改革などを経ても、旧態依然の硬直化した人事制度が依然として生き残っていることが浮かび上がってきた。他方、若手を中心に離職者が相次いでいるなか、人事側が、かつてと比べると、職員側の意向に配慮するようになっているという声も聞かれた。例えば、Ａさんは指摘した。

　Ａさん：２回に１回は（次に行きたいポストの）希望を伝えるようにしてるんですけど、伝えたときはなんとなく行かせてくれてます。そういうのは聞き入れてくれるときもあるし、あんまり言い続けるとウザがられるので毎回はやめよう、１回、希望をかなえてくれたら次はどこでもいいですとかいう、そんな繰り返しをしています。最近、離職する人が多いので人事も気を遣ってるっていうか。職員をある程度ちゃんと処遇しないと辞めちゃうので、いい緊張関係にあるんじゃないかっていう感じはしますし、そういう意味では、どうしてもっていう希望を出す職員にはある程度、配慮するような傾向は最近、特にあるんじゃないかなっていう気はしますけどね。

　Ａさんにかぎらず、ここまでみてきたように、多くの語りからは、組織のロジックと個人のロジックの対立、葛藤がみられた。具体的には、組織の前例や慣例に基づき、職員の個人性を捨象していわば歯車や駒のひとつとして受け身的なかたちで職員の動員を求める組織のロジックと、職員が個人としての意思を持って主体的に自らのキャリアパスを選択しながら、やりがいや成長を感じながら働くことを望む個人のロジックが対立し、その板挟みのなかで、職員がもがいている姿が浮かび上がっている。また、そのなかには、例えば、先述のＹさんたちのように、そのまま退職してしまうケースに発展するケースもみられる。

　かつては、組織のロジックが、個人のロジックに一方的に優先していた。

77

しかし、近年の高い離職率、志願者減、働き方・労働環境改善の機運などを背景に、組織側も、個人の志向をないがしろにできなくなりつつある。Aさんが語るように、離職者が多いなか、人事も気を遣う、職員をある程度ちゃんと処遇しないと辞められてしまうために職員の希望にも配慮する、「いい緊張関係」が生じつつあることがみえてきた。別言すれば、個人が組織の一員、歯車として、一方的に従う段階は終焉を迎え、新たな局面に入っている。かかる関係性の変化は、個人のロジックの犠牲を前提とする組織ロジック優位論から、個人のロジックをないがしろにできない両ロジック均衡論ともとらえることができるだろう。他方で、多様化・個別化する個人のロジックや志向に、組織のロジックや人事制度の見直し、体制・仕組みが追いついていないともいえる。これまで、日本の公務員制を特徴づける要素として、閉鎖型任用制、ジェネラリスト優位、メンバーシップ型人事などが指摘されてきた（西尾 2018；2020）。近年、若干の見直しはされているものの、現在でも大きく変わっているとは言い難いことが本研究からも浮かび上がってきた。

（2）　政策づくりなど創造的な業務志向

　また、業務にやりがいが感じられないという声も少なからず聞かれた。例えば、政策づくりなど、新しいことやアイデアを生み出したいと思って入省しても、そうしたことができるのは非常に限られ、目の前の業務に追われるだけだという声が多く聞かれた。

　例えば、Cさんは、役所における政策づくりの現状を、次のように語った。

　　Cさん：年功序列で上がっていっている方々が、能力的には落ちるけど、人事ローテーションで回りやすいような環境っていうのができてしまっているので、それによってなおさら、本来であれば新しい制度なり政策を作って動かしていくところも大事にもかかわらず、われわれの公務員の優先順位として下がってしまってるのかなという気はします。

　Cさんによれば、年功序列による人事ローテーションを優先させている結果、新しい制度や政策を作って動かすことの優先順位が下がっているという。硬直的な人事の運用により、本来政策づくりに適した職員がその能力を十分

に発揮できていないともいえるだろう。ロジックに即していえば、前例や慣例に基づいて組織をとりあえず維持・運営する、組織ロジックが、職員の適性や能力といった、個人のロジックよりも優先されているといえる。

　さらに、Cさんは、役所の雰囲気自体が、腰を据えて政策づくりができるような余裕のある雰囲気を失い、幹部も、政策づくりの点から、ロールモデルにならないと語った。

　Cさん：（約10年ほど前）入省した頃は管理職なんて、言い方、悪いけど、窓際で新聞を端から端までじっくり読んでね。なんか、こうゆったりとして仕事をできていた人たちっていうイメージが、やっぱりあったみたいなんですけど。最近の少なくとも弊省は、もう審議官とかより上の立場、もしくは政治家からの指示で、バタバタと走り回ってるようなイメージになっていて。何がそういう状況にさせてるのかっていうと、単純に業務を減らさないから業務量が増え続けていった結果なのかもしれないですけど、なんかとにかく管理職と言いながらめちゃくちゃ忙しく、ドタバタと、しかも使われてるって感じがするので、あんまりロールモデルになりづらいですね。正直。

　政策づくりができるような雰囲気や余裕がないという点は、Fさんも同様に語っている。

　Fさん：上意下達だよね。完全に。自分の意見なんかなかったからね。下が、そういうことをしたりしましょうって提案したりとか、新しい風を吹き起こせる余地すらなかったよね。そんな余計なことを上司に伝えて、揚げ足、取られてもまずいから。最小限。そう。業務が増えるだけだから、余計なこと、一切言わずにやってたかな。自分で新しいことをやろうっていうよりかは、何かを改革していこうっていうよりかは、今あることをどうやって一個一個つぶしていくかっていうことのほうが大事だと思っていたし、それが全てだと思ってたから。自由に意見し合ったりとかは、なかったかな。本当は、やったほうがよかったけど。

第Ⅱ部　行政編

　Fさんによれば、「上意下達」による、自分の意見や提案など、「新しい風」を吹き起こす余地すらなかったという。

　また、そもそも、役所が担える政策づくりが限定されているといった声も聞かれた。例えば、総合職採用で民間に転職したXさんは、「特定分野の政策づくりに携わりたいと思って入省しても、実際は、省令改正のために条文に線を引くとかの事務作業だけ」と振り返った。この点、同様に役所を去って民間に転職したYさんも「かつてと比べて、企画立案のやりがいが減っている」と振り返っていた。こうした背景には、政と官の力学関係の変化（政の優位）による役所の役割の変化、外部有識者から構成される審議会などの会議体で政策の基礎や方向が決められて役所はその下請け的な作業しか担当できなくなりつつあること、社会課題の増加による業務量の増大、業務の非効率性、職員不足、労働環境の悪化など、複合的で様々な要因が絡み合っていると思われるが、上から言われたことだけをこなす業務であれば、そのことは、職員のモチベーションや、やりがいにも、悪い方向で影響しかねないだろう。

　政策づくりに関して、今回のインタビューから聞かれたことを総合すると、政策づくりに携われることを希望して入省する職員は少なくないが、実際には、幹部や政治家から言われたことへの対応や、審議会などで委員から言われたことへの対応、あるいは、目の前の業務に、特に若いうちは追われがちで、政策づくりの雰囲気や余裕がなくなっている。また、省内でも政策づくりの企画や方向の決定権などの影響力を持つのは課室長など役所に入ってからだいぶ上の年次になってからだということが浮かび上がってきた。

　若手のうちは、Xさんが語ったように、法改正の作業などはするものの、アイデアや意見を出すといった、政策づくりの面白みを感じる機会が少ない。これまで大学・大学院などで学んできたことや、自分の専門分野などを役所では、生かせないことも多い。それであれば、若手のうちから、役所に比べると、自由にアイデアを出したり、自分の意見や考えが通り、かたちにできたり、実現できる民間に転職する（あるいは新卒時点から民間を目指す）のは、職員個人としては合理的で、自然な流れといえるのではないだろうか。別言すれば、現状の下では、国家公務員の離職者が増加し、他方で、新規採用への応募が減るのは、自然な帰結であろう。

ここまでみてきたように、政策づくりやアイデアを生み出すといった創造的な業務よりも、目の前の仕事に追われたりすることだけになっていることが、浮かび上がってきた。行政機関である以上、目の前のそうした業務も重要な役割であるが、個人の意向変化やキャリア形成プランを全く無視して、そうした作業にだけ追われるのでは、モチベーションやパフォーマンスの低下につながりかねない。そもそも、行政機関の役割として、複雑化する現代社会における新たな課題に対応する政策づくりやアイデアを出すことが期待されているなかで、そうしたことに携わりたい個人の希望がかなえられないことは、個人のロジックが重視される風潮のなか、憂慮されることであり、ミスマッチやギャップから離職にもつながりかねないため改善すべきであろう。かかる点は、後述のように、行政の役割変化と併せて考察する必要があると思われる。

（3）労働環境・働き方

次に、労働環境・働き方に言及する声も聞かれた。長時間労働のみならず、旧態依然の仕事の進め方や、組織文化を指摘するものが目立った。ここでは詳述しないが、代表的なものとして、意思決定をするまでにあまりに多くの人（決裁権者）の承認が必要で手続きが煩雑かつ時間がかかり過ぎること（Iさん）、縄張り争いがある反面、面倒な案件は自分たちの担当ではないと押し付け合う消極的職的権限争いが不毛であること（Gさん）、長時間労働対策としてのインターバル制度（終業と始業の間に一定の休息時間を設けること）がいわれているものの、早朝や深夜の議員・幹部レクは担当者しか責任を持って対応できない属人的なものであるため、レクがある限り機能することが期待できない（Yさん）、子育てや子どもの一時預かりなどは代替が利くが、業務は代替が利かないため、突発的業務が多い国家公務員の仕事と子育ての両立はおよそ無理（Yさん）といった声が聞かれた。働き方改革の取組だけでは労働環境の本質的な改善はあり得ず、国会対応、人手不足、業務量の削減などを含む、抜本的で構造的な見直しが必要だろう。

3 まとめと今後の課題

全体としては、「主体的・自律的なキャリア形成志向」、「政策づくりなど創造的な業務志向」、「労働環境・働き方」の要因が、「職員のモチベーション、やりがい、退職意向」に影響していることが浮かび上がった（図4-1）。ブラック霞が関、労働条件は、職員のモチベーション、やりがいの低下や離職の原因の一要因ではあるものの、それだけが原因ではない。むしろ、組織のロジックと個人のロジックの対立、矛盾、葛藤によるところが大きく、加えて、政策づくりなどの創造的な業務志向のあり方と関係する、公務の業務のあり方が問われているといえる。

では、本研究で得られた知見を踏まえると、今後の国家公務員の人事制度について、どのような示唆を導くことができるだろうか。まず、ここまでも述べてきたように、労働環境や働き方の改善はもちろん重要ではあるものの、職員のキャリア形成のニーズや意向に応える上では、それだけでは不十分である。職員の主体的・自律的なキャリアを後押しする見直しや取組が欠かせない。

また、与えられた目の前の業務をこなすだけでなく、政策づくりなど創造的な業務へシフトすることや、そうしたことを可能にする業務内容や体制の見直しが重要である。現在、人事院では、国家公務員の退職者の増加や人不足への対応を念頭に、働き方の改善に加えて、民間からの中途採用の拡充や、退職公務員の再雇用の方針を示している。公務員の人数・量を確保する上では、そうした取組は一定の意義を持ち、民間の多様な視点や経験者の経験・見識は、有用であろう。

しかし、そもそも、公務員がやりがいやモチベーションを持って働き、定着する上では、労働環境・働き方、職員の主体的・自律的なキャリア支援のみならず、その業務内容が重要な意味をもつ。新規採用であれ中途採用であれ、職員を多く雇い入れるだけではなく、その業務内容について、人事側の都合や采配といった組織のロジックだけでなく、職員の意向を尊重する、個人のロジックにも一定程度応じたものでなければならないだろう。そうでなければ、いくら人数を増やしても、職員のモチベーションや、やりがいにはつながらず、定着は難しい。換言すれば、職員の人数や量の確保だけに目を

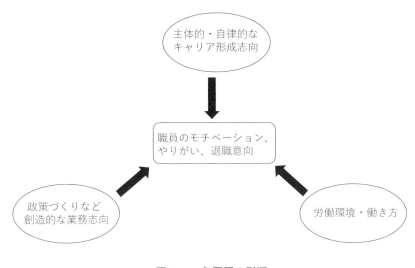

図4-1　各要因の影響

(出所：筆者作成)

向けるのではなく、その業務内容や質に着目するべきである。

　この点、業務内容については、近年、公務員が政治などの外部からの指示や、組織内でも上司に言われるまま、受動的に目の前の業務をこなすことが増えてきている。他方で、本章でみてきたように、職員側には、政策づくりやアイデアの発揮など創造性に富む業務への意向が根強く、そうではない現実を前にしてモチベーションが下がり、退職につながるケースが見られる。

　近年の働き方改革の取組などにより、労働環境は徐々に改善されつつあるが、本質的に役所の仕事に魅力や醍醐味（人によって異なるものの、例えば、かつては現在と比べて多くあったといわれることもある、政策づくりやアイデアを出すといった創造的な業務など）がないかぎり、少なくともそうした魅力や醍醐味を期待して役所に入った人にとっては、ミスマッチとなってしまい、モチベーションの低下や、退職にもつながりかねないため、離職は止まらないだろう。

　今回のインタビューでは、例えば何かの政策づくりに関わりたいと思っても、その希望と、その省令改正の線を引くだけの事務作業には、大きな隔たりやギャップがあるという声も聞かれた。特定分野の中身や政策づくりに関

わりたいと思って入省しても、上司・幹部や政治家など外部に言われるまま
事務作業をするだけでは、入省時の希望とはほど遠く、政策立案を担当する
役所ならではの、仕事の面白みや醍醐味を感じることも難しい。

　もちろん役所は行政機関である以上、そうした事務作業も重要な業務で
ある。企画や法令的な業務に加えて、各種関係機関の調整や、ロジ（ロジス
ティックス）とよばれる手配などの地道な作業、あるいは、国会や政治家な
どへの対応が業務の多くを占めることもやむを得ない。とはいえ、個人の意
向やキャリア形成プランを無視して、そうした作業にだけ追われるのでは、
先述のように、仕事のモチベーションや、やりがいにはつながらない。

　そもそも政策課題が複雑化・複合化するなか、政策立案を担当する中央省
庁の役割として、新たな課題に対応する政策づくりやアイデアを出すことな
ど、創造的な働きがより期待されているはずである。それにもかかわらず、
そういった創造的な業務機会が全く与えられず、また、個人の意向や希望が
全くかなえられないことは、改善されるべきであろう。長時間労働や働き方
の改善にとどまらない、個人のロジックを尊重する取組が必要である。例え
ば、個人のロジックに寄り添った人事制度や、職員が政策づくりやアイデア
を出すといった創造的業務に取り組める環境づくりが、職員が本来持つ力や
意欲を引き出すことに資するのではないだろうか。

第5章

多様化・個人化時代における国家公務員像
に関する一考察
——職員へのインタビュー調査からみえる課題を踏まえて——

1 問題の所在・研究目的

　現代の日本社会の変化を象徴する重要なキーワードが、多様性（diversity）
や多様化（diversification）であることに、異を唱える人はそれほど多くない
だろう。ライフスタイルや価値観の多様化、マイノリティとされてきた人々
への関心や人権意識の高まりなどにより、同質性が強く求められてきた日本
社会は、多様化に向けて変化しつつある。

　もうひとつ、現代社会を示すキーワードに、個人化（individualization）が
ある。第4章で述べたように、公務員組織でも、組織のロジックだけでなく、
職員が個人としての主体的・自律的にキャリアパスを選択し、やりがいや成
長を感じながら働くことを望む個人のロジックが台頭している一方、そうし
た変化に人事制度が追いつかずに両ロジックの対立・葛藤が深まっている。
こうした多様化・個人化の社会の趨勢は、社会課題に適応するべき制度・政
策や、ひいては、公務員組織のあり方にも影響するものである。

　まず、社会課題の多様化が進むなか、同質性の高い集団を念頭に、画一的
だったこれまでの制度・政策は限界を迎え、転換を迫られていることが考え
られる。同時に、制度・政策を生み出し、それを支える行政・公務員組織も
また変化する必要性に直面していることが考えられる。多様な視点や人材が
無ければ、現代日本社会が抱える多様な社会課題に適切に対応できる制度・
政策を生み出すことは難しい。さらに、多様な制度・政策を生み出すため、
行政・公務員組織自体が、多様な人材を取り入れ、そうした人材が力を発揮
できる組織に変わる必要がある。

したがって、現代の日本社会における行政・公務員組織は、新たな社会課題に対応するべく、制度・政策の変化だけでなく、それらを生み出し、支える行政・公務員組織にも同時に変化を迫るものであり、いわば、「二重の多様化・個人化」への変化の局面を迎えている。

本章では、こうした問題意識を踏まえて、多様化・個人化時代における国家公務員像を明らかにすることを研究目的とする。

2 分析の視点

先述のように、近年、採用試験制度の変更、中途採用の拡大、公募ポストの増加、民間人材の登用をはじめ、様々な人事制度の見直しが推進されている。民間から国への受入者数も増え続けている（内閣人事局 2024）。多様な人材を新卒時期に限らず登用する狙いから、メンバーシップ型にジョブ型も取り入れたハイブリッド型の人事制度も提唱されている（植村 2022）。

かかる働き方や人事制度の見直しは、多様な有意な人材を国家公務員として登用し、適切な労働環境で活躍してもらうという観点からは、小さくない意義を持つものだろう。

しかし、こうした人事制度に課題はないのか。役所において、そもそもなぜ多様化する必要があり、個人化の志向はどこまで進んでいるのか。新卒・中途採用の公務員、民間からの出向者、任期付き職員など、多様な人材が働きやすく、組織としても個人としても、高いパフォーマンスを上げられるために、どのような実態・対応（制度・政策）、課題があるのだろうか。さらに、役所の外部から多様な人材を受け入れたとしても、役所の組織文化や人事制度などが、そうした人材を受け入れ、活躍してもらうようなものになっているのだろうか。多様性の確保自体が目的ではなく、そうした人材に活躍してもらえるために、役所の組織文化など、組織が変わる必要があるのではないだろうか。

これらの点に十分にアプローチするためには、実際に国家公務員（民間からの出向者等を含む）が職場でどのような多様化・個人化に関する課題や問題意識を感じ、いかなる変化を望んでいるのかを、十分に踏まえる必要がある。この点、アンケート調査などで大まかな傾向は示されているものの、個

人にじっくりと向き合う質的な研究の蓄積は不十分である。質的な研究から、アンケート調査の項目にはあがっていない課題、問題意識、要望を丁寧に汲み取り、国家公務員をとりまく課題の全体像を明らかにする必要があろう。

　また、国家公務員の意識や役割が時代によって大きく変わってきていることも見逃してはならないだろう。多様化や個人化は制度・政策レベルだけでなく、第4章で述べたように、それらを支える行政・公務員組織レベルでも進んでいる。こうした変化や、従来と異なる新たな国家公務員像を踏まえた人事制度の見直しでなければ、仮に多様な人材を採用できたとしても高いモチベーションを持って期待された役割を発揮して働いてもらうことは難しく、いわば的外れな人事制度の見直しになってしまう。別言すれば、多様な人材を採用することだけにとどまらず、課題全般を踏まえて適切に見直しつつ、採用後に活躍してもらうための人事制度の見直しでなければならないのではないだろうか。この点、現代の官僚像や組織の変化は先行研究も指摘しているが（曽我 2016；嶋田 2022；北村 2022；手塚 2023；青木・王・神林・その他 2023）、質的調査から丹念に調査・分析している研究は、管見の限り見当たらない。

　以上を踏まえて、本章では、分析の視点としては、（1）制度・政策レベル及び行政・公務員組織レベルでの多様化・個人化の実態・必要、（2）現代の国家公務員像はいかなるものであるのか、特に従来の国家公務員像と比較したときにどのような特徴があるのか、という大きく2点に依拠し、質的調査からアプローチを試みる。

3　調査およびデータの概要、倫理的配慮

　本章で用いた調査およびデータは、第4章と同一である。調査の概要は第4章の *1*（67頁）を参照されたい。インタビュー対象者リストを表5－1に再掲する。

第Ⅱ部　行政編

表5-1　インタビュー対象者リスト

番　号	表　記	所　属
1	Ａさん	Ｍ1省（Ｍ2省より出向中）
2	Ｂさん	国際機関（Ｍ3省より出向中）
3	Ｃさん	Ｍ4省
4	Ｄさん	民間（元Ｍ4省）
5	Ｅさん	民間（元地方自治体、Ｍ5省に出向経験あり）
6	Ｆさん	地方自治体（元Ｍ4省）
7	Ｇさん	民間（Ｍ5省に出向経験あり）
8	Ｈさん	Ｍ1省（Ｍ4省より出向中）
9	Ｉさん	民間（元Ｍ4省）
10	Ｊさん	Ｍ2省（NPOに出向経験あり）
11	Ｋさん	Ｍ4省
12	Ｌさん	地方自治体（Ｍ4省に出向経験あり）
13	Ｍさん	Ｍ2省（地方自治体、他省庁に出向経験あり）
14	Ｎさん	民間（元Ｍ6省）
15	Ｏさん	元Ｍ4省
16	Ｐさん	国公立大学（Ｍ4省）
17	Ｑさん	地方自治体
18	Ｒさん	元地方自治体（Ｍ4省に出向経験あり）
19	Ｓさん	Ｍ4省
20	Ｔさん	Ｍ2省（国公立大学より転職）
21	Ｕさん	民間（元Ｍ4省）
22	Ｖさん	元Ｍ6省
23	Ｗさん	Ｍ3省所管の民間企業に出向経験あり
24	Ｘさん	民間（元Ｍ4省）
25	Ｙさん	民間（元Ｍ4省）

（出所：筆者作成）

4 分析結果と考察

（1）制度・政策レベル及び行政・公務員組織レベルでの多様化・個人化の実態・必要

　まず、多様な知見や視点が、制度・政策レベルで必要となっていること、さらに、そのために、それらを支える公務員も多様化する必要があるということが語られた。

　例えば、Ｏさんは、子ども政策を念頭に、政策の実施主体になる自治体、事業者の意見、現場経験、現場感覚の重要性について、次のように語った。

　Ｏさん：国の政策は自治体を通じて、さらにその先の事業者を通じて、国民に政策を打ち出していく。国は大枠を決めていることが多いですが、子ども政策でも、自治体が実施主体になってるので、自治体と事業者の意見聞かないと全然、（自治体や現場感覚は）分からないですね。自治体の方は、特に事業所の方といろいろやりとりされてるので、通知の改正とか、解釈とかそういうものを示すにあたって、意見を聞くと、いろんな視点の意見が出る。自治体の人とか、事業所の人、現場経験がある人がいないと、もう全然、成り立たないですよね。通知を変えたりする際には、いろいろ取材しないと駄目なので。（中略）
　　　国に来てもらう人も、行政の経験、国の経験、仕事の仕方とかある程度、経験しないと意見を言ったりするのもなかなか難しいところがあるので、長めに来てもらったほうがいいかもしれないですね。やっぱり１年目じゃどうしても、意見言えないというか。上の人がそれをちゃんと率先というか、（通知の改正などの際に、自治体から来ている人や現場感覚のある人から）意見を聞くように、そういう場を設けるとか。

　Ｏさんは、子ども政策において、実施主体の自治体、事業者の意見が欠かせないと述べた。自治体や事業者の現場経験などが、いろんな視点の意見につながるという。この点、現場のニーズが多様化、複雑化するなか、現場に根ざした声に耳を傾け、政策を進めることは、役所と現場のギャップを軽減し、現場に寄り添った意義のある政策のために不可欠であろう。

第Ⅱ部　行政編

　他方、出向1年目など、経験が浅い場合は、職場で意見が言いにくいため、上の人が率先して意見を聞く場を設けることが大切であるともOさんは語った。

　また、Aさんも、役所の中だけでは見えてこない視点や、政策の受け手のニーズは、外部との交流がなければ、分からないと述べた。

　Aさん：特に技術開発とかになると民間とどう協働してやっていくかとか、実用化に向けてどう取り組んでいくかとか、という点が企業に行かないとなかなか実感として認識できないところもあるので、そういう意味では、行政と民間の両面を知っておく必要はあるかなというふうには思います。（中略）

　　研究開発のプロジェクトをやる際に、役所のミッションは基礎研究をまず進めるわけですけど、それが社会にどういうふうに結びつくのかとかですね、あるいはベンチャー企業を起こすにはどういう支援が必要なのかとかですね、そういった視点は役所の中だけだと、なかなか見えてこないところがあって。逆側、受け手側っていうんですかね、のほうから見たニーズっていうのは、行ってみないと分からないところも多いんじゃないかというふうには思っています。（中略）

　　あとは人の交流を通じて、新しいことを双方、始めるきっかけにもなると思うので、人のつながりをつくるっていう意味でも外に出ていくっていうことは必要なのかなっていう、それはお互いにとって。（中略）（民間に出向して）戻られてからも、つながりを維持されてる方が多いですし、民間で得た経験を基に新しいプロジェクトを立ち上げたりとか、そういうことをされてる先輩もいるので。そういう意味では、役所の中でも非常に頼りにされますから、民間から見るとどうだ、みたいなところは、よくコメント求めたりとか、貴重な人材になり得るっていうふうには思いますね。

　Aさんによれば、役所と民間との交流が、役所側が多様な視点やニーズに気づけるだけでなく、交流やつながりによって、役所と民間、双方が新しいことを始めるきっかけになるため、お互いにとって必要なことだという。官

民の協働が重要となり、推進されているなか、役所と民間などの多様な人材が活発に交流し、つながりを持つことが少なくない意義を持つことを示唆しているといえよう。

またCさんも、役所の民間へのヒアリングのようにオフィシャルであらたまった機会や場では出てこない話を聞くことや、そのための日常的な人間関係を築くことの重要性を次のように語った。

> Cさん：ヒアリングとかで聞いたら、大体、（現場の）皆さん、本当はつらいんだけど、聞かれることはいいほうの話ばっかり聞かれるから、それに合わせていい話、するかみたいなところがあると思うんですよ。（でも研修では）かなり生々しい話を聞かせていただいて、そういう二面性って何事にもあるんだろうなという想像が膨らむ、きっかけをいただいたなと。（中略）
> 　業界団体の方々とオフィシャルな場では、もちろん、そこを所管していれば顔を合わせる機会はあると思うんですけど、そこに所属しているかたがたと定期的に会うような機会を積極的につくったりして、定点観測みたいな形と、お互いの人間関係が構築できるような形でやれるので、またちょっと違う。一つの現場からの話を聞くのが全てではないと思うので、いろんな方との話を聞ける場をつくって、そこでできるだけぶっちゃけベースになるような人間関係を構築していくみたいなのがあると、面白いかな、と。

　政策は、建前だけではなく、むしろ現場の本音の話に寄り添ったものでなければ、ニーズに適切に応えていくことが難しい。そのため、Cさんが語るように、「ぶっちゃけベース」で、定期的に話せる関係づくりや人間関係の構築が、より良い政策のために必要だといえる。

　ここまでみてきたように、政策を立案・決定する役所側の視点だけでなく、その政策の実施過程をよく知る現場経験・現場感覚に基づく視点が、より望ましい政策には欠かせない。

　また、Aさんの語りにあるように、役所だけでなく、民間にとっても、新しいことを始めるきっかけになるなど、様々な可能性を有する。そうした視

第Ⅱ部　行政編

点を取り入れるために、現場からの多様な人材の役所への受け入れや、役所からも役所外に積極的に出向いて現場の声や話を聞くことやそのための関係づくりが、重要な意義を持つ。

役所の中だけや、役所感覚だけでは、社会のために有益な政策をつくることは現実的ではない。現場のニーズが多様化・複合化するなか、今後、多様な視点を取り入れるための役所外との交流や関係づくりが、より良い政策のために、ますます欠かせないものになるだろう。

続いて、新卒採用・中途採用された公務員に加えて、役所外部から多様な人材を受け入れたとしても、人事制度や、役所の組織文化などが、そうした人材を受け入れ、活躍してもらうものになっているのだろうか。別言すれば、多様な人材が多様な専門性などを発揮できるような人事制度や組織文化などになっているのか、どのような課題があるのか、ということに関する語りをみていく。

この点、まずJさんは、霞が関の仕事の特殊性などについて次のように語った。

Jさん：意味のある出向、人事交流にするためには、役所側の仕事の仕方みたいなものをもう少し、要はその役所固有の仕事の仕方だけで固めるのではなくて、もう少し民間に近いような仕事の仕方、つまり民間のスキルがあれば、一定程度キャッチアップしやすいような仕事の仕組みが必要なんじゃないかと。つまり私の個人的な見解ですけど、役所の仕事の仕方とか進捗管理ってのは、非常に過去の霞が関の仕事の仕方に非常に倣っているところがあって、とにかく非常に特殊なんですよね。特殊だなというふうに感じます。

　いわゆるプロジェクトマネジメントみたいな観点とかを特段、持つこともなくて、すごい素朴に求められたものに対して回答を返す、あるいは予算の関係の資料を新しく作る、去年より予算を増やすために、そのために必要そうな資料を作る。法律を作らなきゃいけない場面になったから、法律を過去に決まった手続きのなかで書いていく。

　非常にその場その場で、その領域固有の仕事の仕方でやっていて、そこの仕事をしていても、変な話、民間で一般に付くであろうと期待され

ている仕事の仕方や、あるいは民間で応用可能な知識、資格みたいなものっていうのは特段必要とされないし、正直、付かないと私は思っています。

（中略）

（役所の仕事の仕方などが変わらないまま）民間から受け入れても、民間から来た人、多分、仕事できないんですよね。非常にフィットしにくい。政治の風みたいな、政治の機微みたいなのを読みながらやるみたいなのが、伝統芸能みたいな形でなされてる部分があるので非常に難しい。かつ、なかでも、民間的なプロジマネジメントみたいな仕組みとか、大きな組織をどう管理したらいいかみたいなことを、基本的に経験値だけでやっている。しかも組織の規模も民間と違う。課長とかいっても押さえる範囲が違うし、そうなってくると、うちから出て行っても多分、基本、役に立たないし、向こうから来てもらっても、多分、役に立たない。

　このままだと、それだとお互いに、ただただお客さまと受け入れておしまいみたいになってくるので、そういう点で、マネジメントの仕方とか仕事の進め方みたいなことについて、もう少し民間で進んでいる、民間でやっているような取り組みの仕方とか、方法論みたいなものをもっと柔軟に取り入れて、当然、霞が関に合わせなきゃいけない部分もあるんですけど、取り入れて。もう少し外からの人を受け入れやすいような仕組みっていうのがあったほうがいいんじゃないかなと思っています。

　Ｊさんによれば、霞が関の役所の仕事のやり方や文化は非常に特殊で、一般的に民間などで身につく仕事の進め方、知識、資格などは不要であり、役所で働いてもそうしたことを身につけることが難しい一方、反対に民間など外部から役所に来てもらっても、役所の仕事の進め方や文化にフィットせず、また、「政治の機微みたいなのを読みながら」、「伝統芸能みたいな形でなされてる部分」もあるため、十分に活躍してもらうためのハードルが高いことが考えられる。

　また、Ｊさんは、マネジメントについても「基本的に経験値だけでやっている」、「規模も民間と違う」と述べ、マネジメントの仕方とか仕事の進め方について、もう少し民間で進んでいる取り組みの仕方や方法論を霞が関に合

第Ⅱ部　行政編

わせつつ柔軟に取り入れ、「もう少し外からの人を受け入れやすいような仕組み」が必要だと強調した。

　さらに、Nさんも次のように、霞が関の役所が、民間とカルチャーが違う、異質な世界なので、フィットするような人を採用できる仕組みや、入る前からそうした違いを分かってもらい、齟齬が無いようにするのが、役所としても、役所外から来る人にとっても望ましいと語った。

> Nさん：やっぱ一番はカルチャーが違い過ぎるので、中途で採っている省庁はたくさんあると思うんですけど、入っていただいたのはいいけど辞めちゃう方もすごくいらっしゃるのかなと思っていて。とにかくカルチャーというか異質な世界なので、普通に生きてると国会の運営がどうなってるかとか、政治家とはどんな生き物なのかとか、どれだけ理不尽なのかとか、そういうのとかもちょっと分からない。
>
> 　役所も巨大な組織なので、役所の内部だけだったら官僚機構的な、大企業だったら似てる文化もあると思うので、そこは頑張ればフィットするかなって気はするんですけど。国会とか政治家とかの、あの独特な緊張感。あとは、一言で言うとカルチャーなんですけど、そういうところが入る前だと想像しにくいのかなっていうのはあるので、どうしたらいいのか分からないんですけど、カルチャーがフィットするような人を採用できるような仕組みとか、もしくは入る前からちょっと分かって入っていただく、齟齬がないような感じにするのがお互い幸せなんだろうなと思いますね。

　この点、Aさんも、民間から役所に来ても、「役所の文化的なところがまだ非常に多いので、国会対応にしてもそうですし、仕事の予算要求から始まって法律とかやるのも結構、匠の技的なところがある」と語り、来る本人も仕える人も大変なところが多いのでは、と指摘した。

　また、Cさんも、「外との出入りがほとんどないってこととも関係するとは思うんですけど、やっぱり、中で育っていく人たちが基本となっているので、年功序列っていうのが維持されやすいというか、新しい風が吹きづらいところはあるかなと思って」と語り、外部との交流機会の不足に加えて、年

功序列が根強い役所文化、人事制度にも問題があると語った。

　他にも、民間から霞が関の役所への出向経験があるＧさんも、働いた実感として、「重要な仕事を非常に、大切な仕事をしているなっていうところは、よく分かった」という一方、「効率は悪いなっていうのはすごく感じました。特にやっぱり国会対応のところで、どうしても国会対応メンバーは待ちの姿勢じゃないですか」、「国としても長時間労働のことを、民間企業に対して要請しているなか、お膝元の国のメンバーが、超長時間残業になってるっていうようなところもあるので、それってどうっていうのは正直、感じました」と語った。

　続いて、多様な人材が活躍できるための支援体制への課題や要望に関する語りを述べる。

　多様性の確保自体は、ゴールではない。そうした人材にいかに活躍してもらえるか、そのための体制づくりや、組織文化、人事制度、仕事の進め方などの見直しについてみていく。

　まずＰさんは、外部から来た専門性を持った人を生かせるように、受け入れ側の上司がその人の立場や専門性を理解し、専門性を生かせるような方向付けをしたり、適切な指示やマネジメントをしたりと、受け入れ側にも力量が求められると、次のように語った。

　Ｐさん：力量のある人を専門性のある人の上司っていうか、指示をしたり、マネジメントとかしたりする立場の所に置くっていうのが大事なんだろうなと思いますね。

　　　多分そういうことで、ある程度、方向性を付けてあげるっていうか。どこで、あなたが専門性を生かせばいいのかっていう与え方が上手であったりだとか。で、ロジ的な面、例えば、霞が関的に物を決めていく順番だとか、段取りだとかは、多分その方はあんまり知らないと思うんですけれども、そこのところをうまくサポートしてあげられることで、そのように受け入れる側の直属の上司っていうんですかね、そういう方の力量みたいなことだとか、大事になってくると思いますね。

　また、具体的なサポートとして、民間から出向していたＧさんは上司から、

第Ⅱ部　行政編

「気に掛けてもらうっていう、割と積極的なことではないかもしれないんですけど、ほったらかされてるって思わない、ほったらかされてるなって感じさせないっていうところが、多分、重要」と語り、気にかけてもらうというちょっとした心理的なケアでも、重要だと指摘した。

またCさんは、外部人材へのバックアップやサポートだけでなく、そもそも、専門性を生かせる仕事内容であると、フィットしやすいのではないかと語った。

さらに、民間からの出向経験があるGさんも、「省庁の業務の中に、民間ができることっていうのを広く見出してもらうっていうと、新しい観点での物の見方っていうのを取り入れるところがあるんじゃないのかっていう部分を見つけ出してもらうと、交流は進むかな、と思います」と語った。

外部人材を取り入れた実績（人数）が指標とされたり、着目されがちだが、そもそも業務的にフィットしない分野に来てもらったり、その人の専門性を生かせないならば、あまり意味を持たず、形骸化しかねない。

ここまで述べてきたように、単に外部人材を取り入れればいいということではなく、その人が十分に専門性を生かせるように、受け入れる側にも力量が求められたり、そもそも役所中のどのような業務分野であれば専門性を生かせたり、新しい観点や見方を取り入れるべきところなのかということを、役所としても事前によく準備・精査し、受け入れ環境を整えておく必要があるということは十分留意するべきポイントであろう。

続いて、外部からの多様な人材にとどまらず、中央省庁での働きやすさ、満足度、長く働き続けることなどにも関係する、職員へのケアや、マネジメントに関して考察していく。

まずDさんは、他省庁に出向した時に、課の管理職がその時々の業務の多寡に応じて、柔軟にポストの所掌を超えて、業務を振り分けたり、人的リソースを配分し直していくことをためらわないマネジメントに、出向元ではそうでなかったこともあり、驚いたと語った。

　Dさん：（課のマネジメントをしている管理職が）誰々が忙しいみたいになっ
　　　たらその人、呼んで、話、聞いて、誰か配分できるやついないか、つっ
　　　て。残業が多いとか、多分そういうの見てヒアリングして、すぐ変えて

た、本当にすぐ変えてた。また変えたんすか、みたいな感じで、すぐ変えてた。全部、全体を本当、見てたと思う。

　全体、見てて、でこぼこがないかってチェックをして、この人できなさそうなら、ちょっとこの人に回すかとか、そういうの全部、できてた人だった。一対一で話すとか、管理職がちゃんとケアしてるっていう文化がすごいあったなって。（出向元には）そういう文化はなかった。人事面談でね、年に何回か話す機会はもちろんあるけど。（出向先は）定期的に、毎週じゃないけど毎日のようにケアをする文化があって、実際やってたっていうのは大きかったかなと。

　Dさんによれば、柔軟に業務を振り分けたり、人的リソースを配分するマネジメントにより、管理職が職員を「ケアする文化」があり、実際にそれが行われていたという。

　この点、Iさんも、次のように、中央省庁のように規模が大きく、それぞれのゴールが違う分、「全部をちゃんと把握している人が、もうちょっと上手に配分できたらいいかもしれない」と語った。

　続いて、多様な人材が、一緒に仕事をする上で、適切なマネジメントだけでなく、その背景として職員同士が目的意識、ミッション（理念）、スピリット（志）などを共有することや、そうした職場環境の重要性を指摘する声もあった。例えば、Pさんは次のように語った。

　Pさん：役所の人ってそれなりに目的意識であるだとか、ミッションみたいなものを自分のそれぞれの中で持ってるんだと思うんですね。（中略）一緒に仕事をするからには、やっぱりある程度、共通の理念みたいなものを共有するだとか、そういったことも問われてくるんじゃないかなと思うんですね。（中略）
　やはりある程度の同士意識みたいなものっていうかですね、どのように涵養していくのかっていうのが大事になるんだろうなと思うんですよね。理想を言えば役所であったとしても、数年間の役所での経験っていうものが、ファミリーでもないですけどね、そのときのスピリットが、その人の中に残ってて、他の組織で働いていく上でも、そういった意識

第Ⅱ部　行政編

　が残るといいのかなと思います。

　Pさんは、信頼や、同士意識を涵養することが重要であり、一緒に働いたスピリット（志）が残ることが望ましいと語った。

　この点、外部人材は何らかの専門的知識・技術を期待されてくることも少なくない。しかし、それだけでは、労働力の補完や、その場しのぎにとどまってしまう。しかし、専門的知識・技術が共通、または、近い外部人材や親元の組織とは、官民の連携が推進されるなか、一時的でなく、今後のより継続的・発展的な関係が期待される。そのことは、例えば、先述のように、役所と民間、双方が新しいことを始めるきっかけになったりする（Aさん）など、様々な可能性を有しているといえる。では、どのようにすれば、そのような関係を築けるだろうか。

　この点、Pさんが語るように、理念、目的、同志意識の共有や涵養といったものが、ポイントになると思われる。換言すれば、そうしたことに資する職場環境、例えば、ここまで多くの人（Cさん、Gさん、Dさん、Iさん、Pさん）が語ったような、様々なサポート、バックアップ、ケア、適切なマネジメントがある体制づくりや、組織文化の醸成が重要ではないだろうか。

　続いて、民間からの外部人材にとどまらず、役所のなかで、どのように人材を育てていくべきか、また、近年離職者が増えているなかで長く働き続けていくためにどうすればいいのか、といった点に関する人事制度に関してみていく。

　この点、第4章で述べたように、例えば、職員をどのように育成したいのかという育成ビジョンが欠如していることがあげられる。ビジョンが示されれば職員としても納得した上でやりがいやモチベーションを感じることができるかもしれないにもかかわらず、他に人がいないといった消極的・場当たり的な理由しか示されなかったという指摘（Fさん）や、2007年に公務員制度改革の一環として任用や給与の基礎になる人事管理を採用年次や採用試験の種類にとらわれず人事評価に基づいて適切に行う原則（人事管理の原則）が打ち出されたが、実際は「建前」であり、「機能していない」（Hさん）、若手を中心に離職者が相次いでいるなか、かつてと比べると、職員側の意向に配慮するようになっている（Aさん）という声が聞かれた。

また第4章では、労働環境などが職員のモチベーションの低下や離職の要因となっていることは否めないが、それが決定的な理由というよりは、人事制度の硬直性や、多様化する職員の主体的・自律的なキャリア形成の志向の変化に人事制度が追いついておらず、組織のロジックと個人のロジックの対立・葛藤が深まっていることが課題であることが浮かび上がっている。

　本章では、上記を踏まえつつ、それ以外に、外部に出向経験のある職員や、退職者（元国家公務員）の声などから、人事制度の課題に考察していく。

　Jさんは、中央省庁の人事制度の現状について、出向したNPOの人事制度と比較しつつ、次のように語った。

> Jさん：（出向したNPOでは）役所、省庁に比べると、非常に成長実感の得やすい仕組みの中で、人事制度が運用されているなというふうに感じます。省庁の私が経験した部署の範囲ですけれど、実績能力に基づく人事というのを、人事院も含め国家公務員制度も掲げていますが、とはいえ、大きく年次を逆転する、大胆に逆転するような人事というのが実際になされていない部署が大半だと思いますし、大勢において幹部は基本的に内部プロパーたたき上げの人が年次順になっていく、というのが7、8割くらいだと思います。

　Jさんによれば、省庁では、実績能力に基づく人事というより、入省年次を基本とした年功序列的な人事がされているという。他方で、出向したNPOでは、「成長実感の得やすい仕組みの中で、人事制度が運用されている」と感じたという。例えば、意欲と能力があれば若いうちから大きな責任を任せたり、若くてもマネジメントできるような研修やその前提となる仕組みづくりなどに気を遣い、より柔軟な人事が行われていると語られた。

　また、Jさんは、人材の流動性が高まり、公務員も採用後に数年で辞める離職者が増えている状況のなかで、役所の組織を維持するために中途採用者（民間者の転職者）を受け入れること、さらに、そうした人が「すっと入ってきやすいような、あるいは働きやすいと感じるような人事管理をされなきゃいけないかな」とも語った。

　続いて、民間から人材を採用することも有益であろうが、途中で退職した

第Ⅱ部　行政編

離職者が戻ってくる仕組みの有用性を指摘する声もあった。例えば、Cさんは次のように語った。

> Cさん：きょう、たまたま転職をされる先輩が、人事異動の時期なこともあって、あいさつに来られたんですけど。そうですね、民間企業への出向もいいんですけど、やっぱり出向だと逆のケースで考えたときに、どうしてもお客さま扱いしてしまってる部分もあったりするので、本当は転職、別に誰しもに転職しろっていうわけではないんですけど、転職してまた戻ってきやすい環境っていうのがあるといいなとは。その場合、きょう、来た方が、「戻ってくるとしたら、もう予算要求とか国会対応とかじゃなくて、政策の立案したいよね」って、さらっとおっしゃってたんですけど。まさにそういうことだよなって思いますね。辞められていった方々の理由はいろいろあると思いますけど、施策の立案にそこまで時間を費やせてないし。他にもやって、こうアプローチがあるって言って辞められてく方が多いんじゃないかな、と思って。中途採用の枠自体が少ないから、なかなかそういうことが起きづらいのか、どこに原因があるのかも分からないんですけど、民間、一度、行かれて、その経験値を生かそうと思えば、また戻ってもいいなっていう方って、結構いらっしゃるんじゃないかな、という気はするんですけどね。ある意味、即戦力。役所の文化が分かっていて、民間経験もあるわけですから。

　Cさんが語るように、民間に一度行って培った経験を役所に戻って生かしたいという離職者は、役所の文化も分かっている分、役所に戻ってから即戦力となり得るだろう。

　他方で、語りにも出てきたように、離職に際してあった何らかの理由、例えば、政策立案がやりたい、と思ったがそうではないので離職した場合、再び役所に戻ってもやりたい仕事ができないのであれば、再び離職ともなりかねない。すなわち、離職者は役所の文化を知り、かつ、民間の経験も積んでおり、即戦力になり得るものが、離職時の理由が解消されない限り、長く働いてもらうことは難しいことも考えられるのではないだろうか。この点、離職者を活用するならば、離職時の理由や、それを解消できる役所の体制づく

100

りや組織のあり方も問われることになるだろう。

　では、そもそも離職者はいかなる理由から離職に至り、役所に戻ることについてどのように感じているのだろうか。

　この点、離職者（自己都合退職者）と聞けば、役所で働くことにやりがいや魅力を感じなくなったから、というように、一般にネガティブな理由が思い浮かぶところかもしれない。しかし、本件調査の離職者の語りからは、2点の特徴的なポイントがみえてきた。

　まず1点目は、公務員や役所が担う、公共に携わるという業務のやりがいや魅力が軽減したから、というわけではないということである。2点目は、役所や公務員だけが公共を担い、社会課題に取り組んでいるのではなく、民間にいても公共や社会課題の解決に携えるという意識の変化・広がりである。

　以下、順番に述べる。まず、離職者のDさんは、次のように語った。

　　Dさん：仕事のミッションとしては、これ以上のやりがいはないぐらい立
　　　派なことで、名誉あることで大きな仕事ができるって間違いないけど、
　　　そういうことを直接やる職員があれだけ辞めちゃうっていうのは、やっ
　　　ぱり人事の硬直性もあったんだろうし。多分、自分の行きたい所に行け
　　　なかったりとか。

　　Dさんは、「仕事のミッションとしては、これ以上のやりがいはないぐらい立派なこと」だが、「自分の行きたい所に行けなかったりとか」で離職するケースが少なくないと語った。

　この点、実際に、技術系で入省したYさんは、技術系以外の分野で働く機会があり、いろんな分野に今後挑戦したいと思ったが、人事からは前例がない、人員も足りないといった理由によって希望通りの異分野への挑戦が叶わず、もともとの分野の人事ローテーションの2巡目に入ったところで魅力を感じられなくなり、退職したと語った。

　同じく離職者のNさんは、官僚がすごいと思われていた価値観が若手ではフラットになっており、特に若手の離職者に戻りたいと思うほどの魅力を伝えるのは難しいと語った。

第Ⅱ部　行政編

　Nさん：昔は多分、官僚っていうのが人から尊敬はされてなかったかもしれないけど、一応、すごいねと言われるようなお仕事だったと思うんですけど、今って、私くらいの年齢だと過渡期で、さらに若い子だともっとフラットな価値観になっていて、もうそういうものに魅力を感じるような世代でもないですし、そういう方に戻りたいとまで思わせるような魅力っていうのが、どこまでお伝えできるかな、みたいなのはあるのかなと思いますね。魅力はあると思うんですけど、難しいですね。

　また、同じく離職者であるXさんは、アメリカ留学の経験などを経て、役所だけが公共、社会課題に取り組んでいるわけではないと感じるようになったと次のように語った。

　Xさん：公共とか、政策は、役所だけが担うわけでなくなっていると思う。民間でもできるんだよ、関わり方が違うだけなんだよって感じるようになった。（アメリカに留学したが）アメリカだと、公共政策を学んだ人が政府行政機関にもいるけど、NPOとか社会課題を解決したりする民間組織に就職する。
　　そもそも、役所だけが公共、社会課題に取り組んでいるわけでないという意識があって、自分もそう感じるようになっていった。政策というか、社会課題を解決したい、取り組みたいというのは、民間でもできると思う。パブリックマインド高くて、東大経済学部首席とかでベンチャー行くような人は、そのあたりが分かってベンチャーに行ってるのかもしれないし。
　　（中略）
　　そもそも行政機関とはどういうところか、調整やロジが中心で生産的・クリエイティブな役割の機関ではないし、実は、公務員だけでなく民間とか、いろんな立場から公共とか政策にアプローチできるっていうこと、どういう立ち位置から公共とか政策に関わるのかを、これからの学生はよく考えてほしい。
　　（中略）
　　自分は、ブラックだから、労働条件がひどいから、嫌でやめたわけ

じゃない。クリエイティブ、生産的な仕事ではない。面白みがない。サブをやってるようで、ロジばっかり。雑用とか。

（中略）

　どのポストに行こうが、自分の成長につながらないと感じた。もともと幹部、組織マネジメントとかを目指してきたわけでもない。課長とか局長とか魅力を感じなかった。大変そう。行きたいポストがなかったし、現実的に自分がこうなりたいと思う（ロールモデルになるような）人がいなかった。

　Xさんは、公務員だけでなく、民間やいろんな立場から公共や政策にアプローチできると語った。また、役所の中に残っていても自分の成長につながらない、こうなりたいというものが見えてこなかったことも、役所の外に出ていく要因になったと振り返った。

　この点、NPOへの出向経験があるJさんも、NPOが政策提言など政策を動かしていくことを感じたと語った。Jさんによれば、「民間側からでも政策の形成に対して、ここまで力強く動けるんだ」と感じ、「正直、役所にいるとなかなか見えない世界ではあったので、そういう意味では世の中の政策と形成とそれの実行っていうものが、私が思っているより、さらに、はるかに広がりを持って動いているんだなと体感した」という。

　XさんやJさんが語るように、複雑化する現代社会で、役所だけが公共や社会課題に取り組んでいるわけでなく、むしろ、様々なアクターが関係し、活動することが増えている。例えば、政策も、民間が政策を提案したり、働きかけ（ロビイング）を行ったり、政策過程に有識者として参画したり、実施主体となったりと、多様な関わりが広がっている。そうしたなか、もともと公共や社会課題に関わりたいというマインドを持った公務員が、役所に外に出ていくことを躊躇せずに、役所と比べて制約やしがらみが少ない民間の立場から、公共や社会課題に取り組んでいくという選択肢は、今後、増えていくのではないだろうか。

　ここまで代表的な語りをみてきたが、本調査からみえてきたのは、公務員や役所で働くことで公共に携わりたいという当初の思いや役所で働くことのやりがいや魅力が軽減したわけでないこと、さらに役所以外でも公共に携わ

103

ることができる、公務員や役所だけが公共の担い手ではないという意識の変化・広がりである。後者に関しては、別言すれば、民間企業やNPO等で働くことを通して公共に携わりたい、貢献したいという考えが広がりつつあるともいえる。もちろん上記のことだけが退職や志願者減の要因ではなく、例えば第4章で述べたように、個人の主体的・自律的なキャリア形成のロジックと組織のロジックが相容れないこと、労働環境・働き方、さらに政策づくりのような創造的、中身のある業務（サブ的な業務）ではなく雑務などの業務（ロジ的な業務）が多くを占めてしまっていることなどが少なからず影響しているだろう。他方で、これまでの研究では十分に指摘されてこなかったが、公共に携わりたいという思いは変わらずとも、公共のあり方やその担い手の捉え方が変化していることがみえてきたといえる。

（2）現代の国家公務員像は従来の国家公務員像と比較したとき、いかなる特徴があるのか

　ここまで述べてきたことを踏まえて、国家公務員のタイプを従来の「組織型」と近年の「個人型」に大別し、それぞれの特徴をみていく。

　まず、従来の「組織型」では、組織の一員・歯車として、組織のトップダウン・上意下達や前例・慣例に従って、職員の個人性をできるだけ捨象して、与えられた業務や役割をこなしていく。また、組織から一方的に与えられる硬直的なキャリアパスのもとで年次や職種ごとに昇進していく。上司からの評価を重んじ、私滅奉公の志向が大きい。ひとつの役所・組織で最後まで働くという意識や、役所を絶対視し、あくまで自分は組織の一員として働くことを通して社会や公共に寄与するという傾向が強い。国家公務員であることの誇りも小さくない。全体として、組織のロジックが優先され、個人のロジックは後景に退いている。

　一方、近年の「個人型」では、組織の一員ではありつつも、個人としての達成感、やりがい、自己の成長を感じながら働くことも望む。与えられた業務や役割以外にも取り組みたいという思いも小さくない。組織との関係やキャリアパスに関しては、組織との対話を重視し、組織からの評価だけでなく自己評価も加味しながら、職員が主体的・自律的に柔軟なキャリアパスを選択することを志向する。民間企業やNPOなど外部への関心が高く、社会

や公共に寄与することは、役所の一員でなくてもできるという感覚や、役所の相対化の意識が強い。

公務員としてのキャリアは、組織貢献のためだけではなく、個人の自己実現という性格もあるため、やりがいなどが得られなかったり、組織が個人を尊重してくれないと感じることが続く場合には、違うかたちでの社会や公共への寄与という点で民間企業やNPOなどへの転職も厭わない傾向にある。全体として、個人のロジックが、組織のロジックに優先している。

ここまで述べてきたように、「組織型」と「個人型」の国家公務員は、社会や公共のために働きたいという思いは共通しているが、具体的な特徴はかなり異なるものになっている。

5 全体考察と結語

本章では、「二重の多様化・個人化」について、2つの分析の視点に基づき、検証してきた。まず、分析の視点の1点目として、制度・政策レベルおよび行政・公務員組織での多様化・個人化の実態・必要を、インタビュー調査の分析から検討してきた。その結果、以下のことがみえてきた。

制度・政策を立案・決定する役所側の視点だけでなく、その政策の実施過程をよく知る現場経験・現場感覚に基づく視点が、より望ましい政策には欠かせない。そうした視点を取り入れるために、現場からの多様な人材の役所への受け入れや、役所からも役所外に積極的に出向いて現場の声や話を聞くことやそのための関係づくりが、重要な意義を持つ。一方、そのような多様な人材をうまく受け入れ、活躍してもらうための人事制度や組織文化になっているかといえば、そうはなっていないという語りが多く聞かれた。

続いて、分析の視点の2点目として、現代の国家公務員像を従来の国家公務員像と比較しながら検証した結果、従来の「組織型」と近年の「個人型」に大別することができた。

現在、労働環境の改善だけでなく、採用試験制度の変更、中途採用の拡大、官民交流、民間人材の登用などの様々な人事制度の見直しが推進されている。多様な人材を新卒時期に限らず採用する狙いから、従来のメンバーシップ型にジョブ型も取り入れたハイブリッド型の人事制度も提唱されている（植村

第Ⅱ部　行政編

2022)。しかし、本研究の分析結果を踏まえると、ここまで述べてきたように、そもそもの国家公務員像や、役割意識が大きく変わってきている。

　こうした変化を踏まえた人事制度の見直しでなければ、仮に多様な人材を採用できたとしても高いモチベーションを持って期待された役割を発揮して働いてもらうことは難しく、いわば的外れな人事制度の見直しになってしまう。別言すれば、多様な人材を採用することだけにとどまらず、採用後に活躍してもらうための人事制度の見直しでなければならない点は、十分留意する必要があるだろう。

第6章

子ども政策における行政と NPO の連携は
いかにあるべきか
—— 「協働」ブームから、「こども家庭庁」時代まで ——

はじめに

　子ども政策の司令塔の行政組織として、こども家庭庁が2023年4月1日に発足した。同庁は「こどもまんなか社会」を掲げ、特徴的な政策や制度を打ち出しているが、注目すべき特徴のひとつが、NPO との連携の推進である。しかし、連携は、うまくいくのだろうか。

　この点、参考になると思われるのが、2000年代以降にブームと言われるほど本格化した、地域子育て支援をめぐる行政と NPO との「協働」である。だが、その実態は、十分に明らかになっていない。NPO と行政では、組織文化・体制規模・行動原理などが全く異なる。そのように異なるアクターが、「協働」にあたり、それぞれどのような思惑や葛藤があったのだろうか。また、「協働」の水面下には、様々な意見の対立や決裂もあったと推測されるが、そうした時にどのように妥結点を見つけ、歩み寄ってきたのか。そこには、何が影響したのか。議員は、どのような役割を果たしたのか、あるいは、果たさなかったのか。

　本章では、そうした、「協働」という言葉だけでは見えてこず、公的な文書にも現れない、行政と NPO の「協働」の実態を明らかにすることを研究目的とする。

　具体的には、まず1節で、「協働」をめぐる先行研究やその限界を踏まえた上で、2節では地域子育て支援の「協働」の実態を当事者のインタビュー調査から明らかにし、3節でこども家庭庁時代に再び推進されている行政と NPO の連携に示唆をもたらすことを試みる。

107

第Ⅱ部　行政編

1 「協働」をめぐる先行研究やその限界

　子ども政策に限らず、社会課題一般が複合化・肥大化する一方、行政において、財政上の制約に加え、人的リソースの限界が指摘されている。かつての「最大動員」（村松 1994：42）を特徴とするシステムが機能せず、「日本の行政において、少ない人的リソースで最大限の活動量を引き出す最大動員システムの持続可能性は、もはや失われたと捉えるべきだろう」（伊藤 2021：1）ともいわれる。自治体間でも、限られた人的資源をめぐり競争が行われ、特に技術職・専門職では、その競争が顕著と指摘されている（松井 2023：32）。

　こうした、社会課題の複合化・肥大化と、行政の財政・人員のリソースの限界という二重の事態に対応する行政のあり方として、異なる行政機関同士の結びつきを強める「多機関連携」（伊藤編 2019：渡辺 2019）があり得るが、より市民社会に身近な課題であり、当事者の市民にある程度委ねるべき部分が多い領域においては、行政と市民社会（NPO、民間企業等）の「協働」も進んでいる。

　ここで、「協働」とは、子ども政策に即していえば、NPO 等の「民」と、子ども政策を所管する「官」が、地域の子育て支援や少子化対策の拡充といった社会課題のために、対等な立場で協力して働くことを意味する。日本では 1990 年代以降、協働の概念が社会的に注目され始め、2000 年代に具体的な実践として展開されていった（小田切 2017：150）。子ども政策の領域でも、地域の子育て支援 NPO が広がった 2000 年代は、子育て世帯の孤立や虐待などの社会課題が浮上する一方、行政の予算やリソースの逼迫も進行していた。

　こうしたなか、行政と子育て支援 NPO の協働の理念の下、子育て当事者の身近な地域に根ざす NPO による子育て支援は、行政の手が届きにくいニーズに対する、行政の支援に代わり得るものとして、積極的に推進された。ただし、その実態が、先述のように、協働が本来意味する、官と民が対等な立場で協力して働くことであったかどうかは、慎重にみていく必要がある。

　一般に、NPO は行政の事業を安価で受託する傾向にあり、NPO が行政の下請けになることや行政優位の主従関係に転化すること（小田切 2018：103-104）、行政への同型化や営利企業への同型化（NPO の過度な商業化）の問

108

題（廣川 2019：109-114）、安上がりな受け皿とみなされてしまうこと（原田2010：72-73）など、協働には多くの懸念や問題も指摘されている。

また協働や事業委託がNPO側に与える影響として、財源の安定化、社会的評価の向上、アドボガシー機能の強化など好影響が指摘される一方、自律性の喪失、財政運営の不確実性、行政のエージェンシー化など、悪影響も懸念されている（小田切 2017：146-149）。実際、福祉の領域でも、須田（2011：86-87）は、非営利組織が、行政の存在ゆえに安定性や包括性を高める一方で、自律性を発揮できないジレンマに陥っていることを明らかにしている。

ここまで協働に関する先行研究を概観してきたが、理論的・規範的な研究にとどまるものが多い。この点、小田切（2014）は数少ない実証研究である。小田切（2014：119）は、「協働が行政へ及ぼす影響」として、アンケート調査及び面接調査の分析から、「協働が行政課題への認識を高め、また、NPO理解の向上や公共問題に対応する知識の獲得に貢献している」ことを示している。また、「協働がNPOに及ぼす影響」として、アンケート調査の分析から、「委託への集中化」と「組織化」という2つの影響を明らかにした（小田切 2014：152-153）。

かかる小田切（2014）の研究は、実証研究として貴重だが、1時点が対象の分析にとどまる。しかし、同じNPO―行政間でも、協働の成熟度、時代の変化等に応じて、協働のあり方は変わることが考えられる。特に、子ども政策は、近年変化が大きく、協働のあり方も変化していることが想定され、丹念にそのプロセスや要因をたどる必要性が高い。

次節以降では、こうした問題意識や先行研究の限界を踏まえて、同一のNPOおよび行政を対象にしたインタビュー調査に基づき、協働への意識や協働のあり方の変化を、そのプロセスや要因に着目し、明らかにする。

2 インタビュー調査の分析結果と考察

インタビュー調査は、研究目的を踏まえて、首都圏X市を事例に、2000年代当時を知る行政職員又は現在の子ども関係部局の行政職員の5人、および、2000年代からX市と協働で地域子育て支援分野の活動を行っているNPO法人Yの施設長1名、計6名を対象に行った。

第Ⅱ部　行政編

表6-1　インタビュー対象者リスト

番　号	氏　名	所　属	インタビュー実施日
1	Ａさん	元Ｘ市職員	2023 年 8 月
2	Ｂさん	元Ｘ市職員	2023 年 8 月
3	Ｃさん	現Ｘ市職員	2023 年 9 月
4	Ｄさん	現Ｘ市職員	2023 年 9 月
5	Ｅさん	現Ｘ市職員	2023 年 9 月
6	Ｆさん	NPO 法人 Y 現施設長	2023 年 10 月

(出所：筆者作成)

　インタビュー調査は、地域子育て支援分野における行政と市民の協働のあり方、協働の影響、協働の展望等の質問項目に基づき、対面またはオンラインにて、半構造化インタビューを実施した。時間は約 1 時間で行った。実施期間は 2023 年 8 月～ 2023 年 10 月である。インタビュー前に、書面を用いて、研究の概要、匿名化等のプライバシーへの配慮等を十分に説明し、同意を得た。また、録音の同意が得られた場合に限り録音し、調査後に文章化した。さらに、個人が特定されないように事実を曲げない範囲での加工・匿名化をする等、最大限の倫理的配慮を行った。なお、著者の所属する大学機関の研究倫理委員会の承認（ID 番号：23017）を得ている。対象者リストを表6-1 に記す。

　インタビュー調査の分析の結果、「地域子育て支援分野における行政と市民の協働のきっかけ・経緯」、「協働が NPO や行政に与えた影響」、「議員は行政と市民の協働にどのようなスタンスだったのか」、「協働の現在、今後の展望」という大きく 4 つのカテゴリーに大別できた。以下、順番に見ていく。

（1）地域子育て支援分野における行政と市民の協働のきっかけ・経緯

　まず、Ａさんは、区役所で子育て分野を担当していた 2000 年代初頭、子育て世帯の孤立や育児の異変に接し、地域での子育て支援の必要性を感じるようになったと語った。

　Ａさん：最近のお母さんは、子育て下手っていうか、子育てのことを聞く

110

仲間もいない、子育てを取り巻く状況が変なのかもしれないねって感じて。（中略）一体今のお母さんたちがどうなっているのか、それから子育てをカバーするような施策を区でやったほうがいいんじゃないだろうかって話して、企画書書いて、子育て支援事業と調査をやりたいですって出したんです。それが私と子育て支援の出会いです。

（中略）（地域子育て支援を先進的に取り組んでいる地域に）調査に行って、子育て支援事業をやって評判はどうか、効果はどうかみたいなことを聞いていったら、ぜひ行政が取り組むべきものだって言われたので、絶対にこれはやりましょうということで、子育て支援みたいなのに取り組むことにしたんです、その翌年から。

　Ａさんは、区役所勤務時代に地域子育て支援の必要性を痛感した。また、地域子育て支援を先進的に取り組んでいる地域に調査に行き、行政が取り組むべきだと感じ、子育て支援の取組を始めたという。その後、Ａさんは区役所を離れ、市庁舎で地域福祉計画策定の業務に関わるなかで、市民が地域の実情や資源を踏まえつつ、地域のことを真面目に考えていると感じ、市民の力を信頼することになったと語った。

Ａさん：地域福祉計画っていうのを協働スタイルでやったんです。行政が専門家と共に大体素案を作りまして、そこに市民委員に入ってもらって、私たちが作った計画、どうですかってご意見をいただくっていうのがそれまでの行政計画の作り方だったんですが、地域福祉計画っていうのはそうじゃなくて、本当に最初から市民と議論をして、共に作る計画っていうんです。（中略）

　市民の人って、責任ある発言っていうのかな、夢物語で自分が掲げてる理想をやみくもに振りかざすんじゃなくて、地域の力みたいな実情だとか、地域の資源、本当にそんなことやって地域が動くのかとか、そうはいっても理想の姿はこうだから、そこに近づけていくのにはこういうステップを踏んだほうがいいよねみたいなことを言ってて。市民って結構、真面目に考えてるって、市民を信頼する出来事になりました。

111

第Ⅱ部　行政編

　またBさんは、X市で協働が進んできた背景について、次のように振り返った。

　Bさん：1つは、X市は、市民生活と密接な関係がある子育てっていうことに関して、行政側が非常に立ち遅れていたと。で、自分たちのことは、自分たちで守らんといかんっていう市民側の強い危機感があったんじゃないかと。（中略）非常に行動的な市民の人材が、複数いて、運動として、芽生えつつあったていう実態が、やっぱりあるんじゃないかなと。（中略）逆に、行政側にも、市民との協働がやっぱり、何をやるにも大事だっていう考え方が芽生えて、それが実行に移されようとした時期が、やっぱりあったんじゃないかなというふうに思いますね。（中略）職員の中で、そういう考えを持つ人たちが、結構、育ってきていたのではないかっていう感じがします。

　Bさんは、当時のX市の地域子育て支援が非常に遅れていたという危機感から、市民側でなんとかしようとする市民がいたことや、行政側でも市民との協働が大事だという考え方が芽生え、実行に移されていったことが、X市の子育て分野で協働が進んだ背景にあると述べた。さらに、Bさんは、次のように、子育て支援という地域に根ざしたサービスの性格も、協働を必要とするものであり、まさに協働のかたちに合ったものだったと振り返った。

　Bさん：結局、人への施策ですよね。人と人との関係の施策なので、非常にきめ細かくないといけない。それから、地域地域で、違った特徴を持ちやすいし。だから、非常にパーソナルな、あるいは、個別的なサービスなんです。国の制度がこうなりましたっていうんで、一斉にバーッと動けるかっていうと、なかなかそれがうまく花開かないっていう特徴があると思うんですよ。それ、逆に言うと、市民と行政、特に当事者たちと行政が相談しながらやっていかないと、何も動かない、有効なサービスにならないと思うんですね。

　Bさんによれば、地域子育て支援は、地域ごとに違った特徴を持つ、人へ

112

の施策、パーソナル・個別的なサービスであり、子育て当事者の市民と行政が相談しながら一緒になって進めていかなければ有効なサービスにならないという性格を有する。そうした地域子育て支援の性格も、協働を推し進める要因になったという。

　さらに、Ａさんは、協働を進める上で、行政の謙虚な姿勢が、市民の方が行政より実力を蓄えていたり、市民に委ねた方が効果をあげる分野では必要であり、特に子育てを含む生活関連分野では、市民へのリスペクトの気持ちが重要だと語った。

　Ａさん：やっぱり行政の謙虚な姿勢っていうか。市民の方が明らかに実力を蓄えている分野については、市民に委ねたほうがいい効果を上げるっていう、謙虚さを、権力を持ってる行政が持つべきだというふうに思っているんです。言い方を換えれば、委託、受託の関係を超えるパートナーシップを築くっていうことになると思いますけれども。そういう感性って、こういうふうに長く仕事をしてると磨かれるんですけど、委託、受託の世界にいた人ってなかなかそうならないので。でも生活関連分野って、子育てだけでなく、そういうことだと思うので、市民に対してのリスペクトの気持ちっていうんですか、そういうものっていうのは持っていないと協働ってうまくいかないと思います。

　またＢさんは、協働を進める上で重要なこととして、「上から目線にならないこと」、行政と市民の協働は、「対等の協力し合い」で、市民の声を聞くことが大切だと語った。

　Ｂさん：上から目線にならないことでしょうね。要するに、行政と市民の協働っていうのは、対等の協力し合いなわけで、突っぱねるっていうのは極力避ける。（中略）こっちも、事情はちゃんとしゃべるっていうことだと思うんですね。「できない理由は何ですか」に、「そんなことは言えません」とかじゃなくて、「いや、実はこういう理由があって、こういうことをやると、こういうことをしちゃいけないっていう人たちがいるんだよ」というのを、ちゃんと教えてあげないと理解が深まらない。（中

第Ⅱ部　行政編

略）結局、地方自治体ですから、地方自治の主人公は市民ですから。

　AさんとBさんは、協働を進める上での行政に求められる姿勢や役割として、市民と対等に、市民の声に耳を傾け、協力し合うことの重要性を語った。

（2）協働がNPOや行政に与えた影響

　Aさんは、協働を根付かせていくなかで、以下のように、NPOを信頼して業務を発注するなどしたことが、結果的に、NPOの成長につながったと振り返った。

> Aさん：市民団体のNPOが力を付けていく最初の一歩になったのは、X市のある部署がX市の子育て支援施策への市民の要望のとりまとめを、民間の総研とかじゃなくて、NPOに発注したんですよ。それで、市内のいくつもの子育て支援の団体で手分けして調査表を作り、送り、返ってきたのを分析するっていうのをやってあれでぐんと力を付けたと思うんです。その後、発注はなくなりましたけれども、予算要求の時期になると、市民団体と意見交換したり、政策提言を受けたりするような関係になって。（中略）NPOの現場って、潜在ニーズ発掘機関でもあるんですよね。それをまとめて行政とやりとりする。そういう機能がNPOにあるんですね。

　行政がNPOを信頼し、業務発注などを通して任せることが、NPOの成長につながっていくというのは、協働が持つ一側面として、注目に値するのではないだろうか。行政と比べると各種資源が乏しいNPOの成長を促すようなかたちでチャンスを与えることでNPOが育ち、意見交換をしたり、現場のニーズに基づく提言がされたりなど、より対等な関係で望ましい協働関係に進化していくことが考えられる。

　また、その後の動きとして、Bさんは、NPOがX市の子育て支援行政の発展にも大きな役割を果たしたと語った。

Bさん：2000年代前半に、NPOが、X市の子育て環境について提言を
　　　行ったんですが、大きな役割を果たした動きだと思ってます。市民が自
　　　主的につくったものですね。（中略）NPOが市に提言したことっていう
　　　のが、基本的にはベースになって、その後、X市の子育て関係の事業本
　　　部もできてるっていうふうにいえると思うんです。

　Bさんは、子育て支援のNPOがX市に子育て環境について自発的に提言
を行い、それがきっかけで子育て関係の事業本部につながったと語った。そ
れまで他の自治体と比べて遅れていたX市の地域子育て支援行政にとって、
エポックメイキングになったといえよう。

（3）議員は行政と市民の協働にどのようなスタンスだったのか

　続いて、Aさんは、協働を進める上での市議会議員との関係の難しさに
ついて語った。
　Aさんによれば、市民と行政が協働を進めると、市会議員の中には、市
民代表の自分の出番がないと感じ、快く思わない人もいると次のように語っ
た。

　Aさん：問題は、市会議員なわけです。市民と行政とが共に語り合って何
　　　かを決めていく、議員の出番がないわけです。一応、市民の代表ですか
　　　ら、市民の代表の議員と市役所が協議して決めていくっていうのが今の
　　　ところのルールなんです。だけど、議員だって、いつも地域にいるわけ
　　　じゃないですよね。なので、もっときめ細かな分野に関しては行政が直
　　　でやらしてもらう、その代わりお金付けるときに関しては、もちろん議
　　　員に聞きますよ。でも面白くない議員もいるわけです。その辺はとても
　　　難しくて。（中略）議員を無視していないということをきちんとつくりな
　　　がらやらないと、協働っていうことに関しては議員の中で快く思わない
　　　人が出てくると思います。（中略）自分が置き去りにされて、NPOと行
　　　政が一緒に話すっていうのはやっぱり嫌なんですよね。（中略）市会議
　　　員の方なんかは、いろんな団体から予算ヒアリングってやるんです。だ
　　　から、本当は、議員の顔を立てる意味でNPOとか市民団体の人たちも、

第Ⅱ部　行政編

意見をまとめて、市会議員のところに行ってワンクッション置いて、市会議員から予算を要求してもらうのが本来かもしれない。（中略）市民の代表である議員のかませ方って難しいって思います。NPO が協働の相手になればなるほど、定期的にも打ち合わせもしますから、信頼関係もできるし、定期的な打ち合わせのときにいろんなことを言う。でも、その状況を市会議員にも伝えてないと、なんかのときに賛成票が入んなくなったりするんで。議員の存在って厄介だなって。

　だから、結果的に行政からすれば、協働相手に話したことは同時期に議員の耳に入るので、じゃあ、この件に関しては俺の議会で取り上げようかとか、これはあまりに細かいことだからそっちでよしなになればいいんじゃないのっていうような付き合いができるようになるといいんでしょうけど、でも行政から見ると、NPO が議員と密着してるっていうのも警戒するわけですよ。議員の絡ませ方っていうのは、絡ませないと意地悪されるし、絡ませると疎まれることもある。

　A さんによれば、行政と NPO だけで直接やり取りすると、市民代表の市会議員が置き去りにされたように感じて快く思わない場合があり、そうなると議会で行政の提案に賛成票を投じてもらえないなど意地悪をされる恐れがあるという。

　そのため、NPO だけでなく議員にも話を通して絡ませるようにしているものの、一方で NPO と議員が密着すると行政としては警戒せざるを得ない面があるなど、悩ましいと語られた。

　協働の実態として、行政としては、NPO の方だけを見ればいいわけではなく、市民代表の議員の顔を立てて良好な関係を維持する必要もある。別言すれば、行政―NPO―議員という三角形のバランスをうまく維持しなければならない。議員の力は侮れない一方、議員が絡む功罪がある。協働は行政と NPO の間だけを考えればよいものではなく、NPO と議員という 2 方面の付き合いや関係づくりで苦心し、葛藤している行政の姿が浮かび上がった。

　続いて、B さんは、協働の開始当初は、議員や政党は、概して、そもそも地域子育て支援にあまり積極的には見えなかったと語った。

116

第6章　子ども政策における行政とNPOの連携はいかにあるべきか

　Ｂさん：子育て支援に関しては、どちらかというと、当時の市長さんは積
　　極的でしたけど、議員や政党は、あんまり積極的には見えなかったです
　　ね。関心がない、全体として。個別に、特定の議員が行ったっていう話
　　は、多分あったと思うんですけど。（中略）市会議員でも、若い人は、決
　　して否定的なこと、言ってなかったと思うんですけど、やっぱり年配議
　　員は、「何で、そんなことまでＸ市がやんなくちゃいけねえんだ」みた
　　いな感じでした。「余計なお世話じゃねえのか」とか、「子育ては、自分
　　がやんじゃねえのか」とか、「甘やかすからいけねえんだ」とかね。個
　　別の議員で、そういうことを支援してくれた人はいるのかもしんないけ
　　ど、政党全体としてとか、政治全体が応援団になってくれたっていうの
　　は、あんまりなかった。

　協働の開始当初は、協働に前向きであった市長を除き、議員や政党は子育
て支援に積極的ではなかったという。むしろ、子育ては家庭がやるべきとい
う保守的な家族規範や意識から、子育て支援の必要に疑問を呈するような声
もあったという。行政としては、先述のように議員との関係に気を遣いつつ、
地域子育て支援の必要性や、そのための市民との協働の重要性を感じており、
議員の応援や後ろ盾がないなか、苦心しながら地域子育て支援をNPOや市
民団体と共に切り拓いていったといえる。

（4）協働のその後の状況・展望
　ここまで主に2000年代前半のＸ市における地域子育て支援をめぐる
NPOと行政の協働について述べてきた。では、それから約20年が経過する
なかで、協働はどのような状況を迎えているのだろうか。まず、協働の開始
に立ち会ったＢさんは以下のように語った。

　Ｂさん：協働を定着・継続させるべくやりましたけども、その後の市長た
　　ちは別に、新しい公共とか、そういうことをうたっているわけじゃない
　　ので、じゃ、次の市長のときも、このようなことが踏襲されてますかっ
　　ていうと、踏襲されてないんです。ただ一遍でもこういうことをやった
　　ことがあると、このときにすとんと落ちた人はそのことを覚えてくれる

117

だろうし。（中略）やってよかったと思いますが、継続してやっていくっていうのはなかなか難しい。職員も協働に理解のある職員ばかりじゃない。

　Bさんによれば、協働を定着・継続させるべく取り組み、「やってよかった」と思うものの、その後は市長が代わるなどして、協働が踏襲されていなかったり、職員も協働に理解のある職員ばかりではないという。

　では、Bさんが退職してから20年余りが経過するなか、X市の地域子育て支援分野の行政とNPOとの協働関係はどうなっているのだろうか。現役の職員の声をみていきたい。

　まず、現役職員のCさんは、X市で協働の風土が今もあることを指摘した上で、現在の行政の協働における役割として、2000年代前半のように各団体を育てる段階ではなく、ネットワーク、連携が強くなるようにバックアップする段階にあると語った。

　Cさん：今は、どちらかというとネットワークというか、要するに、区内とか市内のそういう団体のネットワークみたいなところを、もっと強くなるようなバックアップといいますか、そちらのほうが大事なのかなって。そこの中で新しくやりたい、頑張ってみたい団体が来た時に、はじくんじゃなくって、その輪に入りやすいような雰囲気をつくるっていうところは、気を使う部分だと思いますし。（中略）制度を作る国とはまた別に、市や区役所だと、ネットワークづくりの事務局的なことを担うことになるわけなんですけど、結局やっぱり、顔を見ながらやるわけですよね。どうしても人と人で合う・合わないとか団体の相性とかって絶対あると思うんですけど、そこをいかに連携、行政との協働もそうですし、団体間との連携みたいなところの雰囲気をつくっていけるかみたいなことですね。

　子育て支援NPOが誕生後、独り立ちするなか、現在は、協働における行政の役割として、NPO間のネットワークや連携を後押しすることが求められるように移ってきているという。

　また、新しいNPOが現れた時に、すでにあるNPOがモデルになること

があると語った。

> Cさん：（新しいNPOの中には）自分たちもああいう形でやりたいっていう気持ちを持ってる方がいるので、やっぱり、近くにお手本というか、やってる方がいるっていうのは、NPOだったり、NPO的なことをやりたい人にとってみると、モデルケースっていうか、前例っていう存在は大きいんでしょうね。

　新たなNPOが生まれて育っていく上で、すでにあるNPOがモデルになったりと重要であるため、ネットワークの調整や後押しをすることが、行政の役割として大切になっている。

　ここまでみてきたように、段階や状況に応じて、協働における行政の役割は、変わり得る。X市の地域子育て分野の協働を例に見ると、NPOの立ち上げ期の2000年代は、産声をあげた各NPOに行政が寄り添い、個別に支援していくことが大きな意義をもっていたが、NPOがある程度自立するにつれて、既存のNPOのネットワークや連携を促すことが、個別のNPOまたはNPO全体の力を高めたり、さらに、新規のNPOを育てるという意味でも大切である。NPOの成熟度合いや状況の変化等に応じて、協働における行政の役割は移り行くといえる。

　続いて、NPOとの協働は、行政職員にどのような刺激や影響を与えているのだろうか。2016年の4月〜2021年3月の5年間、区役所の子ども・子育て関係部局でNPOと一緒に地域子育て支援分野に携わってきたというEさんは、まずやってみるというNPOの姿勢やマインドから刺激や影響を受けたという。

> Eさん：行政職員としては、NPOの存在は刺激になりますよね。X市としても、NPOの提案を受けながらいろんな施策が変わってきた経過があるので。やっぱりその辺をちゃんとお互い腹割って話せるっていう関係性が、良い道筋になるのかなっていうふうに思ってやってきました。（中略）平たく言うと、役所ってなかなかいろいろルールとか、前例のないことに対して慎重に石橋をたたいて渡ろうとするのが、多分基本だ

第Ⅱ部　行政編

と思うんですけど。NPO は基本的にまずやってみようと。自分たちの
感覚的な部分もそうだし、現場とかで話を、当時者たちから聞きながら、
その声を拾いながら、NPO の中で考えた方向性でまずはやってみよう、
というところで進むんですよね。

　また、NPO の姿勢やマインドから刺激や影響を受けつつ、自分のマイン
ドや行動も変わった部分があると、E さんは振り返った。

　E さん：コロナがあった時ですかね。役所の中でもオンラインで相談しよ
　　うみたいな話は上がるんですけど、お金だとか、技術的なところが弱い
　　ので、難しいってなりますけど、（NPO は）もうすぐに始めちゃってた
　　りしてて。とにかくそのスピード。スピード感はもう、学ぶべきところ
　　があるなって。（中略）（コロナ対応では、行政職員の中でも、自分は他の人
　　がやりたがらないことを率先してやったりしたが）そういうところは多分、
　　すごい NPO から影響されたかな、って気がします。

　一方、入庁してから 10 年ほどで、現在 X 市の区役所で地域子育て支援関
係の業務を担当する D さんは、次のように語った。

　D さん：協働いう言葉は聞いたことがないですね。2000 年代、協働と
　　いう言葉が盛んに使われていた頃、仕事してないので、あくまでもイ
　　メージというか、想像ですけど、そのときはブームがあったんじゃない
　　かなと思いますね。だからこそ、市役所のなかで、協働関係の部署が多
　　分力を入れられたり、組織が新たに生まれた時代なのかもしれないです
　　ね。ただ、今もそういう部署はありますけど、正直あんまり目立ってな
　　いなっていう印象ですね。だんだんと当時の方も年代が上がって、世間
　　一般でも市役所全般でも、注目されるところがちょっとずつ移り変わっ
　　ていったんじゃないかな。

　D さんは、かつては協働の「ブーム」があったかもしれないが、現在は協
働が当時と比べて注目されなくなっており、世間や役所のなかでの注目分野

120

が移り変わっていることを指摘した。この点、確かに、Dさんが述べるように、協働の成立期と比べると、世間の関心が薄くなっている可能性はあるだろう。もっとも、先述のCさんの語りを踏まえると、協働そのものが後退したというよりも、NPOや協働の成熟度の段階等が変わるなか、行政の役割がネットワーク化など後方支援の性格が強くなってきていることの現れともいえるだろう。

　他方で、Dさんは、多くの行政職員がNPOの実態を知らず、現場の感覚がわからなくなっているのではないかという危惧を語った。

　　Dさん：多くの職員は、協働というか、市民活動との連携や、NPOの実態、
　　　何をやっているのか知らないと思いますね。なので、何か仕事をしよう
　　　としたときに、問題を解決しようとしたときに、市民団体とかNPOと
　　　一緒にやる力を借りるっていう発想がそもそも得にくい、生まれにくい。
　　　（中略）特に管理職、幹部は知らないんじゃないですかね。計画を立て
　　　ても、現場の感覚がわからないまま作った計画で。（行政でもNPOでも）
　　　現場は人手不足で疲弊しているんですけど、そこまで想像できていない
　　　んじゃないかと思いますね。

　Dさんは、NPOの実態を、管理職や幹部を含め、知らない行政職員が増えており、何か仕事や問題解決をするときに、「市民団体とかNPOと一緒にやる力を借りるっていう発想がそもそも得にくい、生まれにくい」と指摘した。また、行政でもNPOでも現場で「人手不足で疲弊」しているという。そうした状況では、協働は生まれにくいだろう。これまでのX市の協働の経緯からすれば、協働が停滞しているということにもなりかねない。では、どのようにすれば、行政職員がNPOなど市民活動の実態を知り、協働を進めていくことができるようになるのか。この点、Dさんは、NPOと行政、それぞれの強みを述べながら、行政としてNPOなど市民活動の必要を知ったり、交流する仕組みが重要なのではないかと語った。

　　Dさん：NPOの強みとして2点あると思っていて。まず1点は、現場に
　　　は、いろんな情報や人が集まってきますし、すでに箱というか施設が

あって、そこに来た人にアプローチできるので、行政の手が届きにくい
ところにアプローチできるというものがあると思います。もう1つは、
行政は実感を伴わず乖離したものになってしまいがちですけど、現場に
近いNPOはそうではないっていう。困っている人がいるとして、実際
にどれぐらい困難な状況なのか、どれだけコミュニケーション取るのが
難しいのかっていうのが、行政はやはり想像になってしまって、実感を
伴わない話、考えになってしまうんですよね。まして行政計画や大方針
を決める、役所の中でも上の方々が、行政計画や大方針を、しかも市長
という強力なトップから言われて計画を作ると、やっぱり現場と乖離し
たものになってしまう。っていうのを感じていて、その点、やはり現場
で直接声を聞いている市民団体、NPOっていう方々の強みは、そこに
あると思いますね。（中略）他方で、市役所職員の強みというか、行政職
員だからこそできる物事の考え方があると思うんですね。問題が起きた
ときの解決方法だったり、関係先との調整コミュニケーションだったり、
行政だからこその発想方法がやはりあるなと思います。

　NPOは行政と関わること、協働して動いていくことが多いので、行
政の考え方っていうものをわかると、やり取りがかなりスムーズになる
んだなっていうのは考えているところです。NPOとしての力が強まっ
たり、ノウハウになったりするのかなと思います。（中略）行政組織とし
て、官民交流の仕組みづくりが必要だと思いますね。けど、ただの意見
交換では、もともと協働のマインドがある人がそういう場に来るし、当
たり障りないことをいうだけだと意味がない。なので、組織全体でそう
いうものが必要だよねというのを、仕組みとしてやっていくことが重要
だと思います。

　続いて、NPO側はどう感じているのか。現役の施設長のFさんは、次の
ように語った。

Fさん：（2000年代の団体立ち上げ時のメンバーが大切にしていた）利用者と
　　か市民のために自分たちが活動する、そこの視点は大きいかなと思っ
　　ています。市民の皆さんだって直接行政に何か物を申せる人もいるか

もしれないですけど、なかなかそこって直接伝えられることじゃない
し。(中略) 行政は、いろいろ制度とかサービスを考えたり、予算考えた
り大事だと思うんですけど、ただ実際にその人がいるところの生活の場
に、ちゃんと足運んでそれ言ってるのかなとか。(市民や利用者の声を)
代弁していくのが私たちの役割かなと思うので、それをすごく軽んじら
れた発言されるのはちょっと。そういう思いがベースにあって、そこが
失われてしまったら、私たちの役割とか意義とか、ここの場とかがある
意義っていうのは、だいぶ薄くなっちゃうんだろうなとは思うので、そ
こをしっかりその声伝えていくっていうこととかっていうところが、す
ごく大事かなっていうふうには思っています。

　Fさんは、利用者とか市民のために自分たちが活動することや、利用者の
声を代弁することの重要性を語った。実際、地域に自分たちの活動や存在を
知ってもらい、利用者が地域や社会資源とつながっていくために、地域のお
祭り、スポーツイベント、草むしりなどの業務にも、欠かさず顔を出し、地
域の有力者にも挨拶や雑談をするようにして、関係性をつくるようにしてい
るという。団体設立時の地域子育てへの思いが、継承されているといえよう。
　一方、行政との協働では、次のように、苦労やもどかしさを感じることが
あると語った。

　Fさん：拠点事業はたくさん機能があるんですが、それでは収まりきらな
　　いというか、その枠の中にどうしても収められない利用者の声や姿って
　　いうのがあるんですよね。(中略) その枠を超えてでも実現していきたい
　　ところが、あるんです。でも、そういう提案を行政にすると、「じゃあ、
　　それは事業のどこに当てはまるんですか」とか言われたり。「は？」って
　　いう感じなんですけど。もう少し利用者に寄り添った深い視点で捉えて
　　いく、俯瞰して見ていくみたいなところが必要なんですが、(行政はそう
　　ではないため) どうしても正直折り合わない、難しいところがあります。
　　　(中略) そもそもの協働って、市民力みたいなところとかをもうちょっ
　　と活用していこうとか、行政だけでやり込めないで、市民にしっかり託
　　して市民の力をまたさらに底上げしていこうみたいな思いがあったはず

第Ⅱ部　行政編

で。もっと俯瞰した視点で見てもらわないと、たぶん子育て支援拠点事業も絶対もう枠には当てはまらないぐらいの多様な方たちも来ていますし、そういう考えを柔軟に変えていかないと。（中略）もっと（行政が、地域の子育て支援だけでなく）地域の活動とかを応援してくれたり、委ねて応援しててくれるみたいな動きっていうのが、これからもっと必要なんじゃないかなと思って。

　Fさんは、協働において行政に求められる役割として、既存の枠組みを超えて、市民に託すことで市民力を高めたり、新しい取組をする市民を応援することが必要にもかかわらず、そうなっていない行政の現状を懸念していた。

　ここまで述べてきたように、現役の行政職員からは、協働という言葉やその実態が後退しているのではないかという指摘もあったが、協働のマインドが廃れたわけではなく、時期によって、行政の役割や、行政とNPOの距離の近さが変わってくることが語られた。例えば、まだ担い手もおらず、担い手に育ってほしいと行政が願う萌芽期では、最初の団体に行政も深く関わり、フォローするが、だんだんその業界が育ち、担い手がたくさん現れるようになると、担い手たちのなかで自ずとリーダー的なところが現れて後に続く団体のモデルになったり、自ずと団体間で助け合うようになるため、行政の役割も、初期のように個別の団体に深く関わってフォローするというよりも、ネットワーク化を進めたり、団体をつなげたり、質を担保するための研修などに変わってくると語られた。

　すなわち、時期やステージに応じた、協働・連携のあり方、程度、かたちがあるという。子育て支援NPOに照らしていえば、2000年代の成立期と比べて各団体が育ち、行政の手から少し離れ、担い手たちが成長したといえる。協働のあり方や行政の役割が変化しているだけで、協働の精神やマインドは、かたちを変えながら継承されていると語られた。

　他方、別の行政職員からは、NPOの強みとして、行政支援が及びにくい支援のはざまや隙間に手が届きやすいこと、現場のニーズを把握しやすいことなどが認識されている一方で、多くの行政職員は幹部を含めてNPOの実態や現場のことを知らない故に実感を伴いづらく、さらに増え続ける業務量に追われるだけで余裕がなくなっていることが語られた。また、NPOとの

協働・連携は重要だが、NPO だけに任せるのではなく、行政職員の強みである調整能力なども生かすべきという声も聞かれた。

行政と NPO 等の連携を推進する上で、議員・政党や地域の社会資源といった行政―NPO 間だけにとどまらない要因を考慮しつつ、行政と NPO が互いの強みを生かし、弱さを補うことの重要性や、その前提として対等にお互いをもっと知るべきといった課題が浮かび上がった。実際、行政職員も協働によって NPO から学ぶことも少なくないという指摘もありつつも、行政も NPO も多くの現場では疲弊しており（D さん）、行政も組織としてのそのための救いの手や有効な策を打ち出せずにいる。

3 全体考察

分析の結果、「地域子育て支援分野における行政と市民の協働のきっかけ・経緯」として、X 市では、2000 年代の子育て支援担当の行政職員が子育て世帯の孤立や育児の異変に接して地域子育て支援の必要性を感じるなか、折しも地域子育て支援の拡充を求めていた NPO 側からの働きかけや提言があり、行政側と NPO 側双方のニーズが合致して、協働が進められてきたことが分かった。この点、留意する必要があるのは、単に協働ブームがあったからうまくいったというわけではなく、地域子育て支援が、地域に根ざした NPO の力が不可欠という特性を持つものであり、行政と NPO の対等な関係の下の協働に合ったものであったということである。この点、協働といっても、先行研究が指摘するように、その実態は、NPO が行政の下請けになったり、行政優位の主従関係になりやすい恐れがある。しかし、地域子育て支援は、地域に根差した NPO の力が欠かせないため、X 市は、協働の前提として、NPO との対等な関係や、NPO に歩み寄るような姿勢を重視していた。

他にも、協働を後押しする市長の存在、議員のスタンス（地域子育て支援に積極的ではなかったが、それ故、介入・邪魔されることも少なかった）などの要因が複合的にうまくはまった結果、協働が進んだといえる。

また、「協働が NPO や行政に与えた影響」として、行政が NPO を信頼し、業務発注などを通して NPO に育成を促すようなかたちで仕事を任せたり、チャンスを与えることで、結果として NPO が育っていき、より対等で望ま

第Ⅱ部　行政編

しい関係に発展することがあるという。また、行政にとっても、NPOから
の提言がそれまで他の自治体と比べて遅れていたX市の子育て支援行政に
大きな役割を果たしたという。

　続いて、「議員は行政と市民の協働にどのようなスタンスだったのか」と
いうことに関しては、協働の当初、成立段階ではほとんど存在感を感じさせ
なかった議員だが、実際に地域子育て支援が協働を通じて動き出すと、行政
としては、市民と協働を進める上で議員との関係に苦心したともいう。すな
わち、行政（官）―議員（政）―NPO（市民社会）のバランスに照らすと、行
政とNPOだけで話を進めると自分の存在を軽視されているようで面白くな
いと感じる議員もおり、議会の行政提案に賛成票を入れないといったいじわ
るをされる恐れがあったりする一方、NPOと議員が関係を強めすぎることも、
行政としては警戒せざるを得ないという、市民社会の代表ともいえるNPO
と民主主義で選ばれている議員という2方面のアクター間との距離感、付き
合い方、パワーバランスの均衡に苦慮したという声が行政側から聞かれた。

　最後に、「協働のその後の状況・展望」に関して、現在の子ども関係の行
政職員からは、協働が後退しているのではないかという指摘もあったが、協
働のマインドが廃れたわけではなく、時期によって行政の役割や、行政と
NPOの距離の近さが変わってくるという指摘があった。具体的には、萌芽
期では、行政も深く関わり、フォローするが、業界が育つと、リーダー的
な団体のモデルとなったり、自ずと団体間で助け合うため、行政の役割も個
別の団体のフォローよりも、ネットワーク化を進めたり、団体をつなげた
り、質を担保するための研修などに変わってくると語られた。時期やステー
ジに応じた、協働・連携のあり方、程度、かたちがあるという。子育て支援
NPOも、2000年代の成立期と比べて各団体が育ち、行政の手から少し離れ、
担い手たちが成長・成熟した結果、協働のマインドや行政の役割がかたちを
変えながら存続・継承されているとも語られた。

　他方、別の行政職員からは、多くの行政職員は幹部を含めてNPOの実態
や現場のことを知らない故に実感を伴いづらいこと、協働を推進する上で行
政とNPOが互いの強みを生かし、弱さを補うことの重要性や、その前提と
して互いをもっと知るべきであることも指摘された。さらに、NPOと行政
が相互に疲弊する現状への懸念も語られた。

ここまで述べてきた、地域子育て支援の協働をめぐる行政と NPO のあり方は、こども家庭庁時代の現在、再び推進されている行政と NPO の連携に一定の示唆をもたらすものだろう。

　協働が、行政と NPO の双方に様々な好影響となり得ることは、先述のように、小田切（2014）など先行研究も言及していたが、本章では、さらに、その前提としての行政と NPO の対等な関係の重要性を示した。協働のかたちは、成熟度に応じて変化し得ることも本章で明らかにしたが、かたちが変わっていくとしても、その前提としての協働における対等な関係の重要性は、そうした関係があってこそ協働が機能していくため、普遍性を持つものと考えられる。

　他方で、本章で主にみてきた X 市の 2000 年代の状況と、現在の状況では大きく異なるところもある。例えば、2000 年代当時は、地域子育て支援に関心のある議員は少なかったが、現在は、子ども・子育て支援や少子化対策が最重要の社会課題となるなか、多くの議員が地域子育て支援に関心を持っている。こうした状況では、地域子育て支援の拡充のために、議員との関係づくりや、議員への働きかけ（ロビイング）も、NPO が担うべき重要な役割といえるかもしれない。また、行政の役割も、個々の団体の支援から、団体同士をつなげることに重心が移りつつあるなど、変化が求められている。

　しかし、協働における対等な関係の重要性などは、今後も変わることはなく、むしろ、官民連携が推進される現在、一層、大切なポイントになり得るだろう。

　他方で、行政も NPO も、人的リソースが不足しているという課題は継続している。地域子育て支援の初期の原動力になっていた、子育て環境をよくしたいという思いが受け継がれているものの、そうした NPO の現場の思いに甘えるように、依然として子育て支援に投じられる予算は不十分であり、NPO の人手不足の声も聞こえる。一方、行政もまた、財政上の制約に加えて、人的リソースの限界や行政現場の疲弊といった苦境に直面し、その点も、協働ブームの時代から、こども家庭庁時代の現在まで、大きな変化はない。

　行政も NPO も、十分なリソースがないなかで、協働の当初にあったはずの理念、協働を通じた地域子育て支援に込められた思いの灯の存続は、危機に瀕し続けているともいえよう。

第 7 章

子どもの貧困対策における福祉と教育の連携に関する一考察

——生活困窮世帯の子どもの学習支援事業から——

1 序論

（1）問題提起

①子どもの貧困の研究の高まり

　子どもの貧困[1]対策において、福祉と教育の連携[2]の社会的要請が高まっている。貧困世帯の子どもに関しては、代表的なものとして、後述するように篭山（1953：1984）の研究や、貧困層の構成要素として不安定な就労や所得などに加え、家族や教育を指摘した江口（1979）の研究があるが、彼らの分析対象は主に「世帯」であり、「子どもを主体として分析、理解するという点に射程が延びにくい」（松本 2008：29）ものだった。その後、70 年代の高度経済成長以降、貧困研究そのものへの関心が後退し、生活保護行政や公的扶助研究で生活保護世帯の子どもは焦点化されず、その実態も不可視にされてきた（湯澤 2015：69）。だが、2000 年代以降、格差問題が注目を集め、子どもの貧困に関する研究も増えていった（大石 2005；阿部 2005、2008；山野 2008 など）。また、「貧困の連鎖」[3]の実証研究（青木 2003；岩田・濱本 2004；道中 2009 など）に加え、子ども期の貧困が成人後のウェルビーイングに負の影響を与えることを示す研究も現れている（大石 2007；阿部 2011 など）。

　子どもの貧困にアプローチする上では、子どもを「世帯」に付随すると捉えるのではなく、「子どもを人生の主体としてとらえると同時に、発達の主体として理解することが重要」である（松本 2008：49）。かかる理解に立つことで、大人に比してより成長と発達の途上である子どもの「発達権の侵害」という「子どもの貧困の本質」（同：38）に焦点化できる。

子どもの発達という点に関しては、教育が大きな位置を占める。一方、子どもの生活は世帯の生活と一体となっていることが多いため、子どもの発達権を保障する上では、福祉的な生活支援も欠かせない。岡部（2013：39）が述べるように、子どもの教育を保障するためには、広く社会政策が必要であり、福祉と教育が連携することが大きな意味を持つといえる。

②政策・制度動向にみる福祉と教育の連携の社会的要請の高まり

次に政策・制度動向をみると、2007年にOECDの相対的貧困率計算式に基づく調査結果が初めて公表され、子ども貧困率14.2%という高い数値が社会に衝撃を与えた。メディアで子どもを含む貧困世帯の窮状が盛んに報じられたほか、市民による子どもの貧困問題の社会的喚起を図る運動が広がり、2010年には「なくそう！子どもの貧困」全国ネットワークが設立され、運動が加速した。こうして問題意識が社会的に醸成され、ついに2013年「子どもの貧困対策の推進に関する法律」（以下「子どもの貧困対策法」）成立、2014年「子供の貧困対策に関する大綱について」（以下「大綱」〔内閣府2014〕）の閣議決定に至った。

子どもの貧困対策法の第一条（目的）は、「子どもの将来がその生まれ育った環境によって左右されることのないよう、貧困の状況にある子どもが健やかに育成される環境を整備するとともに、教育の機会均等を図る」ことを明記し、第二条（基本理念）では対策の柱として、「教育の支援、生活の支援、就労の支援、経済的支援」が示された。さらに大綱では、福祉と教育にまたがる「学習支援」が2つ打ち出されている。すなわち、放課後子供教室や地域住民等の協力による学習支援（通称「地域未来塾」）に加え、より福祉的な性格が濃い、生活困窮者自立支援法に基づく、生活困窮世帯の子ども対象の学習支援事業が明記されている。また、貧困世帯の子どもの支援はこれまで厚生労働省が中心だったが、文部科学省（2016）も、大綱で位置づけられた「子どもの貧困対策のプラットフォーム」としての学校を強化するべく、スクールソーシャルワーカーの増員など、学校を窓口とした福祉関連機関との連携によって、学校から子どもを福祉的支援につなげる取組を進めている。さらに、内閣総理大臣や関係閣僚に加え、経済界・マスコミ・支援団体等の関係者が発起人となった「子供の未来応援国民運動」の広がり（2015年

129

第Ⅱ部　行政編

4月〜）、内閣府が主導する「子どもの未来応援基金」設立（同年10月）など、官民を挙げた子どもの貧困問題への取組の重要性と必要性が増している。このように政策・制度レベルで、福祉と教育の連携の社会的要請が高まっており、この点に関する研究の重要性が増している。

③福祉と教育の関係についての先行研究

　福祉と教育の関係は、かねてより研究がなされてきた。篭山は、50年代から60年代にかけて、漁村の貧困層の健康・栄養・発育・生活調査を行い、漁業構造から不就学児童・長期欠席児童が生み出される過程を示した上で、子ども自らが貧困の生活状況を克服し、良い生活を切り拓く力を身につける「生活教育」の重要性を提起した。さらに、生活保障という福祉の実現には、それを切り拓き、担う人間の教育が欠かせないことを指摘した（1953：1984）。

　一方、福祉と教育、両者の機能に着目し、その関係に論及する見解もある。市川（1975：20-22）は教育制度に含まれる福祉的機能の例として、要保護及び準要保護児童に対する学用品・通学用品等、対象が全児童に及びうる学校給食・学校医療等を指摘する。一方で、福祉の教育的機能にも着目し、教育扶助や児童手当を例として挙げる。いわば、福祉又は教育が互いの機能をも内在し、そのことに目を向ける視点の必要性を市川は指摘している。

　また、小川（1972：1985）は、教育福祉の問題を「教育と福祉の谷間」と位置づけ、子どもたちの権利、とりわけ、教育権・学習権を保障する問題と捉えた。具体的には、「貧困・差別・障害」に代表される諸問題で「抑圧」された人間の「解放」を念頭に、貧困児・障害児等のように困難を抱える子どもたちの「教育権・学習権を保障する」ことを教育福祉問題の要諦として、その問題解決を目指し、教育権・学習権の保障を実現するなかで、教育と福祉の接合を図ろうとした。さらに高橋（2001）は小川の見解を継承しつつも、大人も同様に困難を抱えていることに目を向け、「教育福祉問題」を「社会的に困難を抱える人々の教育権・学習権保障」の問題と、主体を広げて捉え直している。國本（2003：76-77）が指摘するように、1979年の養護学校義務制施行、さらに1998年から「教護院」が「児童自立支援施設」となり、入所児童の就学義務が施設長に課せられ、小川が念頭に置いていた困難を抱える子どもたちの教育権・学習権保障が一定程度前進した。一方、80年代以降、

長期欠席・不就学児童は、不登校（登校拒否）として語られるようになった。倉石（2015：59-60）が述べるように、学校に行くことが自明な価値ではなくなり、取組の重心が、就通学機会の回復・創造から、居場所づくりやフリースクール等の学校教育に代替する学びに移っていった。また、教育社会学の領域からも、貧困世帯の子どもが学校で周辺化され、教師の目からも貧困が不可視化され、貧困のリスクに晒されやすいとの指摘がされてきた（久冨1993など）。

　上記の先行研究は、今日の子どもの貧困対策と問題意識が通底する部分がある。例えば、生活困窮世帯の子どもの学習支援は、小川や高橋が想定した、貧困という困難を抱える子どもの「教育権・学習権」を保障し、「教育の機会均等」（子どもの貧困対策法第1条；教育基本法第4条）を図ることに加え、「自立の促進を図る」（生活困窮者自立支援法第1条）ことにつながるものである。ここで、自立とは、後述するように経済的自立に留まらず、日常生活・社会生活自立を含むものであり、それは篭山が唱えた、子ども自らが貧困の生活状況を克服し、良い生活を切り拓く力と近い点がある。また、学校外の居場所や学びの場は、80年代以降の学校教育に代替する、教育と福祉の接合の系譜を引き継ぐものといえる。

　一方、先行研究は福祉と教育の連携について理論的・抽象的な分析に留まる。しかし、子どもの貧困対策では、現場や実践に根ざし、子どもの貧困対策法や大綱の理念に基づく両者の連携のあり方を考察する必要がある。この点は、先行研究では十分に考察されているとは言い難い。例えば、子どもの貧困対策の重要な柱である学習支援に関する先行研究は、特定の学習支援の活動報告に留まり、事業の背景にある福祉と教育の連携には焦点化していない[4]。そのため、一部自治体は子どもの貧困対策法成立前から学習支援を行っているが、どのような問題意識や目的・経緯を経て取組がなされ、子どもの貧困対策法成立前後で連携にいかなる変化があり、連携の課題は何なのか、という点は十分に明らかにされていない。

（2）研究目的

　（1）で述べたことを踏まえ、本章では、生活困窮世帯の子どもの学習支援（以下、かかる意味の学習支援を「学習支援」とする）を例として、子ど

第Ⅱ部　行政編

もの貧困対策としての福祉と教育の連携のあり方を明らかにする（大目的）。学習支援に着目するのは、以下の理由による。

　貧困の連鎖を生み出す経路として、限られた教育機会や低学歴が指摘されている（岩田 2007：141-5；道中 2009：77-112）。すなわち、限られた教育機会・低学歴により、ライフチャンス・ライフチョイスが限定され、不安定な職業に就かざるを得ず、低所得、低い生活水準と、貧困の連鎖が生じるプロセスが指摘されている。換言すれば、早い段階の教育・学習支援は教育機会を拡大し、高校以上の進学を可能にし、ライフチャンス・ライフチョイスを広げ、貧困の連鎖を断ち切る可能性を有するといえる。それ故、学習支援は子どもの貧困対策において重要な意義を持つ柱である。さらに、学習支援は、「自立の促進を図る」（生活困窮者自立支援法第1条）という福祉的性格に加え、「教育の機会均等」（子どもの貧困対策法第1条；教育基本法第4条）を図るという教育的性格を有する。いわば、2000 年代以降一定の蓄積を重ねながら、福祉と教育が近接化し、結実しつつある取組が学習支援といえる。この点、高嶋他（2016：3）も、学習支援を「子どもの貧困問題に最前線で対抗する子どもの権利保障および発達保障の事業として、その教育的かつ福祉的な意味での可能性を検討していくことが必要である」と述べる。以上を踏まえ、本章では学習支援に着目する。

　また、かかる大目的にアプローチする上で、いまだ先行研究で焦点化されず、解明されていない以下3つの小目的を明らかにする。すなわち、①子どもの貧困対策法成立以前にも先述したように一部の自治体が先行し、学習支援の取組を開始したケースが見られるが、現場レベルで、どのような問題意識や目的・経緯を経て取組が開始し、進行されたのか、②福祉と教育の連携という点での現場の取組は如何なるものであり、また、子どもの貧困対策法成立前後で連携に何らかの変化が見られるのか、③子どもの貧困対策を進めるために欠かせない福祉と教育の連携の前進という点において目下の課題は何なのか、ということである。

　子どもの貧困対策における福祉と教育の連携の新たな取組が期待され、現状として、連携の取組が本格的にスタートしたといえる一方、喫緊の重要課題として、最新の全国調査では「関係機関の連携学校、教育委員会との連携の必要性を訴える団体は少なくありません」と両者の連携がそれほど進んで

いないことが指摘されている（さいたまユースサポートネット 2016）。こうしたなか、実践の現場関係者の声を通して、①〜③上記目的を明らかにし、今後の福祉と教育のあり方について示唆を提示する本研究の意義は大きいと思料する。

（3）分析の視点

　本章では、分析にあたり、「自立助長」（生活保護法第1条）、および、多くの自治体が学習支援の運用根拠とする生活困窮者自立支援法の第1条の「自立の促進」という目的に鑑みた、福祉的な「自立」概念と、「教育の機会均等」（子どもの貧困対策法第1条、教育基本法第4条）に着目する。福祉的な「自立」概念は、「生活保護制度の在り方に関する専門委員会」の報告書（厚労省 2004）を受けて、経済的自立のみを示す狭義の「自立」から、「日常生活自立（健康・生活管理等）」や「社会生活自立（社会とのつながりを回復・維持）」を含む、広義の「自立」に変容している。これを踏まえ、三宅（2015）は、生活保護制度の実施要領を分析したところ、子どもの教育は、世帯の経済的自立の「手段」として位置づけられ、教育そのものを目的とする観点や、広義の「自立」に依拠する「自立助長」の観点が抜け落ちていると指摘する。もっとも、近年では、子どもの貧困対策法第1条が「教育の機会均等を図る」こと自体を目的としているように、子どもの教育を、世帯の経済的自立の「手段」に留まらず、子どもを主体とした、教育を受ける権利（憲法26条第1項）や学習権の実現を目的としている。「教育機会の均等」は、「憲法第14条第1項及び26条第1項の精神を具体化したもの」[5]であるが、福祉部門ではなく学校部門が第一次的にその実現を担ってきた。

　そこで、本章では、これらの点を踏まえ、「自立」を担う福祉部門と、「教育の機会均等」を担う教育部門の連携が、現場レベルでどこまで近接化しているかという本章の目的を明らかにするべく、「自立」と「教育機会の均等」に着目し、両者の連携のあり方を考察する。

（4）研究方法と研究対象

　（1）で述べたように、福祉と教育の連携の社会的要請や実践段階で取組が進行している状況を踏まえ、現場の関係者の声から得られたデータをもと

第Ⅱ部　行政編

に分析することが適切と考える。

　そこで本章は、首都圏A市の取組に焦点を当てる。A市は、学習支援が全国で広がり出した2000年代のある時期より今日まで継続的に学習支援を行い、一定の蓄積がある。さらに後述するように、生活保護行政を所管する部局と学校教育を所管する部局の間で定期的に会合を持つなど、他の自治体でも同様の試みが広がりつつあるが、福祉と教育の連携の試みが行われている。以上の理由から、A市の取組が本章の調査対象として適切と判断する。

（5）データ概要と倫理的配慮

　本研究のインタビュー調査の対象は、①A市本庁の福祉関係部局の担当者1名（Aさん）、②A市本庁の子ども関係部局の担当者2名（Bさん、Cさん）、③A市X区の生活保護担当課の担当者1名（Dさん）、④A市Y区の生活保護担当課の担当者3名（Eさん、Fさん、Gさんの3名）、⑤X区の受託NPO法人のコーディネーター1名（Hさん）、⑥Y区の受託NPO法人のコーディネーター1名（Iさん）の計9人である。対象者リストを表7-1に記す。

　インタビュー調査の方法は、「事業経緯」、「目的」、「取組状況」、「福祉部門と教育部門の連携」、「課題点」等の質問項目に基づき、半構造化インタビューを実施した。時間は約30分〜1時間で行った。実施期間は2015年12月〜2016年2月である。インタビュー前に、書面も用いて研究目的、論

表7-1　インタビュー対象者リスト

ID	氏　　名	所　　属	インタビュー実施日
A	本庁福祉関係部局	担当係長	2015年12月18日
B	本庁子ども関係部局	担当係長	2015年12月18日
C	本庁子ども関係部局	担当係員	2015年12月18日
D	X区生活保護課	担当係長	2016年1月19日
E	Y区生活保護課	担当課長	2016年1月29日
F	Y区生活保護課	担当係長	2015年12月8日
G	Y区生活保護課	教育支援専門員	2015年12月15日
H	X区学習支援受託NPO法人	教室コーディネーター	2015年12月12日
I	Y区学習支援受託NPO法人	教室コーディネーター	2016年2月3日

（出所：筆者作成）

文での公表、匿名化等のプライバシーへの配慮等を十分に説明し、同意を得た。また、録音の同意が得られた場合にかぎり録音し、調査後に文章化した。一連の作業は、「日本社会福祉学会研究倫理指針」に照らして行った。さらに、個人が特定されないように事実を曲げない範囲での加工・匿名化をする等、最大限の倫理的配慮を行った。

2 本論——結果と考察——

（1）学習支援事業の経緯・目的（小目的①）

　まず、X区は子どもの貧困対策法が成立する5年前の2008年度途中より、区の単独事業として、生活保護世帯の中学三年生対象の学習支援を開始した。当時X区の生活保護担当課勤務で現場をまとめていたEさん（現在はY区勤務）は、事業開始を次のように語った。

　　Eさん：そもそも、こういう学習支援事業を立ち上げることになったのは、
　　　　長く生活保護の現場に携わっていたケースワーカー、特に女性のケース
　　　　ワーカーが、保護世帯の子どもと自分の子どもを置き換えて考えなが
　　　　ら、保護世帯の中学生の教育・進学支援をしっかりとやらなきゃいけな
　　　　い、という熱意があったから。これまでの生活保護分野は、世帯に必要
　　　　なお金を配ることに力点が置かれていて、そんなもの一度始めたら途中
　　　　でやめれなくなるぞ、とか、役所が塾みたいなことをして民業圧迫にな
　　　　るとかけしからんという反対もあった。だが、中学生の教育・進学支援
　　　　をしっかりやらないと、その子たちが結局また生活保護に戻ってくると
　　　　いう、現場のケースワーカーたちの問題意識や声が高まり、手探り状態
　　　　から事業が始まった。

　次に、Y区でも、2011年度途中より学習支援が始まったが、その経緯・目的をY区の学習支援事業担当係長のFさんは以下のように語った。

　　Fさん：事業を始めたのは、現場から、子どもの居場所づくりを、という
　　　　声が上がったから。現場というのは、ケースワーカーたち。生活保護は、

第Ⅱ部　行政編

母子家庭が多かった。学校が終わってからも、お母さんが仕事で家にいなかったり、病気だったり、勉強できるような環境がない家庭が少なくない。そんななか、子どもの勉強が遅れていて、これをどうにかしたいと。貧困の連鎖を絶つ社会的な要請もあった。高校に行って、就職なり大学なり、自立につなげていこうと。それに、生活リズムが乱れている子が多いが、週1でも学習支援教室に来ることを習慣化させることで、例えばダルくても、学校や仕事に行く、そういう習慣も身につけてほしい。

　次に、Ａ市では各区から始まった学習支援が現在は全区に拡大しているが、その経緯を事業を共管する本庁福祉関係部局Ａさん、子ども関係部局Ｂさん・Ｃさんは次のように語った。

　Ａさん：最初は、各区が独自に行っていたが、取り組む区が多くなって、類似の事業を統一して、市として、一律としてやらなければいけないという声が高まった。福祉関係部局と子ども関係部局の共管として、生活支援と平行させているが、学習支援だけでなく、生活支援があってこそ、学習できたり、続けることができる。

　Ｂさん：生活保護世帯の子どもを中心に、ひとり親など、生活困窮世帯への子どもの学習支援の必要性、ニーズの高さは、区や現場からの要望があって感じていて、市として事業をする意志決定をした。

　Ｃさん：現場から声が上がって始まった事業が、いいね、と徐々に広がった。市として取り組むようになってから、関係者が集う担当者会議を開き、情報共有をしている。

　Ｘ区、Ｙ区、そして市も、貧困の連鎖や子どもの貧困問題を身近で感じていた現場から子どもの学習・教育支援を求める声が高まり、事業が開始、拡大した経緯が浮かび上がった。
　次に事業目的は、Ｆさんが語るように、母子世帯など家庭で親が不在がち

だったり、学習環境が整っていないなか、貧困の連鎖を断つため、学力向上に加え、居場所の提供を通して、高校以上に進学することを可能とし、将来の「自立」につなげることである。本章の分析視点でみると、「自立」主体は子ども本人である。また、生活リズムを整えること、「生活支援」（Ａさん）というように、日常生活自立・社会生活自立を含む広義の「自立」である。また、福祉的な「自立」に留まらず、「教育・進学支援」（Ｅさん）というように、子どもの「教育の機会均等」に資することも期待されている。すなわち、学習支援の「目的」という点で、「自立」と「教育の機会均等」が共に目指され、福祉と教育の近接化がみられる。

　さらに、近接化を導いた要因を考察すると、「中学生の教育・進学をしっかりやらないと、その子たちが結局また生活保護に戻ってくる」（Ｅさん）、「高校に行って、就職なり大学なり、自立につなげていこう」（Ｆさん）という言葉に表れているように、貧困の連鎖を断つことが強く意識され、かつ、学習支援がその可能性を持つ手段として現場から選ばれ、実施に至ったことである。このことは、単に学習支援が貧困の連鎖を断つ可能性があると現場で認められたということに留まらず、貧困の連鎖という「問題意識」（Ｅさん）の共有や子どもの貧困対策を求める「社会的な要請」（Ｆさん）が、福祉と教育の近接化を導く要因として大きく作用し得ることを示している。すなわち、問題意識の共有や社会的な要請があいまって高まり、現場や行政を動かす、取組を加速させる、原動力となることを示唆している。

（２）福祉と教育の連携の取組状況・子どもの貧困対策法前後の変化

（小目的②）

　では、実際に、両者を担う福祉部門と教育部門の連携はいかなるものであり、また、子どもの貧困対策法の前後で両者の連携のあり方に変化はみられるのだろうか。

　この点、まず、Ｘ区・Ｙ区で立ち上げ期から現在まで、事業委託ＮＰＯの職員で、学校や教育委員会のもとへ挨拶や説明に回っているＨさん・Ｉさんは、次のように語った。

　Ｈさん：学校側はスタート当初、協力的ではなかった。あまり相手にして

第Ⅱ部　行政編

くれない感じ。だが、子どもの貧困対策法が成立した平成25年あたり
から、風向きが変わってきたように感じる。教育委員会がこちらの話を
聞いて理解してくれるようになり、教育委員会を通すと、学校側にも話
を入れやすくなった。学校側としても、不登校の子などに、地域の社会
資源を活用してほしいという思いはあったようだ。今では、不登校や勉
強が遅れている生活困窮世帯の子どもが、学校の紹介を通じ、学校外で
の学びや居場所として、学習支援教室に来るケースも増えてきた。教室
に来て勉強するようになった子もいる。だが、ボランティアを維持した
上で、こちらでの様子が学校にも伝わるように、マンパワーや連携の強
化が欠かせない。

Ｉさん：子どもの貧困対策が追い風になってはいるものの、学校はガード
が非常に固い。塾みたいなところに子どもを送り出すのは、教育は自分
たちというプライドがあったり、悔しいところがあるように感じる。個
人情報の問題もある。ただ、徐々に連携が進んでいる。先生たちも、学
校以外の子どもの居場所を確保する必要性を感じている。本当は面白く
ないはずだが、ここまで貧困が顕在化すると、そんなこと言っていられ
ない状況。学校側主催の集まりに福祉事務所・ＮＰＯ側が参加したり、
反対に福祉事務所の集まりに学校から人が来たりしている。

また、Ｘ区とＹ区の現在の担当係長Ｄさん、Ｆさんは、現在の連携を次の
ように語った。

Ｄさん：教育委員会と学校を定期的に回って、学習支援教室について説明
したりしている。学校側としても、お昼の弁当を持ってこない子どもが
いたり、就学援助を使えるのに制度を知らない親が増えてきて、日に日
に危機感を覚えるようになったようだ。当初に比べると、だいぶ学校側
は協力的になった。ただ、個人情報の壁があるし、そもそもどこまでを
福祉がやるべきか、どこまでを学校がやるべきか、という葛藤がある。
個々のワーカーや教員の理解、力量もマチマチで、連携の質も左右される。

第7章　子どもの貧困対策における福祉と教育の連携に関する一考察

Fさん：校長会に行ったり、学校に行って、挨拶したり、情報提供・共有
している。ただ、校長の考え方一つで全然違う。学校・教育現場側から
は、教育現場に介入してくるんじゃないかという懸念を持っているよう
だ。

　事業開始当初は、学校側は「協力的ではなかった。あまり相手にしてくれ
ない感じ」（Hさん）だったというが、子どもの貧困対策法が「追い風」（I
さん）ともなって、「だいぶ学校は協力的になった」（Dさん）、「教育委員会
がこちらの話を聞いて理解してくれるようになり、教育委員会を通すと、学
校側にも話を入れやすくなった」（Hさん）という。
　具体的な連携状況として、調査から判明したことを総合すると、現状、以
下の取組が両区で行われている。まず、生活保護課のケースワーカーのなか
に、子どもの教育・進学支援に特化した教育支援担当員が置かれている。さ
らに、青少年一般・ひとり親家庭の支援を行うこども家庭関係課にもスクー
ルカウンセラー、学校支援・連携担当職員がいる。両課は、受託ＮＰＯも交
えて月1回程度打ち合わせを行い、問題を抱えている子どもや家庭、学校長
期欠席の子ども、学習支援教室で心配な様子がある子どもやその家庭等につ
いて情報共有し、対応を話し合っている。また、教育支援担当員、スクール
カウンセラー、学校支援・連携担当職員が主な窓口となって、役所側と学校
側をつなぐ試みが広がりつつある。なお、両区も参加する、本庁主催の学習
支援関係者の連絡会議が不定期で開かれ、情報共有などが行われているが、
本庁の関与の程度は小さく、取組は各区の裁量や判断に基づく部分が大きい。
　以上を踏まえ、本章の分析の視点で考察するに、まず、こうした連携の前
進、特に学校側が協力的歩み寄りを見せてきた背景には、「貧困が顕在化」
（Iさん）し、学校側が「危機感」（Dさん）に基づく問題意識を共有するよ
うになってきたことがある。これまで学校は個人情報保護の観点などから外
部機関との連携に後ろ向きで、久冨（1993）が述べたように、貧困に対して
も消極的だった。だが、2000年代以降、貧困に起因する子どもの教育上の
不利、例えば、世帯年収と学力の正の相関が実証され、学校側も格差や貧困
についての問題意識を持ち、その対策、具体的には学校外での教育機会や
居場所の必要性を感じている。学習支援は、2000年代半ば以降、福祉行政

139

から有子世帯の自立のためにスタートしたが、徐々に子ども自身の健全育成、居場所、そして学びに重きが置かれ、子どもの「教育機会の均等」に資する意義が拡大している（松村 2016）。Hさんの「学校外での学び」というのも、学習支援の場を教育機会と捉えていることを示すものだろう。すなわち、学習支援は学力だけでなく、居場所を通じた「社会性の育成」（在り方委員会報告書5頁）と親和性のある広義（日常生活・社会生活自立を含む）の「自立」、子どもが学校外で学習する機会を提供するという点での「教育機会の均等」、その双方に積極的な意義を有し、問題意識の共有や子どもの貧困対策法を契機に、現場レベルで連携が徐々に進んでいることが明らかになった。

（3）福祉と教育の連携の課題（小目的③）

　では、子どもの貧困対策を進めるために欠かせない、福祉と教育の連携の前進という点で課題は何なのか。この点、「先頭になって学校にアプローチし、福祉側と学校側をつなぐ橋渡し役になっている」（Iさん）と言われる、教育支援専門員Gさんは次のように語った。

　Gさん：校長にご挨拶に行っているが、校長に話しても、現場の担任にまで伝わっているのかわからない。学校という組織が、そこで完結するようになっている。子どものことは、学校が一番よく知っているんだから、個人情報の壁もあるだろうが、もっと情報共有してくれないと進まない。（中略）それに、教育との連携先の福祉内部の課題として、子どもだけでなく、世帯の支援と一体化する必要がある。母子世帯が多く、精神疾患を抱えていたり、親も支援が必要な状態のことが多い。そういう家庭の子だと、勉強する気を持ちにくいし、子どもが発達障害だったり、不登校のケースもある。（中略）そもそも、学習支援の対象のうち、3分の1程度しか登録していない。3分の2にアプローチしているが、勉強に対する拒否反応があって意欲がない。親も中卒、高校中退だったり、教育を知らないし、熱心でもない。せっかくこういう学習支援教室があるのだから、もっと利用してほしい。福祉事務所から世帯にアプローチしているが、学校からも、もっと周知してほしい。

まずGさんは、学校との情報共有がいまだ十分でないことを指摘する。その上で、連携に関する福祉内部の課題として、子どもに加え、親の支援も必要という、二重の課題に直面しており、一体的な支援の必要性を唱えている。この点は、Eさんも「子どもだけじゃなく、親の支援も引き続きしなければならない。希望としては、予算・人数を増やしていきたいが、一方で他の業務もあり、この学習支援だけに取り組むわけにはいかないし、手一杯の状態」と語っている。「自立」という観点からは、子ども本人だけではなく、世帯の自立までつなげることが重要であり、子どもの貧困対策の柱をなす「経済的支援」（金銭給付）および「就労支援」が重要であることは言うまでもないが、限られた予算と人員でどこまで対応するべきかという現場の葛藤が浮かび上がった。また、Gさんから、利用者が少ない、もっと利用してほしいという指摘もあった。この点、DさんとHさんによれば、X区でも対象の子どもの3分の1程度しか利用していない。Eさんも現在の利用状況に関し、「本当に支援が必要な子に行き届いているのか」という懸念を持っていた。この点、「自立」だけでなく、該当世帯の子どもの「教育の機会均等」にも資するという点でも、Gさんが語るように学校側からの周知も有用だろう。そのためには学校との情報共有が欠かせない。一方、貧困世帯の子ども向け学習支援教室に行くこと自体がスティグマを伴ったり、学習支援の場で、勉強ができない自分が悪いと子どもが個人責任論を内面化させる恐れがある（松本 2013）ことから、個人のプライバシーや状況に十分配慮して行わなければならない点は、留意する必要がある。また、学校に行っていない不登校の子にどうアプローチするべきかという課題は残る。

　Iさん：前に、学校の宿題として、パソコンで絵を描くことになったが、家にパソコンがないのでどうすればいいのか、と相談に来た子がいた。貧困の問題意識が高まっていても、先生が気づけない場合もある。学習支援の場だからこそ気づける子どもの状況をもっと学校に伝えられるよう、情報共有を密にしなければならない。

　本節をまとめると、連携が一定程度前進したものの、情報共有の程度が不十分で、支援の網から漏れている子どもが相当数存在すること、また、世帯

第Ⅱ部　行政編

の支援や個人情報、プライバシーに配慮しつつ情報共有体制の強化を進めていくことが今後の課題として明らかになった。

3 結語

　以下、小目的の分析結果を整理し、大目的を明らかにした上で、課題を述べたい。

　まず、小目的①に関しては、貧困の連鎖の問題意識の共有の下、現場から学習支援を求める声が高まり、学力向上に加え、居場所を通して将来的な自立につなげることを念頭に、事業が開始・拡大したことが明らかになった。ここで、「自立」主体は子ども本人であり、日常生活自立・社会生活自立を含む広義の福祉的な「自立」と併せて、子どもの「教育の機会均等」に資することも求められている。即ち、事業の目的という点で、「自立」と「教育の機会均等」が共に目指されており、福祉と教育の近接が期待されている。次に、連携状況、子どもの貧困対策法前後の変化（小目的②）をみると、事業開始当初に比べて学校側が協力的になり、徐々に連携が前進していることが明らかになった。その背景には、貧困が顕在化し、学校が危機感を強くしていること、また、教育支援専門員等が橋渡し役となって問題を共有する取組が結実しつつあることがあげられる。最後に、福祉と教育の連携の課題（小目的③）をみると、支援が届いていない子どもへのアプローチや、世帯の支援や個人情報・プライバシーにも配慮しつつ、情報共有の体制を進めることなどの課題が明らかになった。

　以上を踏まえ、子どもの貧困対策としての福祉と教育のあり方（大目的）についてみると、学校外の学びや居場所の提供に資する点で政策的に一定の評価ができるものの、両者の連携は十分とはいえない。だが、小目的①で考察したように、問題意識の共有が社会的要請とあいまって、福祉と教育の近接化を進める原動力となり得る。ここで、問題意識の共有とは、小目的②・③の考察で触れた情報共有と通じるものである。

　本章の結論として、子どもの貧困対策としての福祉と教育のあり方は、福祉部門と教育部門が、問題意識や課題を共有し、その解決のために共に取り組む体制作りを進めていくことと思料する。具体的には、同じ問題意識や課

題認識の下、話し合いや連絡を重ね、解決に向けて共に取り組む連携体制を進めていくことである。今回の調査ケースのように学校側が協力姿勢をみせつつあることは、かかる取組を加速させる契機ともいえる。また、社会的要請が高まっている今日こそ連携の高まりが期待でき、早期の取組が求められる。

　今後、福祉と教育が「自立」と「教育の機会均等」、さらに子どもの貧困対策を進めるために、いかなるかたちで、問題共有や解決に向けて共に取り組む連携の体制作りを前進させ、連携を深化できるか。かかる点は、子どもの貧困対策全体に通底する重要な課題である。また、学習支援が貧困の連鎖を断ち切ることを実証的に示す研究も強く望まれる。

　本章はA市の関係者へのインタビューに基づくため、一般化には留意を要するが、本章の結果と課題を踏まえて、今後研究をさらに進めていきたい。

注
1）本書で「子どもの貧困」は、厚労省やOECDに従い、等価可処分所得の中央値の半分に達していない所得の世帯で17歳以下の子どもが置かれている貧困（相対的貧困）状態を指す。
2）本書で「福祉と教育の連携」は、「子どもの貧困対策に関する大綱」での用法を参考に、「ケースワーカー、医療機関、児童相談所、要保護児童対策地域協議会などの福祉部門と教育委員会・学校等との連携」（内閣府：10）という意味で用いる。なお、以下、本書では「教育委員会・学校等」を「教育部門」と呼ぶ。
3）本書で「貧困の連鎖」は、「貧困の親のもとに育った子どもは成人しても貧困」（阿部2013：74-75）という親子の世代を超える貧困状態の継続という意味を指す。
4）代表的なものとして、宮武（2014）は自身も80年代から江戸川区で始めた学習支援（通称「江戸川中3勉強会」）に言及し、実践例としては今日の学習支援の取組に示唆を与えるが、福祉と教育の連携や、その課題点についての十分な考察はない。
5）文部科学省ＨＰ（http://www.mext.go.jp/b_menu/kihon/about/004/a004_03.htm）における「第4条（教育の機会均等）」中の『本条の趣旨』部分より引用。

第Ⅲ部

ＮＰＯ編

第8章

子どもの学習支援における教育とケアをめぐる
ポリティクスに関する一考察
──福祉行政、教育行政、NPO、社会福祉協議会、民間企業への
インタビュー調査から──

1 問題の所在・研究目的・分析の視点・研究方法

　近年、子どもの学習支援の取組が広がっている。2015 年からは学習支援を任意事業に盛り込む生活困窮者自立支援制度の施行により、学習支援のうち相当数は、同制度に取り込まれ、行政からの受託というかたちで事業を行っている。

　しかし、なかには、行政の干渉を避け、活動理念に基づく自由な活動を尊重する意図から、戦略的に、制度外で独自に学習支援を行っているところも少なくない。または、行政からの受託を試みたものの、プロポーザル審査などで他団体に競り負けたため、やむなく独自に事業を行っているところもある。学習支援団体のバリエーションは、非常に多岐にわたるといえる。

　また、取組の内容も、学習支援は、教育とケア（福祉・生活支援）の双方の性格を有すると指摘され（松村 2020）、その程度やバランスは各団体の取組ごとに異なり、多様な実態がある。

　さらに、学習支援事業の運営や、サポートを行うなどの関係アクターも、生活困窮者自立支援制度所管の福祉行政のみならず、教育行政、NPO、社会福祉協議会、民間企業、スクールソーシャルワーカー（SSW）をはじめとする専門職など、実に多岐にわたる。また、学習支援に関して、福祉と教育の連携、地域住民との連携、大学との連携など、アクター間の連携も推進されている。

　だが、アクターのそれぞれの思惑や特性は異なり、アクター間のパワーバ

ランスは変動し得るものである。学習支援のあり方や、そこでの教育・ケアを、誰が、どのように決定し、引き受けるのか（配分するのか）ということについて、アクター間で、様々な駆け引きや働きかけが行われていると考えられる。

　そうした学習支援をめぐるポリティクスが、学習支援の内実や諸相に影響し、換言すれば、学習支援における教育やケアのあり方を規定すると考えられる。そのため、学習支援の実態や、現状の課題を理解するためには、各アクターによる様々な駆け引き、思惑、パワーバランスなどを明らかにする必要がある。

　しかし、管見のかぎり、先行研究では、十分に明らかになっているとは言い難い。そこで、本研究では、こうした点を明らかにすることを研究目的とする。

　次に、先述の問題意識を踏まえて、分析の視点としては、①学習支援における教育・ケアのあり方を誰がどのように決定しているのか、②学習支援における教育・ケアをどのように引き受けるのか（配分するのか）、という2点を設定することにする。

　続いて、本調査のデータの概要を述べる。本調査では、福祉行政、教育行政、NPO、社会福祉協議会、民間企業にインタビュー調査を行った。インタビューは、半構造化方式で、2021年11月から2022年3月にかけて行った。インタビューに際しては、事前に調査の趣旨や公表方法などについて書面を用いて説明し、同意を得た。また、得られたデータは、個人が特定されないように匿名化するなどの倫理的配慮を行った。

　なお、本章で用いる各人の発言は、インタビューをテキスト化した発言をそのまま引用したものではなく、発言のうち、ポイントと思われる部分を、著者が要約したものである。括弧内の部分は著者の補足である。また、分かりづらい表現は、文意を損なわないかぎりで、必要最小限の修正を行っている。インタビュー対象者リストを表8−1に示す。

第Ⅲ部　NPO編

表8-1　インタビュー対象者リスト

番　号	氏　名	自治体	所　属
1	Aさん	M1市	NPO法人
2	Bさん	M2市	NPO法人
3	Cさん	M3市	NPO法人
4	Dさん	M4市	社会福祉協議会
5	Eさん	M1市	教育委員会（行政職）
6	Fさん	M1市	民間企業（教育関係）
7	Gさん	M5市	NPO法人
8	Hさん	M4市	社会福祉協議会
9	Iさん	M6市	行政（生活保護関係）
10	Jさん	M6市	民間企業（教育関係）
11	Kさん	M1市	教育委員会（SSW）
12	Lさん	M4市	NPO法人
13	Mさん	M7市	民間企業（教育関係）
14	Nさん	M7市	行政（生活保護関係）
15	Oさん	M8市	NPO法人

（出所：筆者作成）

2　分析結果と個別考察

（1）学習支援における教育・ケアのあり方を、誰が決定しているのか

　まず、学習支援における教育・ケアのあり方について、結論を先に述べると、生活困窮者自立支援制度に基づく学習支援事業については、同事業を所管し、委託者である福祉行政が大きな決定権を持ち、受託事業者は、行政が決めた枠組みの中でしか活動しえないことが浮かび上がった。換言すれば、制度化された学習支援においては、事業者の取組が、行政の決定する枠組みから、はみ出ることは許容されないことがみえてきた。

　例えば、M7市の福祉行政（Nさん）と受託事業者（Mさん）は次のように語った。

Nさん：学習支援事業そのものは生活困窮者自立支援法の中の事業でして、

教育というよりもどちらかというと福祉の事業ですので、あまり教育というようなことを前面に出してというわけではないというふうに私は感じております。あくまでも福祉的な立場ということでの事業ですので、（教育を前面に出すと）越権行為じゃないかなと。教育的な話には私どもは特に関わる考えは今のところはありませんので、教育委員会になるとまたちょっと考えが違うんでしょうけれども、あくまでも福祉事業ということでの認識でおります。

Mさん：あくまで自分たちの役割は、学力向上、高校進学。居場所を求めて来るような、学習以前の環境にいるような生徒さんは少ないというか、ほぼいない状況なので、そこは学習面だけに特化して支援できるので、やりやすいなと感じた部分はあります。

　Nさんは、事業はあくまで「福祉的な立場」によるものであり、「教育的な話」に関わるつもりはない、そうなると越権行為になるのではないか、と事業趣旨・目的を非常に狭く解釈していた。学習支援の福祉的な性格だけを強調することは、学習支援をあくまで貧困対策、生活困窮者対策として捉え、子どもの就労・自立やそのための学力向上、高校進学に焦点化することに等しい。実際、委託者である福祉行政のNさんのかかる解釈と符合するかのように、受託者であるMさんは、自分たちの役割を、学力向上、高校進学に限定していた。さらに、居場所を求めて来るような子どもが少ないので学習面だけに特化して支援できると述べている。
　しかし、本当にそうなのであろうか。学習支援教室に来られていない、あるいは、例えば家庭でのケア負担など何らかの事情で来ることが許されない、相当数の潜在的な子どもたちが、不可視化されていないか、懸念が残る。あるいは、Mさんのように解釈することは、学習支援教室に来てはいるものの、何らかの悩みを抱え、相談相手や話し相手を必要としている子どものサインに気づけない恐れがあるのではないだろうか。
　上記のケースのように、学習支援事業のあり方は、同事業を所管する委託者である福祉行政が決定権を持ち、受託事業者は決められた枠組みの中で活動しているが、行政が受託事業者をコントロールし、学習支援事業を通して、

第Ⅲ部　NPO編

生活困窮世帯の状況把握に活用しているケースもあった。

　例えば、M6市の福祉行政（Iさん）は、次のように語った。

　Iさん：子どもの情報を仕入れる方法として学習支援を行っている。学習、
　　勉強は学校、教育委員会の仕事。自分たち（福祉行政）は、学習と密な
　　生活支援の方に重きを置いている。こまめな報告、子どもの様子の報告
　　を事業者に求めることで、事業者が子どもを気にかけるようになったり、
　　会話するようになったり、さらに、子どもの異変や虐待などの兆候をつ
　　かめないか、と考えている。こまめに連絡を取り合うことで、事業者を
　　うまくコントロールできる。

　Iさんは、先述のNさんのように、自分たちはあくまで福祉行政としての
学習支援を行っていると限定し、学校・教育委員会との仕事の違いを強調し
た上で、受託事業者に、学習支援に参加している子どもの様子をこまめに報
告させることで、事業者をコントロールしつつ、子どもの生活面の様子を把
握しようとしている。この点、学習支援事業が、生活困窮者自立支援制度上、
「子どもの学習・生活支援事業」に変遷し、子どもの総合的支援事業の性格
を強めていること（松村 2019）や、Iさんも述べているように虐待などが深
刻化しているなかでは、Iさんの考えも、行政としては、ある意味で適切だ
ということもできるだろう。

　他方で、コントロールを強調することは、受託事業者の主体性や独立性を否
定する方向に働きかねず、受託事業者が、行政の下請けとなってしまう恐れ
もある。また、学習支援に何気なく参加している子どもの様子から、保護者
の知らぬところで、虐待などのように緊急性が高いわけではない世帯の情報
が、受託事業者・行政に筒抜けになり、把握されるとなれば、プライバシー
を侵害したり、子どもや保護者を委縮させるなど、子どもと保護者を支援す
る事業の趣旨を没却しないか、十分に留意する必要があるのではないだろう
か。

　他方、かつては行政と付き合いがあったが、自分たちで自由に活動できな
いことや、大事なことを決められないことを感じ、現在はあえて行政の受託
を受けずに自分たちの自由な活動を大切にしているという団体もあった。M

4市のNPO法人のLさんは、次のように語った。

> Lさん：受託事業にならない方が、子どもたちの支援がやりやすいと思い、受託事業はとっていない。財政的にはきついところがあるが、その方が子どもにとって良いという信念だけでやっている。自分たちNPOの役割は、行政にはできない、隙間やはざまの支援。（受託事業者ではないが）行政と連携できており、例えば、教育委員会SSWや児童相談所の一時保護施設で対応しきれずに、お願いできませんか、と話が来る。連携については、各アクターがそれぞれの持ち味や、できること、できないことをお互いに言い合えるような間柄が大切。自分たち、NPOではできないこともたくさんある。だんだん慣れた関係になってくると、押し付けられることもある。そういうときは、そこは行政がしてくださいとか、そこのちょっとしたはざまとか隙間のことは私たちがしますよっていうようなことは、私たちの方ではっきりしていれば、スムーズにいくのではないでしょうか。

　Lさんは、行政ではできない隙間やはざまの支援を行うことこそが自分たちの役割であると捉え、自由な活動ができた方が子どもにとって良いという信念のもと、自由な活動を守るために、財政的には厳しいところもあるが、戦略的に行政からの受託事業をとっていないという。行政からの受託事業者となってしまえば、自由な活動ができず、子どものためにならないという認識の裏返しともいえるだろう。もっとも、では行政との連携がうまくいっていないかといえばそうではなく、行政にはない強みを生かし、行政の方から頼ってくるなど、行政と連携しつつ、一定のプレゼンスを発揮している。また、行政と対等で、独立的ともいえる、そうした関係性をつくる上で、受託事業者でないからこそ、自分たちにできること／できないこと（自分たちではなく、行政がやるべきこと）を、はっきりとすることの重要性を述べていた。行政が決定権を独占的に持ち、事業者はその決定や枠組みに従わざるを得ないケースが多いなか、貴重で示唆的なケースといえるだろう。
　他にも、受託事業者の民間企業の中には、行政から厚い信頼を得ているところが存在した。例えば、M7市では、行政に学習支援運営のためのノウ

ハウがなく、また地域に大規模なNPOなどが存在しないため、教室や利用する子どもの数の増加に伴い、当初引き受けていたNPO側が手が回らなくなったと身を引いて困っていた。そこへ、全国展開する民間企業が参入してくれ、助かった、感謝していると述べられていた。学習支援が拡大するにつれ、規模が小さい地域のNPOでは対応できなくなり、民間企業に依存せざるを得ないという事情がみられた。

またM6市でも、いわゆる受験・教育産業の民間企業が参入しているが、講師の質の高さ（全員が面接、試験をくぐりぬけて採用され、研修も実施）が、行政としても信頼できる、子どもと講師のマッチングを重視しており、何度でもマッチングするため、「ここまでやるんだ、民間の強みだと感じる」と肯定的な評価を得ていた。ただし、先述のように、M6市もM7市も、行政が学習支援をあくまで福祉的な性格のもとに、学力向上・高校進学のためと狭く解釈し、あくまでその枠組みの中で、受託事業者（民間企業）が活動し得ていることは留意を要するだろう。

他方、Lさん以外のNPOでは、運営がうまくいっている、行政と良い関係が築けているというところは、無かった（M1市のAさん、M2市のBさん、M3市のCさん、M5市のGさん、M9市のOさん）。個別の語りについてここでは述べないが、概して、教室の拡大、利用者増加は、学習支援事業の拡大として望ましい面もあるものの、その反面、きめ細かいケアや居場所の提供が得意な小規模NPOは運営が難しくなり、大規模な民間企業やNPOだけが参入・運営可能となるジレンマを抱えていた。

行政は、運営のノウハウがなく、受託事業者（民間企業）に頼らざるを得ない。行政機関同士の横のつながりも弱く、縦割り意識のもとで、福祉行政が教育行政に助言を求めたりもできない。特に地方では、NPOが少なく、組織規模の大きい受託事業者（民間企業）しか事業を引き受けてくれない傾向にあり、その事業者に逃げられないように、行政としても苦心している実態も浮かび上がった。そうしたところでは、事業者（民間企業）が徐々に発言権や力を持つようになり、時に行政とパワーバランスが逆転し、事業者が主導権を握ることもあり得るだろう。

さらに、近年広がっているプロポーザルでは、学力や進学実績などの数値化指標が重んじられ、特に受験・教育産業を母体とする民間企業に有利に働

いている。NPO など比較的規模の小さい事業者も、外部の要請に順応する
かたちで、教育機能を拡大させつつあるが、手が回らず、苦闘していた。ま
た、生活困窮者自立支援制度前から学習支援事業の実績があったものの、プ
ロポーザルで民間企業に敗れた NPO もあった（M１市のAさん、M２市のB
さん）。プロポーザルでは、委託者—受託者（事業者）という垂直的な上下関
係、評価する側・評価される側という非対称の関係性、財源が強調されるた
め、行政の決定権をいっそう強めるとともに、大規模な民間企業に有利に働
くと想定される。

　ここまでみてきたように、学習支援のあり方の決定権は、委託者である
行政にあるといえる。もっとも、民間企業は、規模のメリット（スケールメ
リット）や受験・教育産業で培ったノウハウなどを生かし、行政から信頼を
得て、時に強い力や主導権を持つことがあり得る。他方で、居場所やケアの
提供を得意とするものの小規模な NPO は、概して劣勢に立たされている。

（2）学習支援における教育・ケアをどのように引き受けるのか（配分するのか）

　続いて、学習支援における教育・ケアをどのように引き受けるのか（配分
するのか）ということについて、結論を先に述べると、一部のケースを除き、
行政はほとんど関与しようとせずに、事業者に丸投げに近い状態で任せら
れていた。例えば、M１市の受託事業者（民間企業）のFさんは次のように
語った。

　　Fさん：行政（の幹部）は無関心。プロポーザルでも委員がいろいろ言うが、
　　　　そのとき言うだけで、現場任せ。日々の事業運営は、所管する福祉行政
　　　　の担当係長以下、現場（受託事業者スタッフ）に丸投げ状態。

　Fさんは、事業が担当係長以下の職員や、現場（受託事業者）に丸投げさ
れていると嘆いていた。プロポーザル審査などでは福祉行政の幹部や委員が
いろいろと注文をつけたり、意見を言うものの、いざ事業が受託されると、
まるで無関心で、相談できるような雰囲気ではないという。

　他方で、本来、学習支援の連携先として重要なアクターであるにもかかわ
らず、福祉行政以上に、学習支援に無関心であったり、関係を築くのが難し

第Ⅲ部　NPO 編

いと今回のインタビューで多く語られていたのが、学校、教育委員会だった。
Ｍ９市の受託事業者（NPO 法人）のＯさんは、次のように述べた。

> Ｏさん：学校、教育委員会は立場的に上位、優越的地位に居座りながら、
> NPO 側の取組に対して、無関心、歓迎していない空気感、高飛車な態
> 度や物の言い方、気持ちの入ってない機械的な応答などばかりで、NPO
> 側のモチベーションを大きく下げている。現場のことは NPO に任せっ
> きりで、積極的に関与しようとしない。行政が現場の方々に頼りっきり、
> NPO 側の熱意に甘えている構造。

　子どもの貧困対策における事業者（団体）と学校、教育委員会との連携の
難しさは先行研究でも指摘されているところだが（末富 2017 など）、教育行
政と福祉行政の連携不足、消極的権限争い（押しつけ合い）、学校・教育委員
会の敷居の高さなどが現場任せの状態を生む要因となっていることがインタ
ビューからみえてきた。
　他方で、そうした行政・学校と事業者間の構造的な上下関係、いびつなパ
ワーバランスのなかで、事業者は、利用者のより良い支援のため、行政や学
校との信頼関係構築や連携の糸口をつかむために、様々な戦略のもとに、駆
け引きや試行錯誤を行っていた。
　うまくいっていた事例に共通していたのは、行政や学校の既存の枠組み
や文化を尊重し、事業者は下手に出つつ、行政や学校のニーズを汲み取り、
ニーズに応じた提案や実績を重ねることで、徐々に信頼関係を築くという
ことであった。例えば、Ｍ３市の受託事業者（NPO 法人）のＣさん、Ｍ１市
の教育委員会のスクールソーシャルワーカー（SSW）のＫさんは次のように
語っていた。

> Ｃさん：ガードが固い、閉鎖的な学校と付き合うときに大切にしているの
> は、まず学校・教員の文化や立場を尊重すること。その上で、先生たち
> が困っていることなどのニーズを汲み取り、例えば、放課後のちょっと
> した時間や場所を使って、補習のようなかたちで学習支援を行う。学校
> のニーズに応えつつ、自分たちの思いを伝え、提案も差し込んでいく。

154

Kさん：新しいものを嫌う、拒否反応を示す学校・教員文化を前提に、学校支援、学校を大切にする、学校が他の機関を借りる手助けをする、学校の役に立つSSWを目指す。学校、教員文化を理解、尊重することが大切。

　Cさんは、ガードが固く閉鎖的な学校と付き合う上では、まず学校・教員の文化や立場を尊重し、その上で、先生たちが困っていることなどのニーズを汲み取り、そこに応えつつ、自分のたちの提案も差し込んでいくという、ある種の駆け引きに近い働きかけを、戦略的に行っているという。Kさんも、学校、教員の文化や立場を理解、尊重し、学校に役立つということを心がけていると述べていた。

　他にも、それぞれの団体が、様々な戦略を心がけていることも浮かび上がった。M4市のDさんおよびHさん、M5市のGさん、M9市のOさんは、学校、教育委員会も含む行政と信頼関係（パートナーシップ）を築いたり、自分たちが、団体としての主体性を発揮する上で、次のような戦略、工夫、心がけを行っていると述べた。

Dさん：元教員のスタッフが、学校・教員文化や先生たちの忙しい実状を踏まえた上で、例えば保護者と先生が話しづらいこと（お金のこと、世帯の経済状況等）について相談・助言をすることに自分たちの役割を見出し、保護者や学校から信頼を勝ち取っていく。

Hさん：行政とのパートナーシップ、連携で大切にしているのは、コミュニケーションと、委託元の行政から、なめられない、細かいことを言わせないくらいの実績づくり。

Gさん：研修で学校との付き合い方などを伝授したり、ポイントとなる重要なアクター（元校長やその地域との有力者）との関係づくりも重視するとともに、自分たちの思いや政策提言を行うことで理解や共感を引き出していく。

Oさん：教員たちは、周りに頼ることも教えられることも苦手。先生たち
の顔を立てる、メンツを保つ、生徒が先生よりNPOに心を開いている
ことが先生たちのジェラシーとならないように配慮することが必要。（生
徒との信頼関係を損なわないかぎりで）生徒の様子の共有に貢献するこ
とで、先生側から必要とされる。学校にとって受託事業者（民間企業）の
ような営利・民間企業より、NPOや一般社団法人の方が警戒感は薄い
のではないか。行政OB、教員OBを入れることも、その方の人脈とか
を使うことで、入りやすい。学校ごとのスタイルや文化に合わせて、伝
え方や入り込み方を変えていく。時にマウントをとってくる先生たちに
合わせることも重要。

　ここまでみてきたように、各団体は行政とうまく信頼関係（パートナー
シップ）を築く上で、様々な戦略、工夫、心がけを行っていることが浮かび
上がってきた。そこでまず重要になっていることは、まずは行政に合わせる
という姿勢であるといえよう。先述のように、行政が学習支援について大き
な決定権を持ち、かつ、行政が閉鎖的な固有の組織文化を持っていたり、行
政間の縦割りで連携も進んでいないなか、それぞれの団体が主体性を発揮す
ることは容易でなく、もがき、苦心している様子が浮かび上がった。
　また、上記のケースはいずれも、比較的うまくいっているケースだが、な
かには、子どものことを思うあまり、行政の期待する枠組みを超えて活動し
てしまい、結果的に、行政との関係がこじれてしまったというケースもみら
れた（M1市のNPOのAさん）。概して、NPOは、居場所やケアといった目
の前の支援を拡大、深めようと思う反面、そうなると（特に、仕様書通りや、
学力向上や受験指導に重きを置く）行政との関係がこじれかねないため、時に、
現場で本当に実現したいケアを劣後させかねないという、ある種のジレンマ
を生んでいた。こうした傾向は、NPOにおいて強い。
　他方、民間企業は、仕様通りの学習、学力向上や受験指導に重きを置く一
方で、近年では、実情はさておき生活支援（生活リズムカードの導入等）の性
格も強めており、そうしたこともあってか、プロポーザルで勝ち、事業を受
託するケースが増えていることも浮かび上がってきた。
　全体として、学習支援事業そのものは、拡大傾向にあるものの、従来、学

習支援が担ってきた居場所や相談相手・話し相手の提供といったケアの性格は相対的に弱まっており、「ケアの空洞化」というべき事態が進行していることがみえてきた。多くのNPOは警戒感を共有しているが、いびつなパワーバランスのなか、当事者であるNPO側が声を上げるのは難しい面がある。

NPOのなかには、NPO業界自体の底上げ、地位向上のためにノウハウ共有、勉強会、ネットワークづくりに取り組んでいるところもあった。例えば、Gさんは次のように語った。

> Gさん：（教育・受験産業を母体とする民間企業の進出を念頭に）団体間の受託・生存をめぐる競争が激しくなり、市場化が進んでいる。安さだけではない、NPOの価値を高めていきたい。そのための勉強会、ノウハウ共有、ネットワークづくりを進めている。

こうした取組は有意義なものであるが、一方でNPOだけでできることには限界もある。各NPO側からは、現状を危惧する声や、行政がもっと問題意識を持つべきだという要望の声が聞かれたが、行政に届いている様子は今回のインタビューからは感じられなかった。このまま、「ケアの空洞化」が進行していくのか、引き続き、事態を見守る必要があるだろう。

3 まとめと今後の課題

ここまで述べてきたことを、以下にまとめる。

まず、学習支援のあり方の決定権・主導権は、あくまで委託者である行政にあった。その背景としては、委託者―受託者（事業者）という垂直的な上下関係、評価する側・評価される側という非対称の関係性、財源の出所などが考えられる。次に、教育・ケアを、誰が、どのように引き受けるのかということについては、一部を除き、事業者に丸投げに近い状態で任せられていた。現場が疲弊し、相談したいことがあっても、相談することは事業者の問題に対応できない自らの力量や資質不足を認めることをも意味するため、躊躇されていた。

また、行政の現場への無関心や、教育行政と福祉行政の連携不足や消極的

権限争い（押しつけ合い）、学校・教育委員会の敷居の高さも、現場任せの状態を生む要因となっていた。行政・学校と事業者間の構造的な上下関係、いびつなパワーバランスのなかで、事業者は、利用者のより良い支援のため、行政や学校との信頼関係構築や連携の糸口をつかむために、様々な戦略のもとに、駆け引きや試行錯誤を行っていた。

うまくいっていた事例に共通していたのは、行政や学校の既存の枠組みや文化を尊重し、事業者は下手に出つつ、行政や学校のニーズを汲み取り、ニーズに応じた提案や実績を重ねることで、徐々に信頼関係を築くということであった。他方、行政や学校に寄り添うことは、時に、現場で事業者が本当に実現したい教育やケアを劣後させかねないジレンマを生んでいた。

さらに、規模の大きい民間企業など組織立った事業者は、豊富な人的資源やスケールメリットを駆使して信頼関係構築や、行政に評価されやすい学力向上などの実績づくりに取り組んでいた。NPO など比較的規模の小さい事業者も、外部の要請に順応するかたちで、教育機能を拡大させつつあるが、手が回らず、苦闘していた。事業者の趨勢を整理すると、図8-1のように整理できる。

居場所や相談などケア機能が強みの NPO は教育機能も拡大させつつあるが、劣勢に立たされ、他方、教育・受験産業を母体とする大規模事業者が台頭していた。かかる事業者も、生活習慣の管理など生活支援に力を入れ、福祉機能を拡張させているようにみえるが、ケア機能は軽視されている。学力や進学実績が評価指標になるプロポーザル制度の下で、今後も同様の傾向が予想される。

全体として、「ケアの空洞化」というべき事態が拡大しているが、行政は問題意識を持たず、構造的にいびつなパワーバランスのなかで、NPO 事業者が警鐘を鳴らすことは、困難な状態にある。

今後の課題として、より多くの様々なアクターへのインタビュー調査から得られるデータも活用し、各アクターの戦略に影響を与えている要因や、要因間の関係や変動をさらに分析し、子どもの学習支援における教育とケアをめぐるポリティクスの詳細を明らかにするとともに、本章で浮かび上がった「ケアの空洞化」に着目し、そのことが子どもや保護者などに与える影響についても、研究を進めていきたい。

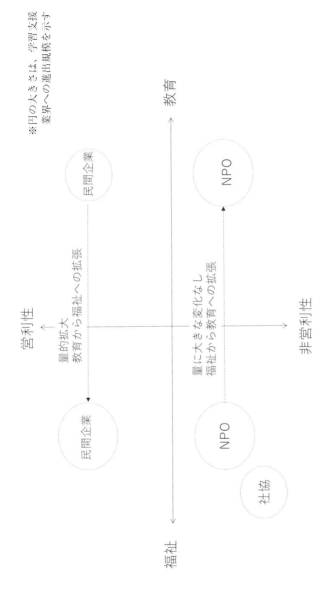

図8−1 学習支援事業者の趨勢

(出所:筆者作成)

第9章

生活困窮世帯の学習支援からみる
教育と福祉をめぐる問題

はじめに

（1）子どもの貧困対策としての学習支援にみる教育と福祉

　本章では、教育と福祉をめぐる多様な問題について、子どもの貧困対策としての学習支援を例として、論じていく。

　はじめに、子どもの貧困の概要を述べると、子どもの貧困率とは、等価可処分所得（世帯の可処分所得〔収入から税金・社会保険料等を除いたいわゆる手取り収入〕を世帯人員の平方根で割って調整した所得）の中央値の半分に達しない、相対的貧困状態下の世帯で暮らす17歳以下の子どもの割合を指す。2021年時点で、子どもの貧困率は11.5％と小さくなく、なかでも、ひとり親世帯の相対的貧困率は44.5％であり、極めて厳しい状況が続いている（厚生労働省2023）。また、生活困窮世帯の子どもは、生活が苦しいというだけでなく、教育、進学、健康など多元的に不利や困難であることが、多くの先行研究によって指摘されている。

　こうした状況や、子どもの貧困が社会的課題となるなか、2013年に「子どもの貧困対策の推進に関する法律」（以下、「対策法」と略す）が成立、2014年には「子供の貧困対策に関する大綱について」（以下、「大綱」と略す）が閣議決定されるに至った。対策法の第一条（目的）は、「子どもの将来がその生まれ育った環境によって左右されることのないよう、貧困の状況にある子どもが健やかに育成される環境を整備するとともに、教育の機会均等を図る」ことを明記し、第二条（基本理念）では対策の4つの柱として、「教育の支援、生活の支援、就労の支援、経済的支援」が示された。大綱においても、これらの4つの柱をより具体化する各種政策や方針が示され、各

自治体において取組が期待されるようになった。

　一部の自治体では、こうした国の動きに先行するかたちで2000年代以降、生活困窮世帯の子どもを対象とした学習支援の取組が広がっていたが、2015年からは学習支援を任意事業に盛り込む生活困窮者自立支援制度施行により、学習支援のうち相当数は同制度に取り込まれ、行政からの受託というかたちで様々な団体が、学習支援を行うようになった。

　子どもの貧困対策のなかでも、学習支援は、重要な柱と位置づけられていると同時に、教育と福祉という観点からも有意義であるという、特徴的な性格を有する。まず、制度・政策上の意義として、学習支援は、「自立の促進を図る」（生活困窮者自立支援法第1条）という福祉的性格に加え、「教育の機会均等」（子どもの貧困対策法第1条：教育基本法第4条）を図るという教育的性格を有することが挙げられる。実際、学習支援の場では、2000年代以降一定の蓄積を重ねながら、福祉と教育が近接化し、結実しつつある取組が展開されている。他方、後述のように、試行錯誤を重ねつつ、教育と福祉の連携をめぐる先進的取組が行われ続けている現況において、様々な課題が浮上していることが指摘されている。

　以上の理由から、教育と福祉をめぐる多様な問題を考える上で、学習支援の課題を掘り下げることは、少なくない示唆をもたらすことが想定されるため、本章では、子どもの貧困対策としての学習支援に着目し、論じていくこととする。

（2）子どもの学習支援の制度・政策の変遷

　続いて、生活困窮世帯の子ども学習支援をめぐる制度・政策の変遷や位置づけを確認する。

　学習支援の取組は主に2000年代以降、各地で行われてきたが、2015年4月施行の生活困窮者自立支援制度では、任意事業ではあるが、生活困窮世帯の子どもの学習支援事業が盛り込まれ、制度化された。また、いわゆる子どもの貧困対策の文脈においても、福祉と教育の双方にまたがる取組として、期待されるようになった。その後、生活困窮者自立支援制度に基づく学習支援事業は、2019年4月から「子どもの学習・生活支援事業」に改まった。

　同事業は、子どもの支援だけでなく、保護者をも対象とした生活面や養育

第Ⅲ部　NPO編

面の課題の改善という世帯支援に拡大した点に特徴があり、いわば、学習支援と生活支援が結実した、総合的支援事業の意義を帯びるものと位置づけることができる（松村 2019）。学習支援は、今日では、教育とケア（福祉・生活支援）の双方の性格を有するものといえる。さらに、学校をはじめとした教育部門と福祉部門の連携強化や、こども食堂等の地域の社会資源の活用・連携も念頭に置かれ、多角的展開が期待されている。

（3）教育と福祉をめぐる現場を取り巻く状況

　ここまで述べてきたように、制度・政策上は、生活困窮世帯の子どもの学習支援において、教育と福祉をめぐる多様な問題への対策として、福祉と教育の連携が進められている。しかし、現場では、様々な課題も指摘されている。

　例えば、第6章で述べたように、学習支援関係者への聞き取り調査を行った結果、子どもの貧困問題の顕在化や、学習機会の保障に寄与する子どもの貧困対策法などによる意識の高まりから、学校側が福祉側と定期的に会合を持つようになるなど、両者の連携が徐々に前進しつつある一方、喫緊の課題として、情報共有の不十分さ、現場のバラツキ、支援が届いていない子どもへのアプローチ、人員不足などを指摘できる。しかし、現状、こうした課題がどのようになっているのかは、管見の限り、先行研究では、十分に明らかになっていない。

　また、教育と福祉の橋渡しを期待されるスクールソーシャルワーカー（SSW）との関係、こども食堂など地域の社会資源との連携の実態、外国人・外国ルーツの子ども・世帯への対応など、今日的な重要テーマや課題への言及なども、ほとんどされていないのが現状である。

（4）分析の視点

　以上を踏まえて、本章では、教育と福祉をめぐる多様な問題にアプローチする上で、2点の分析の視点を設定する。

　まず1点目は、教育と福祉をめぐる多様な問題への対策として進められている、教育と福祉の連携はいかなる展開をみせているのか、ということである。

続いて２点目は、教育と福祉の連携をはじめ、教育と福祉の多様な問題への対策として現場においてどんな課題が浮上しているのかを明らかにする、ということである。

本章では、かかる２つの視点に基づき、先述のように先進的な取組や試行錯誤が続く生活困窮世帯の子どもの学習支援の検討を通して、教育と福祉をめぐる多様な問題を考える上での示唆を導いていきたい。

（5）データ概要と分析方法、倫理的配慮

本章のデータは、東海地方のX県のY市およびZ市の学習支援に関係する、福祉行政、教育行政、NPO、民間企業の関係者計７名へのインタビュー調査で得られたものである。

X県を含む東海地方では、伝統的にものづくりに強みをもつ一方で、外国人労働者が多く、早くから外国人児童・生徒に対する教育支援や生活支援が課題となっている。他方で、子どもの学習支援、こども食堂、居場所支援をはじめ、地域資源が豊富で市民活動が盛んであり、地域とのつながりが求められる、子どもの貧困対策においても先進的といえる。そのため、本章のテーマである教育と福祉をめぐる多様な問題を考える上で適切と判断し、X県のY市およびZ市でインタビュー調査を行った。なお、Y市は2015年度からの生活困窮者自立支援制度施行に先駆けて、2013年度より生活困窮世帯の学習支援事業が開始（現在はひとり親世帯の学習支援と統合して実施）、Z市は同制度施行の2015年度より学習支援事業がスタートし、10年近い事業実績がある。

インタビュー調査は、学習支援を進める上での他のアクターとの連携（パートナーシップ）の状況、手応えや課題として感じる点などを主要質問項目とした半構造化方式で、2022年9月～2023年9月に行った。インタビュー調査に際しては、事前に調査の趣旨や公表方法などについて書面を用いて説明し、同意を得た。また、得られたデータは、個人が特定されないように匿名化するなどの倫理的配慮を行った。語りの引用箇所で、括弧内の部分は、著者の補足である。また、分かりづらい表現は、ニュアンスを損なわないかぎりで、必要最小限の修正を行っている。なお、筆者または共同研究者のインタビュアーを、「Q」と表記する。

第Ⅲ部　NPO 編

表9-1　インタビュー対象者リスト

番　号	氏　名	所　属・業　務
1	A さん	Y 市の NPO 法人 H 職員で、学習支援を担当
2	B さん	Y 市の NPO 法人 I 職員で、学習支援を担当
3	C さん	Y 市の NPO 法人 J 職員で、Z 市の学習支援を主に担当
4	D さん	Y 市の NPO 法人 K 職員で、学習支援を担当
5	E さん	Y 市の教育委員会 SSW（スクールソーシャルワーカー）
6	F さん	元 Y 市福祉関係部局職員（以前、生活困窮対策等を担当）
7	G さん	Y 市の株式会社 L 社員で、学習支援を担当

(出所：筆者作成)

　分析は、佐藤郁哉（2008）を参考にしつつ、インタビューのデータをコーディングし、概念化・カテゴリー化した上で、各ケースの検証、比較、ストーリーライン化を行うといった質的分析方法を用いた。インタビュー対象者リストを表9-1に示す。

1　結果と考察

　分析の結果、本章の目的である教育と福祉をめぐる問題に関して、「学校との連携の難しさ」、「学校・教員と学習支援」、「学校との連携がうまくいった要因」、「地域での多層的なケア」という4つのカテゴリーが抽出された。以下、順番に考察する。

（1）学校との連携の難しさ

　はじめに、学習支援団体など外部が学校と連携することの難しさについてみていく。

　まず B さんは、学校を「一番敷居が高い」と述べながら、次のように語った。

　　B さん：学校と連携がうまく取れないというのが悩みでして。（中略）非常
　　　に拒否感というか、学校の中で全部完結したいという思いが教員には多

くて。だから、学校の中で全部教え切れない子どもたちがいるということ自体が嫌というか恥というか、そういう感覚がある。

　Bさんによれば、学校側と連携したくても、教員の意識として、「学校の中で全部完結したいという思い」や「学校の中で全部教え切れない子どもたちがいるということ自体が嫌というか恥」という感覚があるという。子どもの学習面については、排他的ともいえるほど自分たちが担当しているという意識や責任の強さを示すものともいえるだろう。
　他方、外国ルーツの子どもが課題を出さないケースを例に、家庭の事情には教員は目を向けないともBさんは指摘した。

　Bさん：外国にルーツがある子っていうのは、課題の意味が分かってなかったり、それから日本人ほど絶対出さなきゃいかんという意識がなかったりというのがあって、定時制にそういう子たちは最後は行くんですが、オール1付けられて内申点出されたり、それから、テストでは読めるとこは全部解けて40〜50点の点数を取ったとしても2しか付かなかったり、とかいうふうな評価をされてて、そういう意味では、課題を出さないとかの裏にどんな家庭の事情があるか、までよく見てほしいなというのが学校の先生には思いとしてはあります。

　Eさんも、次のように、家庭の問題に自分たちはタッチしようとせず、また、子どもの異変に気付き得るにもかかわらず、生活背景までイメージしない教員の姿を語った。

　Eさん：先生たちは、「家庭の問題は僕たちタッチできないから、あなたやってよ」っていうふうな言い方をするんですけど。子どもってやっぱり家庭生活の全て背負って、特に小学生なんかはそうなんです。先生だからこそ子どもたちの様子に、ちょっと異変に気付くし、気付いたときに先生だからこそお母さんに言える一言とか、誰かに言える一言があるんだけど、「いや、それは言えない」みたいな。その一言があるかないかで違うのにって思っていて。で、なかなかお母さんたち、例えばひとり

親世帯のお母さんたちのしんどさ。「お金ないんだったら携帯なんか何で買ってやるんだ」とか、いまだに「片親」っていう言葉を使う先生もまだいたりして、そこら辺の親の、保護者の生活背景みたいなところっていうのは、ほんとに伝えても伝えてもなかなかイメージしていただけなかったり、そういうところは苦しいかなっていうふうに非常に思います。

　もっとも、学習支援の開始当初と比べると、校長の認識が進み、連携しやすくなったとＤさんは述べた。

　Ｄさん：１年目はほんとにまだその校長先生も「学習支援とは何ぞや」みたいな感じだったので、「そんなこと言っても個人情報の保護というのがあるからそんなにやすやすと子どもの情報は提供できません」って言ってすごく門前払いみたいな感じだったんです。だんだん市内でもその学習支援事業の認知度が上がってきて、校長先生方もそれを認識してくださってだいぶやりやすくなりましたね。

　Ｑ：学校側が変わってきた要因としてはどんなことがあるんですか。

　Ｄさん：１つは、学習支援事業の認知度が上がってきたことと、やっぱり１つ（成功例の）ケースがあったっていうことが。生活保護世帯で子どもは高校へ行きたいって言っていたんですけれども、親御さんの理解がなくて、もう別に中卒で働けばいいみたいに言っていた家庭があって。そこを私たちだけじゃなくて区役所のケースワーカーも一緒になって、こういう施策があるからこういうのを使えば授業料も賄えるし、とかっていう丁寧な説明を学校の先生も交えてした成功例が１つあったっていうのが潮目かもしれないですね。

　Ｄさんによれば、学習支援の認知度の高まりや、成功事例などにより、学習支援開始当初と比べると、連携しやすくなったという。
　しかし、Ｇさんは、担任の先生レベルでは、まだまだ認知されていないと語った。

第9章　生活困窮世帯の学習支援からみる教育と福祉をめぐる問題

　Gさん：中学校との連携とかも取れたほうがほんとはいいんですけど、現
　　状、学習支援事業っていうものをどうやら担任の先生レベルだとご存じ
　　ない。学習支援っていう存在すらご存じないっていうような状況なので、
　　そのあたりがどうにかならないかしらって思っているところですね。

　ここまで述べてきたように、学校・教員側が外部との連携に消極的であり、
アプローチしても、敷居が高いと感じられ、連携が難しいということが語ら
れた。その背景に、学校の中で全部完結したい、学校の中で全部教え切れな
い子どもたちがいるということ自体が嫌で恥という感覚があることなどが語
られた。
　また学校・教員が、子どもの背景にある家庭の問題には目を向けないとい
うことも語られた。特にその影響が深刻なのが、日本語や日本の受験制度に
通じていない外国籍や外国ルーツの子どもや世帯のケースであるという。例
えば、レポートが提出できないとしてもその背景の家庭の問題には目が向け
られないという。また現在は、学習支援の認知度向上や成功事例などもあり、
かつてと比べると連携しやすくなっているという指摘もあったが、担任の先
生レベルではまだまだ認知されていないという声もあった。

（2）学校・教員と学習支援
　続いて、上述のような外部と学校の連携の一般的な難しさがあるなか、学
校・教員と学習支援はどのような関係にあるのだろうか。
　この点、まずFさんは、学習支援に来ている子どもの情報を本人の同意の
上で学校に伝えることができるようになり、そのことによって例えば不登校
のケースのように学校ではつかめない子どもの情報が学校・教員に伝わるよ
うになっていると語った。

　Fさん：学校にどの子が学習支援に行っているのかっていうような話を、
　　本人が伝えてもいいよって言ったら流すような仕組みをつくったんです
　　ね。学校側にしてみたら、そんなもんもらっても仕方ないわっていうよ
　　うな話になるのかなっていう気もしたんですけど、その部分について、

167

誰が学習支援に行っているのかっていう情報を、本人の同意をもらって流すっていうところでは、連携は取れてきたのかなっていう。

だから、不登校の子で全然、学校行ってないんだけど、よくよく聞いてみると、学習支援には行っとるみたいだよというような話の情報が、学校にも本人了解のほうで流れていて。そうすると学校のほうは、あいつもう高校なんか行く気ないみたいだよっていうふうで思ってたんだけど、学習支援って毎週しっかり行っとるんかっていう話になったら、高校行きたいんだなっていうような。

　子どもの状況を把握したいという学校・教員側のニーズに、あくまで子ども本人の同意の上に、学習支援が応えるような仕組みがあるという。この点、先述のように、子どもの学習面については担当意識や責任を持つ学校・教員にとって、悪い話ではないかもしれない。
　しかし、一方で、学習支援団体としては、子どもや家庭の情報や問題を共有する前提として、信頼関係や日常的な交流が必要だとBさんは語った。

Bさん：私たちがつかむこともあるので、学校の先生に私たちが家庭の事情をつかんでることをお伝えはしたいと思います。ただ、そのときには一定の学校の先生との信頼関係というか、いきなり「こういう問題があるから」っていって言うんじゃなく、日常的に交流があって信頼関係がある人だったら話せるし、ここまで話してもいいかなっていう、その先生の人柄とかっていうのも見極めれますので、そのためには日常的な交流が必要かなと思います。

　この点、学習支援団体は、学校の補完や延長ではなく、学校とは異なる独自の意義や理念を掲げて、矜持を持って支援活動を行っているところが多い。そのため、学習支援団体からすれば、自分のところに来ている子どもの情報を共有しても大丈夫か、学校側との信頼関係が見極められることになる。また、そうした信頼関係を築くためには、日常的な交流が必要だとも語られた。
　これは学習支援団体も、学校と同じように、子どもを大切に思うことの現れともいえるだろう。立場は違えども、子どものためという点で、学校側と

第9章　生活困窮世帯の学習支援からみる教育と福祉をめぐる問題

学習支援団体で共鳴し得る部分があるともいえる。しかし、先述のように、そもそも学校側が外部との連携に消極的であることを踏まえると、そうした信頼関係や交流を深めることは、現実的には容易ではないことも考えられる。この点、Ｂさんは、教員の気持ち、意識が変わることの重要性を次のように語った。

　Ｂさん：学校の先生が変われば、（学校と学習支援団体の）パートナーシッ
　　プってすごく変わると思うんですよ。学校の先生がその気持ちが変わる
　　鍵は何なのかなというのがよく分からないですが、学校で勉強だけ教え
　　てるんじゃなくて、もうちょっと福祉的な視点で、毎日子どもが学校に
　　来るので一番最初に子どもの異変とか家庭側に問題があるんじゃないか
　　とか、例えばDVとかが暴力なんかがあるようなことは、多分学校の先
　　生が一番最初に見つけてくれると思うんです。私たちがつかめる子ども
　　というのは本当に全部じゃなくて、一部の子どもだというふうに思って
　　ますので、子どもにとっては学校の先生というのが本当に大きな存在だ
　　というふうに思いますので、そこへの、職員研修をするならそういうと
　　こをやってほしいなというふうに思います。

　Ｂさんは、「福祉的な視点」を教員が持つようになること、子どもや家庭の問題や異変に気付けるようになってほしいと述べた。換言すれば、そのような変化がなければ、学習支援団体としても、やはり、先述のように、子どもの情報を学校と共有することは難しいということになろう。学校側と学習支援団体の連携は近年盛んに推進されているが、現実には、ここまで述べてきたように、学校と学習支援団体との意識の隔たりは決して小さくない。それは、両者の立場や文化の違いから一定程度起こり得るとしても、その隔たりが、ひいては、子どもの利益を損なうことになりかねないことを、十分留意する必要があるだろう。
　さらに、学校・教員と学習支援がつながっていることや、学習支援に学校・教員の存在や影がちらつくことは、学校と違う場であるからこそ学習支援が居場所になっている子どもからすると、いかがなものかという慎重な声もあった。例えば、スクールソーシャルワーカーのＥさんは、子どもたちの

169

気持ちを慮るように、次のように語った。

　Ｅさん：学習支援事業は学校と違う場。子どもたちにとっても居場所にも
　　なるとすると、そこに学校が来るっていうことがどうなんだろうっていう
　　うのも思う。先生が入ってくることで、せっかく自分の居場所っていう
　　テリトリーができたのに、「あ、先生と通じ合ってるんだ」みたいなこと
　　が本当に中学生だと特にやっぱり敏感に感じるので、ほんとにそれがい
　　いのかなと思うと、私はあんまり。だからそこはお勧め、実はしてない
　　んです、先生たちに対して。
　　　もちろん紹介もするし、こういうのがあってっていって紹介はするん
　　ですけど、だからそこの間には必ずワーカーが入ったり。カウンセラー
　　も基本、でも学校の中で話を聞くっていう人が多いので、あんま外に出
　　ていってどうなんだ、そういうとこに出ていってどうなんだろうって思
　　う人も中にはいて、基本ワーカーがそういう、そこら辺のうまく調整と
　　いうか、してるっていうところはあります。
　　　（中略）特に中学生は、やっぱり学校に自分の家庭の状況とか自分の
　　しんどい思いを知られたくないっていう子もほんとにいるのでたくさん。
　　結構多いんですね、中学生は。虐待を受けてても絶対学校に来たら平気
　　な顔をしてるとか、しゃべらない子って多くて。なんで、学校はもう自
　　分のいい自分というか、明るい自分、楽しい自分、それを先生に見てほ
　　しい、認めてほしいっていう子もほんとにいるので。難しいですよね、
　　そこは。

　ここまで述べてきたように、学校が外部との連携に消極的であることに加
えて、学習支援団体としても学校・教員が信頼に足るか慎重に見極めており、
両者の間の信頼関係や日常的な交流が必要だとされていること、また、教員
が福祉的な視点を持つなどの変化が期待されていることが浮かび上がった。
また、学校とは違う場所であるからこそ、学習支援の場が居場所になったり、
学校とは違う自分の姿を表出できる子どもにとって、学校・教員が学習支援
と通じることは、子どもの利益に反する恐れがあることも十分に留意しなけ
ればならないだろう。

第9章　生活困窮世帯の学習支援からみる教育と福祉をめぐる問題

　ここで、学校・教員は、子どもにとって、仁平（2021）が指摘するような、個人の変化・変容を要請する教育の論理を帯びたものとして捉えられ得るだろう。そのことは、無条件の存在や無為を肯定する、居場所を脅かすものにもなりかねない。学習支援が、「学習」と「居場所」という2つの論理を抱え、その間でジレンマを生むことはかねてより指摘されているが（竹井・小長井・御代田 2019）、学校・教員という、より個人の変化・変容や学習の要請を強く体現する存在が学習支援とつながることに関しては、子どもの利益を尊重した、丁寧な対応が必要である。Eさんの語りは、学校・教員と学習支援団体との連携を推進する近年の政策に警鐘を鳴らすものともいえるだろう。

（3）学校との連携がうまくいった要因

　続いて、ここまで述べてきたように、学校側の連携には難しさなどがありつつも、連携がうまく進んでいるという語りもあった。うまくいった要因をみていく。
　まず、Bさんは、次のように、理解のある教頭先生の存在について述べた。

　Bさん：（連携を）学校とどういうふうにやればいいのかなというのが、進路の指導1つ取っても非常に難しいところがありましたが、コロナのときには、私もどうしようもないときには学校のほうに電話をしましたので、その関係で教頭先生とは一定のつながりができたかなというふうに思います。
　　　教頭先生自身は一定地域のそういう教育の場に理解があって、外国にルーツがある子どもに「こういうのがあるから行ってみたら？」って声を掛けてくださったり、それから学校独自のチラシを作ってくださって、学習支援教室を紹介する、その該当する子どもに「こういうのがあるから行ったら？」って言ってくださったりという関係はできました。（中略）学校とやっとつながれたなというのは、つい最近のその件ですね。

　Bさんによれば、理解のある教頭がいたことによる、あくまで個人的な関係・要因に基づくものではあるものの、そこから学校とうまくつながりを持

第Ⅲ部　NPO編

てるようになったという。

　また、外部の団体・人間の得体が知れない場合は連携が難しいが、スクールソーシャルワーカーがきっかけとなるケースや、運営者が学校のPTA役員だったり元校長だったりすると学校は無下にできないと、Fさんは、こども食堂を念頭に置きつつ、次のように語った。

　Fさん：スクールソーシャルワーカーさんが、大人が引率しないと行けないこども食堂に子どもを連れてきたというケースは聞いたことがあります。ボランティアに近い形だったと思うんですけど、そういうことをやってる人もいましたし。学校の先生も食べに来たりとか、子どもの様子を見に来たりとかっていうところもありました。
　　　（中略）
　　　あと、またこども食堂をやってる運営者が、子どもが学校行ってるときのPTAの役員をやってたりとかすると、学校とのつながりもあったりするので、今度、こども食堂開きましたから先生も来てよって言うと来たりということがあったっていうか。だから、ケース・バイ・ケースでいろいろあると思います。
　　　あと、教頭先生、チラシの配架なんかについても、全然、これは1カ所受けると全部受けなきゃいけなくなりますので、駄目ですよっていうところもあれば、チラシを貼っとくぐらいだったら大目に見てくれたりとか。要するに、変な団体がいきなりぽっと来て、こども食堂やってもなかなか信頼ないんですけど。PTAの会長だった人が子どもの仕事やるって言ったら、そう無下にも学校は断れないと思いますんで、そういうのはあるんじゃないですかね。

　学校は「外部」に非常に消去的である一方、すでに何らかの学校とつながりがあったり元校長だったりすると、「内部」として、むしろ、無下にできないというマインドや協力的なスタンスになることがFさんの語りからは看取される。換言すれば、学校から「内部」と判断されるような人間がキーパーソンとなり、そこから連携が進み得ることが示唆される。

　続いて、Cさんは、Z市では学習支援の立ち上げから福祉行政が学習支援

172

第9章　生活困窮世帯の学習支援からみる教育と福祉をめぐる問題

団体と一緒に議論し、事業をつくっていくというスタンスで地域に働きかけてくれたり、また、現在は福祉行政側の元校長のスタッフが教育委員会・学校側に働きかけることによって、連携の門が開いて始まったと振り返った。

Cさん：やっぱり一番苦労したのが、たぶん他の自治体の学習支援もそうだと思うんですが、福祉部局なので、教育との連携、学校との連携っていうのが一番苦労しました。もう立ち上げ時期から構想をずっと練りながら、現場スタートしたんですけれども。行政委託なので、会議ずっと重ねながら、どんな形でやっていくか、行政と一緒に議論しまして。

　そのなかで今回の学習支援事業するに当たって、やはり学校との情報共有とか、連携っていうのは必須だろうってことは、Z市さんもこちらも認識はしていまして。ただ最初の段階、ほんとに春の段階で、（教育委員会の）学校教育課さんのほうにいくつかお願いというか、連携のお願いをさせていただきましたが。そのひとつが、学習支援に関する対象者への声がけ、募集を学校からしてほしいということ。あとは、いろいろな日頃の様子とか、そういった日々の情報の交換をしたいというのをお伝えしたんですけれども、最初は学校教育課さんも難色示しまして。やっぱり特定の子どもだけに案内をすることが難しいとか、守秘義務があるのでって話はあったんですが、（福祉部局で学習支援をしている）退職校長の方が、それは必要だからやるもんだろうみたいな感じで入っていって、門が開いて、始まりました。

Q：すごいですね、その方。

Cさん：その方自身のこれまでの人望であったり、活動っていう実績があったんで、その意味でやっぱり必要だろうということで、学校も一気に開きまして。早速その初年度から、生徒募集っていうのは学校に協力をいただける体制がつくれました。
　（中略）
　学校との連携っていうのはすごくやりやすくって。今も学校との日々の子どもの様子のやりとりは、私たちも学校に訪問したりとか、電話し

173

第Ⅲ部　NPO 編

て直で先生たちと話したりとか、何か緊急案件があれば直接先生方とかなりフランクにやれる環境ができてるので。学校との連携が、最初はちょっと大変でしたけれども、一気にそこが進んだっていうのがあります。

続いて、SSW の E さんによれば、Y 市において、SSW が最初に学校に入ってきたときの状況として次のように語った。

E さん：最初は、情報 1 つも渡してこなかったです。まずは、やっぱり学校ってほんとに守るっていう、子どもたちを守るんだみたいな、自分たちの持ってる情報は絶対に外に出すべきじゃないみたいな、自分たちでなんとかするっていうすごい、プライドも高いというか。でも解決できないんですよ、実際は。だから放置したりしてるんですけど、でも外部の人間に任せられないみたいな思いがすごく当時は強かったので、様子見をずっとされてて、やっぱまずは人となりや、こいつがほんとに信用に足る人間かどうかみたいな。

（中略）

ほんとにどうしようもなくなったケースしか来ないんですよ。「じゃあ、おまえたちやってみろよ、これ」みたいな感じで。（中略）ほんとに学校と決裂してるような相談です。それをやってって頼まれて、みんなでチームで相談しながら情報を取りつつ、関係機関にもぼろくそに言われながら情報を取って。で、やっと、それがほんとに 1 個うまくいくと、そのことを、校長会で校長先生同士が情報共有してるんですね。「あれ、いけた」と。（中略）1 つうまくいくと、やっぱり校長会で話ができて、で、次っていってまた入ってくるんです、相談が。

だから 1 つ 1 つを、ほんとにとことん大変な相談ばっかりでしたけど、やっぱり先生たちの話を懇々と聞き、関係機関からの情報を、ちょっとこういうのはどうだろう、ああだろうって、先生たちとやりとりを何回も丁寧に重ねて。真摯にこっちもほんとに必死で向き合って、解決していくっていうのが 1 つ、2 つってできてくるなかで、ちょっとずつ職員室の雰囲気も変わってきて、冗談言ってもらえるようにもなり、先生と。

第9章 生活困窮世帯の学習支援からみる教育と福祉をめぐる問題

でも、なかなか「ケース会議やりましょう」とは言えなかったですよ、まだ1年目は。

なんだけど、1年目終わる頃に「これ、障害、お母さん、精神で」とか、基幹支援センターが、特別支援級の生徒だったんですけど、「じゃあ、先生、この人とこの人とこの人とを呼んで、学校で会議させてもらっていいですか」って言って。「場所がないんです」って言って。そしたら校長室じゃないですか。校長室しかあり得ない。校長先生も陰にいて、それが、「あ、ケース会議になってる」みたいな、こっちとしては。向こうには言ってないですよ、ケース会議って。だけどケース会議で、「よしよし」みたいな。そういう既成事実をもう網の目を縫うようにして入れて、成果を出していってっていう。そういうほんとにやりとり重ねていきました。

それが子どもにとって、保護者にとって良かったら、やっぱ先生たちも「よし」ってなってくれる。先生たちもそこは思いは一緒なので、やっぱ目指すところは子どもたちのより良い環境づくりだったり幸せだったり、学校生活が楽しく送れるっていうところのそこの気持ちに私たちも根差して、そこに沿うように提案していくみたいなのでずっと来たかなって思ってます。

Eさんは、少しずつ実績を重ね、学校との信頼関係を築いていったという。また、次のように、教員の子どもや学校組織を守りたいと気持ちにも寄り添うようにしていると語った。

Eさん：その人の、何で教師になったのかとか、子どもに対する思い。いろんなたくさんの生徒がいてやっぱり先生も人間なので合う子と合わない子がいますけど、その子に対する先生なりの思いみたいなところに依拠して先生の善意を引き出すっていうか。やっぱ先生、基本は、基本的には大概の先生は熱心だし、一生懸命な先生も多い。ほんとにみんなきっとエリートで来てるから、できる人ばかりだし、頭はいいし、なかなか弱い人の気持ちとか、ほんとに貧困家庭とかの気持ちとか分からない人もいるんですけど、基本は善意の人たちだと思っているので、やっ

175

第Ⅲ部　NPO編

ぱそこに依拠して訴えかけるというか、それは気を付けてると思いますね。

（中略）

例えば虐待の対応とかの現職教育とか、先生たちに対する研修みたいな機会もこちらから積極的にお願いをして、させていただいた学校もいくつかあって、区役所の人を一緒に呼んできて、虐待の発見から学校としてどう通告とか、その後どうなるかとか、そういう研修を持ったりとか、やっぱ先生たちにプラスになる情報を伝えることで、先生たちも自分たちを守るというか、学校の組織を守りつつ、できれば、この子の幸せのためにっていう。

通告する、しないですごくもめることがほんとに多くって。そういうときは学校の組織、「何かあったときに先生、絶対訴えられますよ」とか「もう学校の組織を守るために言っときましょう」とか、ほんとそういう汚い言い方をして、「はよ言え」みたいな雰囲気になることも。「電話1本すればいい」、「先生、それさえしてくれたら私が裏から電話しときますから」とか。もうほんとにそういういろんな手を使ってます。そんな感じですかね。

　ここまで述べてきたように、元教員（退職校長など）やPTA関係者のようにすでに信頼関係があったり、学校・教員の事情に精通しているキーパーソンが間に入って動いたり、または、学校・教員だけでは対応できない場合にSSWが間に入り、実績を重ねることで信頼関係が少しずつ築かれ、学校との連携が進むということが語られた。また、その際のポイントとして、Eさんが語ったように、子どものことを大切にしたい、学校組織を守りたい、という教員の思いや善意に訴えるようなかたちでうまくいった例を積み重ねていくことが重要だといえる。

（4）地域での多層的なケア

　ここまで主に学校・教員と学習支援との関係に着目してきたが、その他の関係するアクターとして、行政や、地域の様々な団体、地域住民をあげることができる。学習支援の課題の背景には、本章でも述べてきたような外国

第9章　生活困窮世帯の学習支援からみる教育と福祉をめぐる問題

人・外国ルーツの世帯の生活上の課題や、他にも孤立や虐待など、学習面以外の課題があることが少なくない。いわば、課題が複合化している。そのため、学習支援だけでは支援として不十分であり、生活支援や居場所支援など、多様な支援を展開する団体や行政など、多様なアクターとの連携は今後ますます重要になると考えられる。では、こうしたアクターと学習支援は現状どのように連携しているのか。また、その連携は、教育と福祉をめぐる問題にいかなる影響をもたらしうるのであろうか。

　この点、まずY市においては、他のアクターとの積極的あるいは前向きな連携の話はほとんど聞かれなかった。他方で、Z市では、行政が学習支援団体と一緒に議論し、事業をつくっていくなかで、地域の様々な団体、住民が学習支援に関わるようになったという。いわば、地域としての学習支援を支える体制づくりが進められている様子を、Cさんは語った。

　　Cさん：（土曜日に学習支援を開催するときに）昼食をどうするかっていうのが最初から懸念になってまして。最初はお弁当とか持参にしようかって話も出たんですが、先ほどの退職校長先生のほうが学校現場で子ども見てたときに、お昼準備することがネックになって来れない子がいたらいかんということなので、いわゆるこども食堂ですね。昼食の支援を必ずメニューで付けようと、セットで付けようってことで話ができまして。
　　　ただ誰がやるのかっていうのが、最初大変だったんですけれども。実際は、Z市（福祉部局）の方が、いろんな地域の団体さんに声かけてくださって。（中略）お昼ごはんは必ず学習支援にセットで付いているっていうような形が初年度からできました。ただそこも、協力してくれる団体さんを集めたりとか、そのお金をどうするかみたいなところは、いろいろネックにはなったんですけれども、1つ1つ行政と相談しながら、行政のほうで動いてくれて、クリアになって今も持続しているっていうところはあります。

　Cさんによれば、弁当を持参することがネックになるという、スタッフである元校長の学校現場での実体験に基づき、土曜日開催の学習支援について、昼食を提供することになり、さらに、Z市（福祉部局）が、こども食堂など

177

第Ⅲ部　NPO編

いろんな地域の団体に声をかけてくれ、学習支援と昼食がセットで提供される体制がつくれたという。学校現場に長くいた元校長の経験や問題意識が生かされ、かつ、行政が地域の様々な団体に声をかけることで、地域の社会資源を巻き込み、地域で学習支援を支える体制がつくれたケースだといえるだろう。

　また、他のケースでも、Cさんの団体では、学習支援後も見据えて地域と子どもをつなげていくことや、子どもたちの体験活動などで地域とのつながりを大切にしているが、その上でも、行政が地域にうまく声かけをしてくれていると語った。

　　Cさん：私たちも子どもたちを抱え込むというよりは、やっぱり地域とつ
　　　　ないでいくこと。地域で子どもたち、その後も育っていきますので、い
　　　　かに地域の方たちと顔つなぎをするかとか、そういったところはすごく
　　　　大事にしているので。
　　　　　もちろん学習支援なので、子どもたちのプライバシーの部分はあるん
　　　　ですけれども、可能な限り地域のいろんな方たちに活動に関わっていた
　　　　だく。子どもたちの体験活動を地域の人に協力いただいて、地域のお祭
　　　　りに出していくとか、地域の方と一緒に畑作業するとか、何か季節に合
　　　　わせて、防災のときであれば地域の防災活動してる方に来ていただいて
　　　　やっていただくとか。そんな地域の人材、リソースをうまくつなぐって
　　　　いうところは、NPOのほうで、いろんな地域の方にお願いしながらプ
　　　　ログラムとしてやっていって。それ以外、学習支援を周りで支えていた
　　　　だけるような昼食支援とか、市民の方、直接支援ではない方たちに関し
　　　　ては、行政のほうが上手に伝えていただけてるかなというような形です。

　さらに、行政と学習支援団体が連携すること、パートナーシップを築くことの意義をCさんは次のように語った

　　Cさん：立ち上げ期から、この事業どうするかっていうのについても、会
　　　　議を繰り返しながら一緒に考えてくれて。この制度はどうしようとか、
　　　　ここはもう少し柔軟に考えようみたいなところは、市のほうも柔軟に対

応していただけたり、一緒につくってくれてるっていう感覚はあります
ので。
　委託なので、じゃあもう全部現場にあとはもう委ねるだけみたいな、
（自分たちは）査定だけするみたいな感じの自治体ではなくって。いま
だに毎月１回会議をやっていまして、月次の報告であったりとかってい
う場合もありますし。（中略）担当の市の職員の方も現場にも顔出してい
ただけたり、市長もたまに顔出してくれたりとかもほんとにするので。
　そういうふうに行政の方が一緒につくってくれるっていう、いわゆる
協働っていうような意味合いでやっていただけてるっていうのは、すご
くこちらとしては事業をやっていく上ではやりやすいです。なので、そ
れができるので、一緒に相談しながらつくっていけるので、微妙に制度
を少し変えたりとか、仕組み変えながらとかやれるのは、ほんとに非常
にありがたいなというふうに思ってます。

　またＢさんは、学校だけで子どもの問題をすべて見よう、解決しようとす
るのではなく、地域との協力関係のもとに、みんなで子どもを見ていくあり
方が望ましいと語った。

　Ｂさん：（今日の子どもの問題は）やっぱり学校の先生たちも難しいとは多
　　　分思ってみえるので、学校だけで解決するんじゃなくて、特に義務教育
　　　は地域の学校ですので、「地域みんなで一緒に子どもたち見ようね」みた
　　　いなのができるといいなというふうに思っています。
　　　だから、学校だけで全部見ようと思わないで、「何かあったらお願いし
　　　ます」というふうに地域に返していただければ、地域でできることはで
　　　きるので、そういう協力関係がどこかでできるといいですよね、いろん
　　　なところで。

　Ｂさんは、学校だけが子どもの問題をみる、解決することは難しく、地域
が協力していくことの必要性を述べる。この点、倉石（2021）は、公私分離
であった学校、家庭の両アクターが弱体化し、それぞれが担ってきた教育、
養育（≒福祉）への公私融合、クロスオーバーが進行している状況を指摘す

る。その是非や背景について、本章では紙幅の関係から触れないが、実態としてそのような状況が進行するなかで、地域（地域の様々な団体や人などの社会資源）というアクターも、教育と養育（≒福祉）にクロスオーバー、接合し得る存在として重要な意義を持つものと捉えることができよう。また、地域には、教育福祉論や、子ども・若者の自立支援の文脈でも、小さくない意義があると指摘されている（辻 2017）。学習支援が地域と繋がり、多層的なケアを生み出す取組は、注目に値するものといえるだろう。

　ここまでみてきたように、Y市に比べて、Z市では学習支援が学校・教員との連携以外にも、こども食堂など地域の他団体、住民などの社会資源とつながることで、複合化した課題に対応し得る、さらに、学習支援後も見据えた子どもと地域のつながりの形成・維持など、地域での多層的なケアが進んでいることが浮かび上がった。では、Y市とZ市の違いを生み出しているものは何だろうか。この点、様々な要因があり得るが、Cさんの語りに出てきたように、行政が学習支援団体と一緒に議論し、事業をつくっていくという協働のあり方、行政によるバックアップは、重要なポイントであろう。行政と学習支援団体が一体となって学校を含む様々なアクターに働きかけ、サポートやバックアップを取りつけ、地域の社会資源をも巻き込んだ多層的なケアづくりを目指すことが、教育と福祉の連携を拓き、深めていく可能性を有するといえよう。

2　全体考察

　本章では、生活困窮世帯の学習支援を通して、教育と福祉をめぐる多様な問題、特に教育と福祉の連携について論じてきた。続いて、全体を踏まえて、2つの分析の視点から考察する。

　まず、分析の視点①からは、教育と福祉の連携がゆるやかに進行している面があることがみえてきた。具体的には、学校・教員側の敷居の高さや学習支援団体など外部との連携に消極的な学校・教員側の姿勢が、元教員などのキーパーソンによる働きかけや、成功事例を少しずつ積み重ねることなどで、あくまで既存の学校組織・文化を守りつつという留保付きではあるものの、少しずつ連携が進んでいることがわかった。他方で、教員側が福祉的な視点

を持つ必要が学習支援団体からは語られた。

　また、学習支援の場と学校・教員が通じることが、学校と違うからこそ学習支援が居場所になり得たりする子どもにとっては、利益に反しかねない恐れもあるため、連携はにそうした点も考慮しながら慎重に進めなければならない、ということもみえてきた。さらに、両者の連携を進める上では、Z市の取組のように、行政が学習支援団体と一体となって、協働やバックアップにより、地域の様々な社会資源に働きかけ、地域として学習支援を支える体制づくりも、有用であることが示唆された。

　続いて、分析の視点②からは、増え続ける外国人世帯を中心として、学校・教員が子どもの背景にある世帯の問題に目を向けず、適切とは言い難い教育や進路指導が行われ、学習支援団体がフォローせざるを得ない状況が広がっていることや、導入初期に比べると改善しつつあるもののスクールソーシャルワーカーが十分に活動できていないといったことが課題として語られた。また、課題が複合化するなかで、学習支援が、地域の社会資源、例えば、近年増加が著しいこども食堂などと、いかに連携すべきかという課題に直面していることがわかった。この点、Z市では、行政との協働や行政のバックアップによって地域の多様なアクターとつながり、地域での多層的なケアが形成されつつある。こうした地域に支えられた学習支援づくりにおいては、学校も重要なアクターの1つであるため、そのあり方を模索するなかでは、学校・教員をも巻き込み、協働していくことになるため、福祉と教育の連携が前進し得る契機になる可能性があることもみえてきた。

3　結語

　本章では、生活困窮世帯の学習支援の検討を通して、教育と福祉をめぐる多様な問題について論じてきた。インタビュー調査の分析の結果、教育と福祉の連携がゆるやかに進行していることが確認された一方で、学習支援事業が開始してから10年あまり経過するなか、増加が著しい外国人・外国ルーツの子ども・世帯への対応、スクールソーシャルワーカーの活用や活動のあり方、課題が複合化するなかでの地域における望ましい学習支援の姿など、福祉と教育をめぐる新たな問題が浮上していることがみえてきた。

第Ⅲ部　NPO 編

　こうした問題は、学習支援団体単独では対応することは難しい。それゆえ、本章でみえてきたように、複合化した課題への対応や、学習支援後も見据えた子どもと地域のつながりの形成・維持などの観点からは、学習支援団体が地域の多様な社会資源とつながり、地域で多層的なケアを生み出していくことが重要となる。また、そのことは、教育と福祉の連携をより一層進めると同時に、教育と福祉をめぐる多様な問題の解決の一助になり得るだろう。

第 10 章

子育て支援 NPO の成立・拡大期における
要因・戦略に関する考察
──インタビュー調査の分析から──

1 問題の所在・研究目的

　少子化の進行や子育てを取り巻く環境が厳しさを増すなか、近年、子育て
関係のアクターとして、存在感を増しているのが、地域の子育て支援 NPO
である。行政から子育て関係の事業や補助金などを多く受けており、子ど
もを社会全体で育てる、といった文脈において、もはや地域の子育て支援
NPO を抜きにして語ることはできないほどである。行政や、子育て世帯を
はじめとした社会からのみならず、政治からの期待や関心も大きい。

　しかし、そもそも地域の子育て支援 NPO の多くが誕生したのは 1990 年
代以降で、日は浅く、また、子育て関係のアクターとして現在のポジショ
ンをしめるようになったのは、子ども・子育て支援新制度（2015 年）前後
や、少子化対策、子育て支援が重要課題となった、概ね 2010 年代半ば以降
である。さらに、多くの子育て支援 NPO は、後述のように、子育て中の当
事者が仲間と共に、自分たちを取り巻く状況をなんとかしようと、自発的に
任意団体として誕生している。その後、現在のポジションに至るまで、時期
ごとに、どのような要因が作用し、あるいは、戦略をとり、拡大してきたの
か。現在の課題はどこにあるのか。本章では、こうした点を明らかにし、今
後ますます社会において重要な役割を果たすことが期待される、子育て支援
NPO への示唆を導き出すことを研究目的とする。

183

第Ⅲ部　NPO 編

2　分析の視点

　研究目的を踏まえて、以下の 2 つの分析の視点を設定する。

　まず、1 つ目は、子育て支援 NPO が、成立から現在のポジションに至るまで、どのタイミングで、誰に（行政、議員、子育て当事者、マスコミ、一般市民等）、どのような働きかけ（陳情、要望、署名活動、プレスリリース、シンポジウムなど集会の開催、行政や議員へのロビイング等）を、どのような戦略（意図）を持って行い、どのような結果につながっていったのか、という視点である。

　1998 年成立・施行の特定非営利活動促進法（NPO 法）の制定・改正をめぐるロビイングを分析した原田（2020）[1] によれば、ロビイング戦略は、アウトサイド戦略とインサイド戦略に分類される（原田 2020：98）。アウトサイド戦略は、マスコミへの働きかけ、ニュースレターの発行、署名活動、実態調査、全国キャンペーン、決起集会などの紛争拡大やシンポジウムなどを介したシグナリングなどが含まれ、世論や一般市民を巻き込み、政府や議員も対象にするものの、いわば政策アクターへ外側から働きかけを行うことを意味する。他方、インサイド戦略は、政府や議員に対する要望書提出、政党ヒアリング、議連総会への出席など、いわば政策アクターへ内側から働きかけを行うことを含意する。

　2 つ目は、地域の子育て支援は、もともと行政が行っていた事業を民間に委託するというものではなく、民間の子育て支援 NPO によって、いわば草の根から誕生して広がっていき、社会的に有益・必要だと判断した行政が、行政の事業として位置づけ、民間に委託するようになったという、通常の行政受託事業とは異なる経緯や特徴を有する。そうした特性が、子育て支援 NPO の成立・拡大において、どのような葛藤をもたらし、戦略に影響を与えているのか、課題はどのような点にあるのか、という視点である。

3　研究方法、使用するデータ、倫理的配慮

　本調査は、首都圏の子育て支援 NPO 計 10 団体（計 10 人）に 2022 年 7 月～ 2023 年 3 月に半構造化方式インタビューを行った。事前に共同研究者の

第 10 章　子育て支援 NPO の成立・拡大期における要因・戦略に関する考察

表 10 - 1　インタビュー対象者リスト

番　号	氏　名	所　属	団体設立年
1	A さん	NPO 法人 A	2000 年
2	B さん	NPO 法人 B	2006 年
3	C さん	NPO 法人 C	2004 年
4	D さん	NPO 法人 D	2004 年
5	E さん	NPO 法人 E	2006 年
6	F さん	NPO 法人 F	2004 年
7	G さん	NPO 法人 G	2001 年
8	H さん	NPO 法人 H	2003 年
9	I さん	NPO 法人 I	2000 年
10	J さん	NPO 法人 J	2006 年

(出所：筆者作成)

所属する大学で研究倫理面を含む計画書の起案を行い、審査を受け、承認を得ている。インタビュー対象者には事前に調査目的、対象者の権利等を書面で説明し、同意を得た。得られたデータは匿名化などの倫理的配慮を行った。分析は、佐藤（2008）を参考にインタビューデータをコーディングし、概念化した上で整理し、さらに、各ケースの相互比較・検討やストーリーライン化を行うという質的分析方法を用いた。また、本章では引用に際して読みやすさの点から発言趣旨を曲げない範囲で加工を行っている。なお、データの使用については、共同研究者の了解も得ている。一連の行為は研究倫理規程の遵守のもとに行った。インタビュー対象者のリストを表 10 - 1 に示す。

4　分析結果と考察

　本調査の研究目的や分析の視点に照らし、子育て支援 NPO の団体の（1）成立期（団体の立ち上げ・設立から自主事業・行政受託事業開始までの時期）と、（2）拡大期（事業が一定程度軌道に乗って事業規模が拡大していく時期）という、大まかに 2 つの時期にわけて考察する。

第Ⅲ部　NPO 編

（1）成立期の要因・戦略

　分析の結果、まず、成立に至る要因としては、①子育て当事者のための場所が地域に必要だと感じていたという要因（思い・自発的立ち上げ要因）、②地域における子育て支援機能、担い手を探していた行政主導の風に乗ったという要因（市民と行政の協働要因）、③子育ての母親たちにとって、結婚・出産などによって一度断絶した仕事や社会参画を取り戻す（女性のキャリア要因）という、大きく3つの要因が影響していることがわかった。なお3つの要因は、相互に反するものではなく、団体によって程度の差は異なるものの、複合的に重なり、影響し合っているものである。

①思い・自発的立ち上げ要因

　まず、最も多く聞かれたのが、子育て中の親子のための場所がほしいという声だった。

　例えば、A さんは、身近な地域に「公園しかなかったし、児童館もなかったので、居場所が欲しい」と思っており、子育てや親子の交流のための場所を作りたいと活動を始めたとき、先行事例を見学に行ったことが大きかったという。

　　A さん：活動を始めようと思ったときに、やっぱり参考になるような事例がないと不安だったんですね。（中略）（見学に行って）それで私たち、こういう場所が欲しかったと思ったんですよね。ずっと公園で子育てをしていた私たちは、0、1、2歳の子どもと保護者、養育者のための専用の施設を造った自治体があるっていうことに本当に驚きまして、そういうのを私たちの身近にも欲しいって言っていいんだと。公的にそういった施設ができるんであれば、私たち、それが欲しい。身近に欲しいって言っていいんだなって思いまして。

　A さんは、先行事例をみて、地域に子育てや親子の交流のための場所を作りたいという自分たちの思いが正しいものと確信に変わり、実現に向けて動き出したという。

　NPO 法人子育てひろば全国連絡協議会（2014）によれば、地域子育て支

186

援拠点事業の経緯は、以下となる。

　まず、地域の子育て家庭に対する育児支援を行うため、保育所において地域の子育て家庭等の育児不安に対する相談指導、子育てサークル等への支援を行う「保育所地域子育てモデル事業」が1993年に創設された（1995年に「地域子育て支援センター事業」に名称変更）。

　その後、核家族化や地域住民のつながりの希薄化の下、子育て世帯の孤立が増えるなか、身近な地域のなかで親子が集う場所が必要とされ、2002年から、概ね3歳未満の乳幼児とその親が気軽に集まり、交流、情報交換、相談ができる「つどいの広場」事業が創設された。「つどいの広場」は、NPOなど多様な主体から運営され、公共施設の余裕空間や商店街の空き店舗など身近な場所で設置が進められてきた。2007年には、「地域子育て支援拠点事業」が創設され、従来の地域子育て支援センター事業とつどいの広場事業に、児童館の子育て支援も入れるかたちで統合・再編された。2008年には、地域子育て支援拠点事業の法定化により、第二種社会福祉事業に位置づけられた（同協議会は、「草の根からはじまった活動が第二種社会福祉事業へ」と表現している）。この点、橋本（2015：14-16）は、保育所と同様の第二種社会福祉事業に位置づけられたことで、「政策的には拠点事業が保育所の保育事業の延長上には位置しない、地域子育て支援という固有の領域を有する事業であることが明らかにされた」と述べる。

　2002年につどいの広場事業は全国にわずか28カ所だった。その後、大幅に増加し、「地域子育て支援拠点事業」に統合されたのち、同事業の実施箇所数は、こども家庭庁（2023）によれば、2011年時点でひろば型2,132カ所、センター型3,219カ所、児童館型371カ所で計5,722カ所まで増加、さらに、2022年時点では一般型6,833カ所、連携型1,023カ所、の計7,856カ所まで増えている（なお2013年に、従来の「ひろば型」・「センター型」は「一般型」、「児童館型」は「連携型」に再編・見直しされている）。

　地域子育て支援拠点事業の事業内容としては、子育て親子の交流の場の提供と交流の促進、子育て等に関する相談・援助の実施、地域の子育て関連情報の提供、子育て及び子育て支援に関する講習等の実施等があげられる。

　本調査の多くの団体が団体を立ち上げた2000年代は、つどいの広場や地域子育て支援拠点事業が産声を上げた時期でもある。別言すれば、広場や拠

第Ⅲ部　NPO編

点が今日ほどは普及しておらず、その他の子育て支援サービスも存在しては
いたものの身近で利用しやすいものではなかった。そうしたなか、普段暮ら
す地域の中で自分たち子育て中の親子の居場所となる場所が欲しかったとい
う、母親としての当事者たちの切迫した思いが、子育て支援の専門職や起業
経験があるわけでもない、いわば普通の母親たちが子育て支援NPOを立ち
上げる大きな要因になっているといえる。

②市民と行政の協働要因

Ⅰさんは2000年前後から、自分の子どももはう小学生になっていたが、
介護保険創設の動きの中で、高齢者は社会全体で見守っていこうとなってい
るが、子育てもそうあってほしい、子育てを応援したいと思い、自主的に団
体を立ち上げて、認可外だが、地域の子どもを保育する取組をはじめたが、
認可と認可外の利用料金の差に驚き、生活クラブ関係で知り合いの地元の市
議会議員に相談したところ、市の子育て支援部署の間に入ってくれ、議員も
同席して、市民が子育てしやすいようにしてください、と要望・陳情したと
いう。当時の課長が、子育ての大変さに共感してくれ、子育て関係のモデル
事業をつくったという。結局、そのモデル事業は別の団体が受託したが、そ
の後、子育て部署の課長から呼ばれ、「子育て支援事業をやりたいんだけど、
やってみませんか？」と声がかかったという。

地域での地道な活動や、行政への働きかけが実り、行政としても子育て支
援事業を民間に委ねたい際に、目に留まって声がかかったといえる。また、
行政と付き合う上では、親子のためにあることであればまずは一緒にやって
みましょう、というスタンスが大切だと語った。

> Ⅰさん：行政から声かけられたりしたときは、まずはやってみる方向で動
> いてみます、と言ってみる。行政も、困ったときに声をかけてくるので、
> そのときに、「できません」ではなく、「やってみましょう」ということ
> で、お互いの信頼関係を築いていくことですね。（自分たちの団体）内部
> からは、「いいように使われているんじゃない」と言われることもありま
> すけど、親子のためになることであれば、やってみましょうというスタ
> ンスですね。

続いて D さんの場合、子育て当事者として、保育園の統廃合の反対運動を行っていたところ、子育て支援に力を入れることを公約にした市長が当選し、さらに官民協働を進めようという社会的な機運や行政側の意向もあり、流れが変わって、自分たちに追い風になったという。行政に呼ばれて行政主催の協働を担う市民を養成するワークショップに参加することになり、市長からトップダウンで「勢いのあるお母さんたちがいるなら地域住民と協働でやらせたら良いじゃない」という声があり、子育てひろばのモデル事業を自分たちの団体が担うことになった。また、行政にいわれて、先行する事例を見学にも行ったという。市長の意向や、協働を進めたい行政側が、ワークショップを開催して協働を担う市民を養成したり、先行事例の見学を勧めたりと、行政としても、地域の子育てを市民に協働のかたちで担ってほしい、そのためにバックアップするという強い意向があった。そのような行政の期待や要請に応えるかたちで、保育園統廃合反対運動という当初の域を超えて行政の意向に巻き込まれるようなかたちで、素人集団だった自分たちが行政主催のワークショップや先行事例の見学などを通して成長し、団体として活動が拡大していったという。協働の意識の高まり、NPO 法施行などの時流が大きく影響しているともいえる。

> D さん：（保育園統廃合の）反対運動をしていて、署名とかね、結構派手にいろんな方に議員さんに挨拶に行ったり町会長さんに挨拶に行ったりいろんな子育て団体を回って署名をもらったり。そういう現役の若いお母さんたちが何か運動してくるっていうのが（行政からすれば）ちょっとびっくりしたというか、稀な例だったみたいで。（中略）その後、子育て支援に力を入れますっていう市長が当選して、行政的には協働がちょっと流行った頃。うん、どんな子育て支援をやろうかなっていうことで模索してたんだと思うんですけども、ちょっと話を聞かせてくれということで。NPO 法が施行されて、何かそういう地域活動みたいなものが結構組織化されて活動する人たちもたくさんいるっていうところで、はい。（中略）それで行政に呼ばれて話をして、市長のトップダウンで「勢いのあるお母さんたちがいるなら地域住民と協働でやらせたら良いじゃな

い」ってなって、モデル事業をすることになって。（中略）行政の人に言われて、何人かのお母さんと、その当時の別地域の取組が先行する広場に見学に行かせていただいたり、（中略）行政も私達を（行政の）職員として雇用してやるとかじゃなくて、NPO団体みたいなのを作ってもらって、その人たちでやってもらおうみたいな雰囲気があったんですけど。

またHさんは、子育て支援拠点を市の全区で作ると決まった後に、区が主催するワークショップがあり、そこに参加したという。参加者には、子育て当事者や支援者が多くおり、当時、行政としては、参加者の市民の中から、地域子育て支援を担う人材、団体を養成したいという思いがあったのではないか、と振り返った。

　Hさん：行政的には、（ワークショップ参加者の）そのなかから、支援を担ってくれる人、団体を見つけて育てたいという思惑もあったみたいですね。（地域子育てを進めたいが）手上げしてくれる人、団体がいないんじゃないって心配してて。（中略）結果的に、その目論見にまあ乗ったようなかたちで、（自分たちがその後に立ち上げた）団体が、拠点の事業を受託して運営した。

さらに、Gさんは、自分の子育てについて悩みや葛藤を抱えていたとき、市民団体が主催した地元の子育て関係のフォーラムに参画したところ、行政職員もおり、当時、協働の理念が広がるなか、市民と行政が一緒に何かを作ることを経験し、そのときの経験が、のちに子育て支援拠点を作って行政と一緒にやっていくことにつながったと語った。

　Gさん：（フォーラムに参加して）市役所と一緒に作る、という感覚を始めて持ったんですよね。一緒に汗をかき、職員も足を運んで、行政と市民が一緒に作ることを経験して。市役所と自分たち（市民）が、対等にひな壇に上がる。すごい経験だった。そのときの経験、感覚が、拠点を作るときにも生きた。行政と市民社会が一緒に作っていけるんだなってことを実感しました。

〈考察〉

本調査のインタビューで何人かが語っている「協働」[2]とは、官と民が対等な立場で特定の政策課題について協働することを意味する。子育て支援の文脈に即していえば、NPO など「民」と、子育て行政を所管する「官」が、対等な立場で、子育て支援の拡充・充実という共通の社会課題のために、協力して働くことを含意する。

日本では 1990 年代以降、協働という概念が社会的に注目され始めた（小田切 2017：150）。地域の子育て支援 NPO が本格的に誕生し始めた 2000 年代は、協働の意識がより社会に広がりつつあり、実際に子育て支援 NPO の立ち上げの際に、民と官、双方にその意識が少なからずあったであろうことが、今回のインタビュー調査からもみえてきた。ただ、協働の実態や、協働によってもたらされる影響には、留意を要するだろう。

一般に、NPO が行政の事業を安価で受託することは、新公共経営（New Public Management; 通称 NPM）などの潮流の下、NPO が行政の下請けになってしまっているとの懸念や、行政優位の主従関係に陥りやすいといった指摘がある（例えば、小田切 2018：103-104）。

また、協働や事業委託が NPO 側に与える影響としては、財源の安定化、社会的評価の向上、アドボカシー機能の強化など良い影響が指摘される一方、自律性の喪失、財政運営の不確実性、行政のエージェンシー（代理人）化など、悪い影響も懸念されている（例えば、村田 2009；小田切 2017）[3]。さらに須田（2011）は、非営利組織が、行政の存在ゆえに安定性や包括性を高める一方で、自律性を発揮できないジレンマに陥っていることを指摘する。

この点、地域の子育て支援 NPO は、もともと「民」で子育て中の母親たちなどが子育ての場所や支援を求めて成立、拡大してきた性格が強く、従来「官」たる行政が担ってきたサービスを民間に委託するわけではない。しかし、子育てが、子育ての社会化の理念などによって公共的性格を強めるなか、行政が本来行うべき役割を代わりに安上がりに委託されているという側面では、行政の下請け化という批判は当たっているだろう。さらに、形式上は対等な関係だとしても、予算、法の権限、行政機関・職員など巨大な権力や社会資源を握るのは公権力たる行政側であり、子育て支援 NPO 側は、資源などで行政に依存せざるを得ない、不利な立場にあることには変わりない。と

りわけ、政治権力が男性に集中し、育児が私的な家族問題とされがちで政治争点になりづらかった（宮本 2021）とされる日本社会において、特に支持基盤などを持たない、地域の子育て中の女性から構成された子育て支援 NPO は、権力や権限からは遠い位置にあり、行政とは対等な立場とは言い難いものだっただろう。

③女性のキャリア（本人にとっての仕事や社会参画）

まず D さんは、当時、結婚・出産・子育てで働きたくても仕事をやめざるを得ない状況にあった母親たちが、子育て支援 NPO の活動を通して、働きたい思いを実現したり、それぞれのスキルを発揮できたと言う。

> D さん：私もうちの夫にはよく言ってたんですけど、「社会に対する私は復讐だと思ってやってんだよ」とか言って。仕事したかったんですけど、なかなかね職場の方が、子育てしながら働く女性ってまだ一般的でなくて、私は結婚しても辞めない第 1 号、産休初めて取った人で、それでも（周りからは）辞めないのかなみたいな、そういう感じで。（それで結局その後辞めることになったが）働きたいけど働けない、このエネルギーをどこにぶつけたらいいのっていう。今だと皆さん仕事継続するのが逆に当たり前だから、そういう人材がなかなか地域にはいないっていう別の課題もありますけど、その当時は本当に（働きたいけど働けないママが）いっぱいいて、そういう人たちがそれぞれのスキルを発揮してですね、やったんです。

続いて E さんは、当時、協働の考え方の広がるなか、自分たち「民」が子育て支援を担っていこうという思いがあったと共に、子育てのために仕事を辞めたなか、子育てや家庭を大事にしながら仕事や社会参画できる職場や居場所を作りたいという思いがあったとも振り返った。

> E さん：協働って言葉を初めて知って。（中略）ロビー活動みたいなことや要望してるだけじゃダメ、民の力を入れていかないと無理なんだなって感じたっていうのがあります。あとは、個人のことで言うと、子育てで

仕事を辞めてM字型のタイプで、地方から引っ越してきたんですけど、頼れるとこもなく、支援してもらえる親戚とか実家も遠いし、子ども育てながらだとフルタイムで働くっていうのが相当厳しいなか、どうやって社会参加していくかとか仕事に戻ってくかっていうのが課題としてもあったときに、子育てとか家庭を大事にしながら仕事をするとか社会参画するっていうことが実現できる場を、自分たちで作ろうと思ったというか。社会をなんとかしたいみたいな気持ちも全員あったかなとは思いますけど。

〈考察〉

　子育て支援NPOの立ち上げが、子育て支援を充実させたいという社会的な意味だけでなく、母親たち自身にとって、子育てで一度断絶した、仕事や社会参画を取り戻すという意味があったという。すなわち、地域の子育て支援NPOが、当時、一般企業では子育てをしながら働くことが難しいなか、子育て中の母親にとって、子育てや家庭を大事にしながら再び仕事や社会参画を実現するべく、自分たちで作り上げていった場という性格を帯びているといえる。この点、先行研究でも、地域子育て支援事業を通じて、女性たちが社会的・経済的・政治的にエンパワメントされてきた側面が指摘される（相馬・堀2016）。

　他方で、報酬面や労働環境などで課題は多い。例えば、内閣府（2018）によれば、NPO法人の常勤職員は、平均年収231万円にとどまる。NPO法人は、男性稼ぎ手モデルが根強い日本社会で、かかる役割を負わない女性にとっては、仕事・キャリア獲得などの自己実現、社会参画、社会貢献を通した充足感が得られる部分があろう。また家計補助的、あるいは柔軟な働き方を望む者もおり、一般企業に比べて融通が利きやすいNPOの労働環境は必ずしも悪くないかもしれない。さらにNPOでの就労は、「出産や育児によっていったん離職した女性たちが、地域の子育て支援や高齢者支援のための地域活動に参加することにより、社会活動キャリアを蓄積し」、「収入をともなった仕事に就きたいという女性の再就職を可能にする」（野依2012：96）とも指摘されてる。

　他方、報酬が不十分なままでは、「女性によるNPO活動が広がっていく

第Ⅲ部　NPO 編

という状況は、新たなアンペイド・ワークへの囲い込みに繋がりかねないという危険性もはらんでいる」（羽田 2007：110）と懸念されている。さらに鈴木（2017）の調査によれば、「活動やミッション、団体への思いの維持」が課題であり、職場の雰囲気など就労環境の満足度が女性の就業継続の意向に関係するという。

　本調査の子育て支援 NPO 職員も、子育て支援への強い思いは随所に現れており、先述のように、（再度の）仕事やキャリア獲得を通した自己実現や社会参画・社会貢献という側面が、活動の動機になっていた。しかし、報酬や働き方に満足しているという声は聞かれなかった。

　子育てやその支援は、もともと私的領域、家族の問題とされてきた。現在も、地域の子育てを支えるものとして制度に位置づけられながら、その専門性が報酬によって十分に評価されず、「低賃金のワーク」に位置づけられている（相馬 2020：194）。しかし、子育ての社会化や、子育て支援 NPO が公共的性格を増していることを踏まえると、思いの維持や就労継続を可能とするだけの報酬、就労環境の向上・改善、そのための社会資源の投資が強く望まれる。

（2）拡大期の要因・戦略

　では、成立期に続く拡大期には、どんな要因・戦略が重視されたのだろうか。この点、①市民と行政の協働要因、②その他のサポート源、③葛藤や課題、という大きく 3 点にわけることができた。以下、順番に論じる。

①市民と行政の協働要因

　まず多く語られたのが、行政との関係であった。協働という言葉の「追い風」があったと F さんは語った。設立当時の 2000 年代はじめ、子育て支援の「追い風」があり、そのチャンスに乗ってきたところがあるという。

　　F さん：（設立当時）担当課の課長さんと私で子育て拠点や広場が必要って
　　　話してたときは、ちょうど結構、追い風というか、すごい市長がそのこ
　　　とを考えているときで、何か言えば言うほど叶うみたいな時期があった
　　　んですよね。だからここまで来てるんだとは思うんですけど。何か、そ

のやっぱりチャンスに乗っかってたみたいなところはちょっとあるかな。

　Ｆさんは、当時を、「追い風というか、すごい市長がそのことを考えているときで、何か言えば言うほど叶うみたいな時期」と振り返っていた。社会全体の雰囲気として、また、特に地域子育ての分野では、行政がサービスを提供できていないなかで、急速に拡大する地域子育て支援ニーズに応えるべく、行政としてもNPOとの協働を考えていた側面があろう。もっとも、子育て支援NPOと行政との関係は単純なものではなく、そのつど戦略を立てて行政に働きかけ、様々な駆け引き・やり取りがあり、時に二人三脚で、時に反発・決裂しながら、行政と歩んできたという実態が浮かび上がってきた。

　続いて、Ａさんは、活動開始後「行政からいきなりお金をもらうのは難しそう」なので、自主事業として空き家を借りて活動を開始したところ、反響が大きく、行政からも見学が来るようになったという。「ぜひ事業化してほしい」と行政にお願いしたところ、一度断られたが、その後、子育て支援や官民の協働に理解のある市長に変わった追い風もあり、行政の事業として補助金が付くようになったという。

　Ａさんは、NPOと行政の協働の意義や、NPOが果たすべき役割について次のように語った。

　Ａさん：行政とNPOとで、お互いがやることで支援の幅を広げるっていう意味で、協働が非常に盛んだったっていうことがあります。（中略）一方で、私たちも行政の委託だけではなくて、NPOとして行政がお金を付けにくいところ。そのはざまの部分っていうところ。それはたくさんやりたい、やらなければいけない。課題はたくさん、次々、生まれるわけですね。そっちは民間の助成金をまず取って、それでモデル的にやって、そしてそれを走りだすような形で、スタートするっていう形で。

　　そのスタートするときに、これが民間で自主事業でやるべきものなのか、それとも行政によってそれをちゃんと委託とか補助金でお金をいただいたほうがいいのか。それとも、企業と連携してやったほうがいいのか。その辺の選択はやっぱり、やってきたんですね。はざまのことはずっと出てくるんで。（中略）そんなふうに足りないところを掘ってい

第Ⅲ部　NPO編

くっていうことは、NPO として非常に大事だっていうふうには思っています。

　A さんは、行政と NPO が協働することで支援の幅が広がることを肯定的にとらえつつも、NPO としては、行政の委託だけではなく、支援のはざまや足りないところを見つけて取り組まなければならないこと、連携先やどのようにやるべきか選択することの重要性を語った。

　さらに、NPO が公的な事業を担うこと、地域の中にそうした市民活動があることの意義について、A さんは次のように語った。

A さん：NPO として公的な事業を担えるっていうところの力を付けていくっていうことが非常に大事で、私は NPO さんたちがこの事業を通じて非常に事業運営をしていける団体に育ってきたって思っています。(中略) 行政にはいろいろ事業があるとは思うんですけれども、市民活動団体を活用していただきたいと思うんですね。市民活動団体は長く活動ができるので、その地域で。そうすると、いろいろ制度が変わったりとか、状況が変わっても、ちゃんとそこに根付いて責任を持ってやってく。だから、やっぱり私たちも覚悟がいるんです。地域に根差してどっぷり漬かって仕事をしてますから、地域の人たちからちゃんと評価されるっていうことが大事ですし、皆さんの活動があってよかったって言ってもらえないと受託もできないっていうことになりますのでね。なので、やっぱり覚悟を決めて地域で活動しております。

　こういった団体がたくさんいることが、最終的には子育て家庭にとってプラスになる。行政だけではできないっていうところも、やっていけるっていうことがあると思うので、そういった市民活動団体をたくさん生み出していかなきゃいけないんじゃないかなって思います。(中略) 地域にそういった市民活動団体が根付いてるっていうことが、行政にとっても絶対プラスになると思うんですね。行政の人たちはやっぱり異動もあるし、同じとこにずっといらっしゃらないのでね。そういう意味で、やっぱり覚悟を決められるような、そういう NPO さんが地域にちゃんといるって、それは市にとって本当に大事なことだって思いますので、

ここは何とか全国にもっともっと広げていきたいところですね。

　また、Ｂさんは、設立当時、自分たちが素人集団で、手のかかる団体だったが、その分、行政が力になってくれ、すごく助けてもらったと振り返った。

　Ｂさん：結構本当、私としては役所の人たち、市役所の人たちにはすごく
　　助けていただいたっていう思いがあります。市が何をやってくれないと
　　か、何とかっていうことではなく、こういうことをやりたいんだけどっ
　　ていう、相談して、一緒にやりませんかっていうような持っていき方を
　　今もするんですけど、（行政側も）こういうことを考えてるんだけど、ど
　　う思う？みたいな感じで、意外と力になってアイディアをくれたり。足
　　りないところはもちろんありますよ、なんか本当に裏でしか動かないな
　　とか思ったりとか、なんでこんなに遅いのかなとか思ったりとか、あり
　　ますけど。（行政職員の）１人１人顔が見えて、その担当の人たちが思っ
　　てることって実はこういうふうに思ってるんだよねって、親しくなって
　　いくと話してくれたりとかもするし。

　また、市役所に足繁く通ったり、こまめに連絡を取ったのかを尋ねると、
次のように語った。

　Ｂさん：うん、めちゃめちゃ通いましたね。うん。泣きついたりもしたし、
　　裏で相談してましたね。（中略）うちは、手のかかる団体からスタートし
　　てるので、素人さんたちの手のかかる団体だなっていうことで、（行政
　　も）割と頑張って力を注いでくれたかなと思ってます。最近は、（自分た
　　ちは）いい感じでうまいこといっちゃってるので、担当さんたちがあん
　　まり来てくれない、どっちかっていうと前はすごく頼りになってたんだ
　　けど、なんか逆になっている。
　　　市役所職員が代替わりすると、前からある（うちの）施設に相談しよ
　　うみたいな感じになってきたんで、ちょっと何か関係性が変わってきて
　　る。最初は、おそらく多分手のかかる団体だから、力のある担当者をつ
　　けてくれたんじゃないかなって思ったりします。

197

第Ⅲ部　NPO 編

　また F さんは、行政の力だけではできないこと、他方で、NPO だけでは
うまくできないこともあり、NPO と行政がお互いをよく理解し、補完し合
うことの重要性を語った。

　F さん：行政の力だけではできないっていうところがあって、うまく民間
　　　を使ってほしいと、私はずっといつも言ってるんですけれども。お互い
　　　に立場を、何て言うか、わかり合いながらうまくやってもらえるといい
　　　かなっていうのが、一番思いますよね。
　　　　そのためには、やっぱり相手を知らなきゃいけないので、行政の人た
　　　ちに私達がどういう状況に置かれていて、どこが強みなのか、知ってほ
　　　しいと思いますし、私達も逆に、行政だったらここはどうにか力ででき
　　　るけど、ここはできない、例えば妊婦の人たちを支援したいと思っても
　　　なかなか私達だけでは難しかったりするので、行政でやっている事業み
　　　たいなところに、子育て拠点や広場がありますよっていうのをお知らせ
　　　してもらえると良いんですけどね。

　さらに F さんは、行政からの受託を受けている以上、仕様書通りにすると
いったことが翌年度以降も予算をつけてもらうため、団体の財政基盤として
も重要である一方、そのことが団体設立時の、民間の力を生かすといった想
いを自由に実現する上で活動の制約になっていること、周りから行政の受託
ばかりしている団体とみられるといった、ジレンマや葛藤があるとも語った。

　F さん：うちも委託事業がほとんどなので、できれば寄付とか何とかって
　　　いうところの NPO としてちゃんとやっていかないけないところはある
　　　んですけれども、やっぱり行政の仕事をしているっていうところでは、
　　　仕様書をわきまえながらちゃんと予算をつけてもらえるように、（別のこ
　　　とを）やりたくてもちょっと我慢したりとかしながらですね、うん。何
　　　かそこは、ちょっと途中からやっぱり（民間の力を生かしたいっていう当
　　　初の）考え方が変わっていった部分もあるかなっていうのは、あります
　　　ね。だからちょっと、多分周りから見たら、行政の仕事ばっかりしてる
　　　みたいな。

198

続いて、Bさんは、行政と協働していくなかで苦労した点として、行政の仕組み、どこに、誰に話を通せばいいのか、最初はまったくわからなかったと語った。

> Bさん：苦労した点は本当に何かまず仕組みがよくわかってなかった。だから話を、どこに通せばいいのかとか、誰に言えばいいのかとか。

NPOを立ち上げた多くの子育て当事者は、行政と協働したいという思いはあっても、公務員でもない限りは、行政の仕組みや行動原理、行政文化などを理解しておらず、行政と何かを一緒にやった経験がない方が多い。換言すれば、行政の仕組みや行政とのつき合い方を教えたり、寄り添って助言をしてくれる方やメンターがいるかどうかが、大きな分かれ目になるといえる。

またEさんは、行政との関係が、設立時は、一緒に何かを立ち上げていこうという機運や市民活動を応援してくれる感があり、市民と行政が対等な感じだったが、近年は、協働の理念の形骸化や、関係が対等ではなくなりつつあるように感じるという。

> Eさん：（設立時は）本当に応援してくれた感じがあって、行政の方はもう課長レベルの方がみんな思いがあって、市民が熱心に何かやろうとすることを応援してくれたし、一緒に何か立ち上げていくっていうふうに思うんですね。何かすごく協働の手応えがあったというか。ただ年月が経つにつれて、やっぱり形骸化してくるというか。最近の方が、本当にうまくいってなくて。担当者が変わったりだとか、それも大きいと思いますけど。
>
> （中略）行政と民間の力の協働とかって言いつつも、実際それは本当に最初だけとか、もしくは形骸化していて、実際はもう丸投げされていたりとか。なんか全然こっちに寄り添ったりだとか、こっちの計画を一緒に検討して、ここがいいよとかっていうそういうフィードバックとかも全然ないとか。平行線のまま進んでいくっていう感じなんですね。中身の相談をいくら持ちかけても最近なんか全然聞いてもらえなくて。

第Ⅲ部　NPO 編

　またＪさんは、信頼関係を築く上で大切にしていることとして、「こまめ
な情報提供、こまめに顔を出す」ことを語った。
　さらにＨさんは、ワークショップを経て、ある意味、行政に養成されて
子育て事業を始めたものの、活動所は、行政との連携や情報共有の程度がわ
からず戸惑ったという。だが、行政ができないことをするということに注力
した結果、行政と補完し合う関係に徐々になったと語った。

　　Ｈさん：最初は、どこまで行政、保健師と、拠点の現場で連携、情報共有
　　すればいいか戸惑いがありました。（中略）行政がやりたいけれどもでき
　　ない、手が届かないところを汲み取るように、聞き漏らさないように気
　　を付けて、会議でもそこを聞き漏らさないように。（行政ができない）そ
　　こを自分たちができないか、担えないか。（中略）行政と、お互いにでき
　　ないところ、苦手なところを支え合う、補完し合う関係が、今は築けて
　　いると思います。

〈考察〉
　NPO の戦略は、活動分野（業界）の特徴、各団体の規模や方針などによっ
て異なるが、本調査でみてきた子育て支援 NPO の拡大期までの特徴として
は、以下のようになる。
　まず、子育て中の女性や専業主婦の母親が中心で、法人格も持たない任意
団体のグループとしてスタートしている。支持基盤になるような特定の利益
団体・政党・有力者とのネットワーク、財政基盤、マンパワー（人員）、活
動拠点などを持っているわけでもなかった。いわば、市民による草の根活動
から徐々に広がり、行政から事業を受託するにあたり法人格が必要となった、
などの理由で事後的に法人化し、組織を整えていった。明確な戦略や方針が
あったわけでなく、活動を拡大させていくなか、地域に子育ての場所をつく
るという活動開始時の想い（ミッション）を実現する上で、行政の協力や支
援が欠かせないことがわかり、なかば必要に迫られて行政への働きかけ（ロ
ビイング）を行っている。
　奇しくも、行政としても、地域の子育ての場所であり、協働の潮流のなか、
市民団体にその役割を委ねたいという思惑があったようだ。そうした行政側

の思惑や協働の波や「追い風」にある意味ではうまく乗り、時に議論を交わしつつも、大枠では行政側と合意に至り、二人三脚で「協働」していった部分が少なくないと評価できる。

　その点で、利益団体が自分たちに有利な政策を引き出そうと働きかける一般的なロビイングと比べると、行政との距離の近さ（協働によるある種の一体感）や、子ども・子育てという誰にとっても少なからず身近で公共的な性格を持つテーマ性などから、子育て支援NPOでは、少なくとも成立・拡大期においてロビイングは必ずしも重要な戦略であったとは言い難い（もっとも、2010年代以降、子ども・子育てが一層社会的に重要な政策課題となったのちは、例えば、子ども・子育て支援制度などをめぐり、成熟期を迎えた子ども子育て支援NPOやそのネットワークによる多様なロビイング戦略が増えている。原田〔2020〕も、ロビイング戦略の多様化や、「アウトサイドからインサイド」という大局的な変化について指摘するが、本章では紙幅の関係から扱わない）。

　実際に、本調査対象のケースから確認されたロビイング戦略をみると、A団体が子育てに関する市民の声を聞きたいという行政のニーズに応えるかたちで実態調査を行い、その報告書を提出したこと以外には、インサイド戦略は確認されなかった。先述のように、NPOと行政（地方自治体）の協働が大きく作用していたことからすれば、妥当な結果といえるかもしれない。また、アウトサイド戦略も、ネットワーク化による意見集約や実態調査はあったものの団体の成立・拡大に大きな影響を与えるものではなかった。協働のなかでの行政とのやりとりを除けば、ロビイング活動は全体として低調だった（もっとも、先述のように、その後、団体の成熟化や、子ども・子育てが重要な政策課題となるなかでは、本調査対象のケースのNPOもロビイング戦略を拡大していくことになるが、別稿に譲る）。

　また、議員への働きかけは皆無だった（議員が見学に来たことは確認されたが、あくまで見学のみで働きかけは無し）。議員（政治）は基本的に後景に退いていた。このような結果になったのは、この時期の地域子育て支援が、NPOと行政の協働、NPOと行政という2者の関係にのみ基づいていたからだろう。他方で、NPOも関係する通常の行政・政策が、議員（議会）―行政―NPOという3者からなっていることに照らせば、その一角をなす議員が現れないのは特徴的ともいえる。こうした背景としては、子育てが私的領

第Ⅲ部　NPO 編

域の問題とみなされ、とりわけ、女性に偏るなかで、多くの政党・議員が、今日ほど関心を示さなかったことなどが考えられる。

　反対に、行政は地域の子育て支援の必要性を早くから強く感じていたように見える。別言すれば、地域住民に身近なところで、核家族化、共働き世帯の増加、子育て世帯の孤立、児童虐待などに直面し、地域における子育て支援のニーズや対策の必要を感じていた行政は、多くのケースでは協力的で、当時、協働の「追い風」があったこともあり、子育て支援 NPO の成立・拡大期がうまくいった要因の１つといえるだろう。但し、このあたりの行政の思惑は先行研究では明らかになっておらず、今後、行政側へのインタビュー調査などから、より詳細に明らかにしていく必要があるだろう。

　②その他のサポート源

　次に、子育て支援 NPO の成立・拡大期を支えた要因として、行政との協働（行政主催のワークショップなどを含む）以外に本調査から浮かび上がってきたのは、子育て支援 NPO のネットワークや、地域の周りの人からの助言、サポートなどであった。

　まず、B さんは、当初の団体（NPO）設立時に、反対する声や対立構造があったりしてうまく行かずに行き詰ったことがあったが、地域活動の仕組みに長けた人から、一度団体を解散し、理事会メンバーに地域で力のある人などを入れて仕切り直すように助言があり、実際にそのようにしたところ、途端に風向きが大きく変わり、うまくいくようになったという。すなわち、地域の有力者やキーパーソンを団体に取り込み、味方にすることで、反対する声や対立構造がなくなり、さらに地域のいろんな人、社会資源、サポートにつながりやすくなったという。また、個人的な知り合い関係やネットワークが利いてきて、団体が地域でうまく活動できるようになったという。

　換言すれば、地域で活動していく上では、子育ての社会化や地域の子育て支援といった理念を掲げることより、むしろ、個人的な知り合い関係やネットワークが利いてくると振り返った。

　　B さん：地域の方で、その辺の仕組みみたいなのにやっぱり長けた方がいらっしゃって、じっくり話を聞こうじゃないかと言われて、話をしたん

です。そこで、1回 NPO の理事会っていうのを解散させろ、一旦解散した上で、その地域の人たちがこういう状況だから助けてくれって言って（作り直せと）。1回全部白紙にして、作り直すと、対立構造とかが消える、と。そうすると、結果的に、仕切り直した前よりも、むしろ強くなったというか良くなった。地域に顔が利くような方々もメンバーに参画することによって、文句のない理事会を作り上げちゃったんです。そのなかには、いろんなイベントとかを地域でやってる人がいるので、はい、その人たちと話をして一緒にやろうとあとはこんなことをやりたいんだけどって言ったら、そういう人と繋いでくれたりとか、すごい力になって。（中略）その地域のキーパーソンとか気になってくるネットワークとうまく繋がってるんです。個人的に知り合っていくっていうのが、やっぱり大事で、地域なんか特に利いてきますね。

さらに B さんは、子育て当事者であり、その地域に住んでいるために、何か問題や事故などが起きたときのリスクが大きいので不安だったとも語った。

B さん：難しいのはやっぱり、地域で力のある方たちっていろんなところにネットワークが広がっているので、例えば小学校に子どもを行かせてるお母さんとかも（うちで）働いてたり、中学校に行かせてるお母さんたちも（うちで）スタッフとして働いていた。ここで何か問題を起こすと、（子どもの学校生活とか、いろんな地域での社会関係とか）そっちにも影響するとかあるじゃないですか。いろんなとこで出会った子どもが絡んでくるとか、昔から住んでると、お姑さんとか、何かいろんな人が絡んで地域の関係性ができているから、こっちが正しいと思ったって言わないっていう状況があり、今思うと向こうの味方なんだろうっていう状況に見えたので、もうそれで引っ越すしかないかなっていうぐらい思ったときもあった。

続いて、D さんは、子育て当事者で、福祉や保健の専門家でもない素人集団だったが、行政主催のワークショップでは、地域の重鎮、社会起業家、子ども関係に取り組む方など、いろんな横のつながりができたり、アドバイス

第Ⅲ部　NPO 編

を受けたりしたという。

> Dさん：ワークショップに一緒に参加した、なんか今で言うその社会的
> 起業家みたいな、そういうアントレプレナーみたいな方との、その横の
> つながりとか、その同じ立場からの方から受けるし、刺激とかっていう
> のも大きかったですね。あと、プレーパークをやってたとか、学童の連
> 絡会のリーダーをやってた人とか、長年の子どもの活動してた人たちが
> 入ってました。だからすごい心強かったんですよ。今は子ども・子育て
> ネットワークとかね、そういうつながる場もあったんですけど、当時は
> なかったので。とにかくまずそういう人たちも集まってくるのが魅力で、
> そういうのもあって、その行政との渡り合い方みたいなのや、アドバイ
> スもらったりだとか、教えてもらったりとかっていうふうに。

　さらにDさんは、拡大期は、子育て支援NPOのネットワークや、そこで
の研修の学び、情報交換、お互いに助け合う・教え合うことなどが大きな助
けになったと語った。

> Dさん：全国的に（子育てNPOが）たくさんできて、何ていうかみんな素
> 人から始めてるんだけど、始めると、今でこそDVって言葉もあります
> けど、その当時はあまり一般的じゃなかったけど、いろんなものを抱え
> た人とか、虐待まではいかないけど育児不安な人とか、いろんなことが
> 出てくるじゃないですか。（全国組織は）そこでやっぱり研修も必要だっ
> てことで、私達もそういうところで勉強もさせてもらいながら、一緒に
> 情報も交換しながら、本当に情報を隠さず、みんなどうやったらいいか
> お互いに教え合って高めていこうっていうのがすごくて。本当にみんな
> 出し惜しみなくね、うちはこうやってるよっていう情報交換が、本当に
> すごかったんですよ。（その後、活動が拡大し、地域子育て支援拠点事業
> が）第2種社会福祉事業になったのも、そういったことや、ネットワー
> クの尽力が大きかったんじゃないかなと思いますね。

　またCさんは、NPO立ち上げ時は、行政への要望の働きかけや、なんと

か関係性を作ろうと、乳幼児を連れて市役所の窓口に行ったり、非公式な会食の機会でなんとか思いを伝えたり、地域の祭りなど行政の管理職や、地域の有力者がくるところに顔を出し、根気強くロビイングを行ったという。また、同じ地域で活躍する子育て分野以外のNPOや、学識者が応援してくれ、役所の人に自分たちの信用を与えてくれたことも有効だったという。

　　Cさん：あと、他の分野の人たちが応援してくれたりすることが大きいので、はい。防災とかで繋がってる他の分野の人たちが、そこそこ子育て頑張ってるよねって、子育てのNPO頑張れって言ってくれてたりとか、学識者の先生とか他の分野のNPOさんとかがお役所の人にちゃんと信用を与えてくれた。

　Gさんは、実際、子育て支援拠点を始めてみると、行政の役割分担や、どうすれば協働となるのか、手探り状態だったという。当時、行政側も、これまで協働の経験がないため、相談しても話が通らず、苦労した。そんなときに、同じ子育て団体のネットワークの勉強会や他の団体の仲間からの話が、行政との付き合い方や自分たち市民発の団体の社会的な役割を確認し、活動する上で有益だったと振り返った。

　　Gさん：行政との付き合い方だったり、あと、自分たちは当事者に成り代わって仕事をしている意識、市民の意識を代弁したり、声を届けたりすることが自分たちの役割だと（認識を持つようになった）。行政と何かをするときも、「市民」っていうのが主語であることや、市民が見て分かるか？という意識を持つように。
　　　（中略）他の団体と連携することの強みとして、（子育て支援NPOは）市民が立ち上げたような団体が多いので、得意な分野、不得意な分野がそれぞれあるんですよね。あるところは、子育てだったり、街づくりだったり。それぞれの立場の強みや、情報が長けている、得意、不得意があるので、それぞれ助け合うことが大切ですよね。
　　　拠点については、基本なんでもやるので、やらないという選択肢はないので、分からないところを他の団体から学んだり教え合ったり支え合っ

第Ⅲ部　NPO 編

たり、力を貸し合うことがすごい重要で。実績のある経験豊富なところ
から教えてもらうことが大切。

　また A さんは、自分たちの団体の運営だけでなく、NPO 間のネットワー
ク化や研修など、事業の質の向上にも積極的に関与したが、その狙いを次の
ように語った。

　A さん：この事業を量的にも質的にも全国にうまく広げていくっていう
　　　ことですよね。私たち、やはり当事者からスタートした NPO ですので、
　　　利用者の親子への寄り添いっていうところが非常に重視した点でもあり
　　　ます。当事者性みたいなところですね。それで、こういった場所がニー
　　　ズもありますが、やはりハードルの高さもきっとあるだろう。今でもこ
　　　ういうところに来る人はいいよねって言われがちなんですが、来てる人
　　　たちにもいろいろ課題もあるんですよねって。
　　　（中略）この事業をうまく定着させていくことで、全国の子育て親子に
　　　とって、やっぱりここがあってよかったねって。親同士のピアサポート
　　　の部分とか、それから地域との連携の部分だとか、地域を知るとかです
　　　ね。あと、いろんな地域情報、行政情報、支援情報もしっかりと確保し
　　　て、親だけでなくて、いろんな支援サービスをうまく活用したり、親同
　　　士のネットワークもつくったりしながら、地域で子育てしてってほしい
　　　なっていう、そういう思いが詰まってると思います。

　また A さんは、行政計画を立てるにあたり子育てに関する意見が欲しいと
いう行政のニーズに対して、ネットワークが中心になって声を集め、意見書
を提出したところ、そのことがきっかけで、行政の子育て関係の委員会に
ネットワークから委員を輩出するようになったと語った。

　A さん：パブコメみたいなのをやりますよね。子育てのところでも意見が
　　　欲しいっていう話があって、「分かりました。そしたら子育て世代の声を
　　　集めますよ」って、私たちネットワークで。（中略）集まった声をすごい
　　　分析して、居場所系とか、公園系とか、全部まとめをして、こういった

意見が何件ありました、みたいなことを分かりやすい図に表して、副市長に手渡しに行ったんですね。それをちゃんとマスコミも呼んで取材してもらったりして。お母さんたちが意見書を出してました、みたいな。

（中略）要するに、数なんですよね。やっぱり数はものを言うじゃないんですけど、ネットワークをつくるっていうことは非常に力になるんだなっていうことを思ったんですね。（中略）いろんな市の子育て関係の委員会にネットワークから人を出してくださいという形でお声が掛かるようになったんですね。

〈考察〉

　子育て支援NPOは、子育て支援中の母親たちによる地域活動から産声を上げた取組であり、財政基盤などを持たない脆弱な団体であった分、ネットワーク化してまとまることで、お互いに相談・助言をしたり、ノウハウを共有したりして、草の根から活動を広げていったといえる（のちに、成熟期には、ネットワークとして、ロビイング戦略にも進出していく）。いわば、自分たちの弱さを強さに変える（ネットワーク化や、地域に近いからこそ地域の人材や社会資源とつながり、活用する）。また、もともと地域に根ざした子育て当事者で顔も多少効くことを生かし、地域の様々な人材など社会資源への働きかけや連携にも力を入れていた。

　別言すれば、子育て支援NPOが、行政との協働の他に、重視した戦略の1点目が、同じ子育て支援NPO同士の横のつながりであるネットワーク化、そして2点目が、地域の様々な人材をはじめとする社会資源への働きかけ、地域資源との連携である。

　1点目については、志を同じくする仲間とまとまることで個々の団体は小さくとも自分たちのプレゼンスを高め、また、実務上のノウハウなどを共有して互いに助け合うことにつながっている。また、2点目については、もともと地域に根ざした子育て当事者であるということを生かし、地域の様々な人材とつながり、連携することで、地域外の企業などにはない、地域子育て上での固有の強みを発揮している。こうした、地域の子育て支援NPOならではの戦略は、子育て支援NPOの成立・拡大期を支えた重要な要因であるといえる。

第Ⅲ部　NPO編

③葛藤や課題

　次に、どんな葛藤や課題があるのか。当時、（および、現在も続く）課題として、多くの子育て支援NPOは、子育てが社会的に注目され、公的な性格を強める一方、財政・経営基盤が脆弱な状態が続き、さらに、世代交代や人手不足などによって人材やノウハウも乏しく、苦心している実態が浮かび上がった。

　まずFさんは、現在活躍している子育て支援NPOの多くが、主に2000年代前半に誕生しているが、20年あまり経過するなか、当時子育て当事者で30代〜40代だった設立時のメンバーの多くが60歳前後で定年を迎え、メンバーの世代交代や入れ替わりがここ数年で進んでいると語った。Fさんによれば、自分たちの想いやミッションが後に続く人たちになかなか継承されていないこと、資金面に懸念があるため学校を出た若い人の正社員の就職先として選ばれずに人材の確保や継続性・定着が課題になっていること、子育て支援の「追い風」がいつまで続くかもわからないこと、等が課題だという。

　　Fさん：（設立時の）これをやっていくんだうちは、っていうその想いっていうか、ミッションっていうか、理念っていうか、そこは毎回スタッフ全員で方向性を一緒にしていくっていうのは必要かなって思うんですけれども、ただやっぱり最初、もう20年前のメンバーと今のメンバーもだいぶ変わってきていて、その思いがなかなか継承されていない。（中略）
　　　私も最初始めた頃はね、30代〜40代で始めて、もう定年に近い年に今なっているときに、この先も今のメンバーが続くわけではないわけで、どんどん介護で辞めていったりとか、いろんな状況がやっぱり出てきてしまうし、かといって若い人たちが入るかっていうと、この分野には保育園とかね幼稚園とかは大学卒業してすぐ入るっていう就職場所にはなるけど、うちは、そこまででもやっぱり資金面では難しいので、人的なものの継続はちょっとまず難しいのかなと思う。一番、うちの課題ではありますよね。

　Fさんが語るように、現状は、扶養の範囲内で働く非正規職員が多く、そ

ういった働き方を望む人にとって受け皿になっているものの、待遇や責任を伴う正社員は限られ、メンバーの入れ替わりも激しく、今後さらに進んでいくなかで、団体の設立時の想いやミッションの継続性、団体を担う人材の確保や育成が課題であることが浮かび上がってきた。

　またDさんは、団体の運営や職員の待遇面の課題については、子育て支援NPOの「社会的責任」が、かつてよりしっかり位置づけられてきたこと、一方、財政面や待遇面が改善されないまま、例えば個人情報の管理、研修の実施など求められている役割や責任ばかりが増え、苦慮していることを語った。

　Dさん：（ここ数年で子育て支援NPOの）社会的責任がしっかりと位置づけられてきた反面、社会的に求められてることが多くなりすぎて。個人情報の管理、広報の何とか、こういう研修も必ずやれとか、でも（行政は）その分のお金はくれなくて。（設立時からいる）私達はボランティアでもいいから、別にお金はちょっとでもいいみたいなところから始まってるけど、今入ってきた人たちはそういうわけでもないのに、やっぱりもうパート感覚にならざるを得ないような待遇で。みんなよかれと思ってボランティアで動いてくれてはいるけど、ミッションだけじゃ動けないというか、待遇が追いついていかないとやっていけない。福祉分野で儲けることは難しいなか、行政がサポートしてくれないと（難しい）。

　またEさんは、子育て支援職が専門職化していく流れや、時代の変遷によって、支援者の役割や利用者との関係性が変わりつつあると語った。

　Eさん：（昔は）近所のおばさんがスタッフやってるみたいな、研修とかもなくて、自分たちも支援者みたいな意識は緩くて、利用者さんとも対等にやってた感じがあるんですけど、やっぱり途中から専門職扱いになってきて、すごく求められるようになってきて。それは一方で大事で、スキルアップは職業としてやってく上で大事なことではあるんですけど、あなたは子育て支援士ですよみたいに、社会背景を勉強してください、「こういう対応してください」っていうのが、無言のうち、のしかかってくるようになってる。

第Ⅲ部　NPO編

　制度化によって子育て支援が専門職[4]としてみなされ、社会的にも求められる役割が増えるなか、同じ子育て当事者・経験者として支援する側／される側の区別意識が緩く、利用者も支援者の対等の関係性や、柔軟な対応が損なわれることが懸念されていた[5]。

　また、組織の拡大に伴う人員の変化に関して、村田（2009：295）は、組織規模の拡大が、成員の多様化、組織アイデンティティの変容につながり、自立性喪失の要因になり得ることを指摘する。本調査の子育て支援NPOにおいても、2000年代の設立時期には、同年代で同一地域の子育て中の母親という私的で内輪な成員から構成されることが意思疎通や融通性などで強みになっていたが、事業規模拡大や世代交代、メンバーの入れ替わりなどによって成員が多様化し、さらに、子育て支援職の専門職化などによって、団体としての自律性が損なわれかねないジレンマを抱えていることが浮かび上がってきた。

　Cさんは、NPOのスタッフ、特に若いスタッフが働き続けられるような待遇の改善を求めていきたいと語った。

> Cさん：地域の中で、子どものために働ける若者がちゃんと働ける団体にしたい。今のお金のとこで満足しちゃうと、NPOがそれこそ安くやってくれるんだってなっちゃうけど、（これからを担う若いNPOスタッフは、）これから家庭を持ったりもするわけだから、その人たちがちゃんとね、何百万ってもらえるように。（自分たちの50代の世代は、子育て支援が無給・無償で働いていた時代に比べると）もらえてなかったのにもらえるだけありがたい、みたいでやってるところがあるけど、次の世代はそんな、全然そんなこと思ってないから。ちゃんと対価を得るし、対価を得るために質を上げなくちゃいけない。
>
> 　子育て支援は地域の人たちが（無償や低い賃金で）やるよっていう人もいまだいるけど、それは（正当な対価をもらうべきNPO職員への）甘えだと思う。

　他にも、「モチベーションや思いだけでなく、お金がやはり必要」（Jさん）といった声も聞かれた。

第 10 章　子育て支援 NPO の成立・拡大期における要因・戦略に関する考察

　さらに A さんは、成立期の 2000 年代から今日までを振り返り、NPO と行政の協働の課題について、企業も参入しているなか、NPO の強みである地域力を生かさなければならないと語った。

A さん：（成立期の 2000 年代は）非常に市としても新たな事業に取り組んでいくっていうところですごい前向きですし、協働の姿勢っていうとこですごく良かったんですけれども。でも、やっぱりそれぞれ市長さんが代わったりとか、市全体としての協働の考え方っていうところが、今はどちらかというと市民団体だけでなくって、企業も巻き込んだ形での協働っていう形で。どっちかっていうと企業さんにも、もっと担ってもらえるといいよね、みたいな感じで、決して市民活動団体だけではないんですよね。ていうふうに変わってきてるところもあって。
　私たちの事業もある意味、企業さんが手を挙げてもいいんですね。それが受託できるかどうかは別としてもですね。ていうふうに、かなり市民活動と企業さんとの競争みたいなところも出てくるんですよね。そうすると、プレゼン力だとか、そういったとこで、なかなかやっぱりしんどいです。企業のほうが上手ですしね。
　だけども、私たちに何が力があるのかっていうと、やっぱり地域力というか、地域との関係性みたいなところが非常に大きいなとは思っています。そこで頑張っていくっていうところだと思うんですね。やっぱり町内会との関係だとか、地域のいろんな人たちとの関係づくりっていうのは、この 20 年、ずっとやってきたっていうところが非常に大きいかなと思います。そういう意味で、私たちの最初の頃の協働の考え方っていうのが、今の行政さんに変化がありますのでね。それを最初から説明していかなければいけなかったりとか。
　（中略）私たちもそういう意味でいったら、行政だけじゃなくて企業と手を組むことや、自分たちがお金を集めて自主でやること。今、社会的企業家みたいな人たちはあまり行政に頼まないで、自分たちでクラウドファンディングだとか、あと、寄付を集めて、あまり縛られない形で事業をやったほうが楽っていう考え方もあるわけですよね。
　そのなかで、私たちはでもやっぱり行政の施策っていうところに少し

211

第Ⅲ部　NPO 編

影響力を与えながら、かといって、そこだけではない。企業との連携と
か、あと、お金をしっかりと集めて独自でやってくっていう、そこも模
索しながらやれたらいいなって思ってます。それは NPO も変化をして
いかなければいけない時期かもしれませんね。やっぱり、お金をもらう
ということは私たちの団体の評価でもありますのでね。そういう意味で
幅広く資金を集めて、また新しい事業をやってくっていう。

〈考察〉

　先述のように、設立当時の多くの子育て支援 NPO は、子育て当事者が中
心の私的で内輪な団体であり、経営や営利を度外視して成立していたが、そ
の後、運営が軌道に乗って拡大期を迎えるようになった。利用会員増加や、
行政からの事業や補助金が増え、組織化・大規模化に伴い、公的な性格
を強めるとともに、経営の観点の導入を余儀なくされている。会員からのお
金だけでは不十分だが、寄付金は少なく、行政の補助金も運営維持に最低限
必要な水準にとどまっている。そのため、多くの団体は経営基盤が脆弱な状
態が続いている上、人材やノウハウに乏しく、苦心している実態が浮かび上
がった。

　また、2000 年代の NPO 設立時に 30 代〜 40 代であった者が定年を迎える
時期となり、世代交代を迫られているが、NPO 設立時の思いやミッション
が次に継承されているのかという声が聞かれた。さらに、組織の大規模化に
より、小規模だからこそできた迅速な意思疎通、柔軟性、融通さといった性
格が、行政からの受託や組織化・大規模化によって損なわれつつあるといっ
た懸念がみられた。

　また、子育てをめぐる理念と現実のギャップが顕在化しているともいえる
だろう。子育てを社会全体で、という割には、相応の対価を支払わないまま
現場の方々の想いや善意に甘え、依存してしまっている構造が根強い。本当
に子育てを社会全体で支えるのであれば、利用者の負担軽減だけでなく、支
援する NPO 側の賃金面も含めて、地域社会の中でそれを正当に評価し、見
合った賃金を支払うべきではないだろうか。子どもが社会の宝というのであ
れば、その子どもを育てる担い手は、社会・公共の担い手でもあるので、社
会的に相当にリスペクトし、それに即した相応の待遇で働ける環境を作って

いくことも、子育ての社会化の重要な側面として、社会に改善が求められるのではないだろうか。

5 全体考察

多くの団体は、子育て中の当事者が私的な育児の助け合い、地域の子育て環境改善を求めて自発的に任意団体として始動していた。同じ地域、同じ階層のママ友やママ同士という情緒的な結びつき、ローカルな問題の共有意識が、メンバーの結束を強くしていた。同質性が高く、閉じられたコミュニティ、ネットワークの性格が強く、活動もインフォーマルだった。多くの団体は、経営上の戦略、類似の子育て支援NPOとの横のつながり、行政・政治とのネットワーク、ロビイングのノウハウなどがなく、手探り状態だった。

しかし、団体としての基盤が徐々に整うなか、少子化対策や子育て支援が社会的に重要課題となる後押しを受け、これまでのインフォーマルな取組が行政からの受託でフォーマルな事業となり、利用者が拡大していった。さらに、横のつながりも重視し、子育て支援NPOのネットワーク化を図り、運営上の知識、経験、ノウハウを共有し、それらを駆使しながら活動を広げている。

他方で、本調査対象の子育て支援NPOのうち、成立・拡大期にかけて、行政に主体的に働きかけを行った経験があるのは、AさんおよびIさんのみだった[6]。議員や議会への働きかけは皆無だった。Iさんの働きかけは、市民が子育てしやすいようにと要望・陳情を一度したのみで、A団体の行政への働きかけも、自分たちに利益をもたらすために戦略的に行ったというよりも、中期計画を立てるにあたり子育てに関する声が聞きたいという行政からの要望が先にあり、その要望に応えるために、子育て世代のニーズを汲み取り、意見書として提出したというものだった。

その動機となったのは、社会に子育てのための場所や施策を充実してほしいという思いであり、いわば、子育て世代の声を代弁するという性格が強かった。通常の利益団体のロビイングの動機の中心である利益誘導とは、根本的に性格が異なる。

子育て支援NPOは、非営利団体のため、当然のことのようにみえるが、

第Ⅲ部　NPO編

いわば、社会・公共のために、当事者の思いがかたちになって現れたものといえる。

　利益誘導のためのロビイング戦略に代わり、子育て支援NPOが着目したのは、早くから横のつながりであるネットワーク化を進めることと、地域の様々な人をはじめとする社会資源への働きかけや社会資源との連携だった。のちにそのネットワークや社会資源を生かして自分たちの意見の集約化をはかり、全国組織のネットワークとして、様々な意見書や提言を行政に提出するようになっている。

　個々の団体は小さくともまとまることで自分たちのプレゼンスを高め、地域の様々な人材とつながり、連携することで、地域外の企業などにはない、地域子育て上での固有の強みを発揮している。こうした、地域の子育て支援NPOならではの戦略は、子育て支援NPOの成立・拡大期を支えた重要な要因であるといえる。

　折しも、地域の子育て支援の必要を感じ、民間にも委ねたい行政側の思惑と一致し、当時推奨されていた、市民団体との「協働」の追い風に乗り、成立・拡大させていったといえる。そうしたなか、子育て支援NPOは社会的に注目されるとともに、立ち上げ時の指摘で内輪な性格から、行政からのお金も入り、子育ての社会化のもとに、公共的性格を強めていった。

　しかし、それから10年経った現在、子育て支援NPOを取り巻く状況は、依然として、厳しいものである。公共的性格を強めたものの、それに見合うだけの行政からの財政補助はなく、寄付金も低調のため、多くの団体が財政的に余裕のない状況である。待遇や労働環境の大きな改善も難しく、人手が不足し、世代交代の必要のなかで、設立時に大きな原動力となっていた、思いの継承すら危ぶまれていた。他方、財政・マンパワー・経営スキルやノウハウで、NPOに勝る民間企業の参入が本格化し、NPOは苦境に立たされていた。初期と現在までの動きをみると、私的性格から公的性格に変わっているものの、資源はわずかに増えただけで依然として少ない。

　子育て支援NPOの性格と資源を図で示すと以下のようになる（図10-1）。縦軸を公的性格または私的性格、横軸を投資される資源量の大小とした場合、団体初期をa.とプロットすると、公共性格が強まりつつも、資源量に大きな増加はない現状は、b.にプロットできる。仮に、子育ての社会化に相応の

214

第10章 子育て支援NPOの成立・拡大期における要因・戦略に関する考察

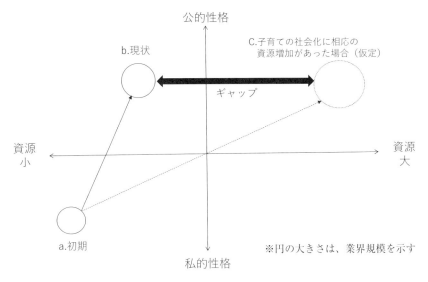

図10-1 子育て支援NPOの性格と資源
(出所：筆者作成)

資源量があったのであれば、業界としても規模拡大が予想され、c. にプロットされると想定される。b. と c. のギャップを黒矢印に示す。

ギャップを生み出している要因としてどんなことがあるのだろうか。投資される資源量の多寡という結果だけではなく、その背景には、少ない資源量を正当化するロジック、例えば、子育ての社会化の理念の下でも根強い子育ての私事性や、ケア労働でもある子育て支援の労働に対する低い評価、日本社会におけるジェンダー規範、家族主義、労働規範、NPOが低待遇でも多様な働き方を望む労働者の受け皿となっていることなどが、複合的に絡まっていると思われる。

これらの点の解明は今後の課題としたいが、ここまでみてきたように、子育て支援NPOの成立期・拡大期において、地域子育てサービスを民間に担わせたいという思惑を持った行政との「協働」が、重要な役割を果たしていた。しかし、次第に「協働」という言葉も、その実態も後退し、「子育ての社会化」の理念の下に子育て支援NPOが公共性格を強めながらも、十分な社会資源は投入されていない。子育て支援NPOにとってみれば、「協働」していた行政からの支援が不十分であり、梯子を外された、裏切られたよう

第Ⅲ部　NPO 編

な不信をも生みかねないのではないだろうか。

　さらに、十分な社会資源が投入されず、ギリギリの財政状況やマンパワーが続くようであれば、表面上は地域子育て支援の量が拡充しているようにみえるものの、現場でのケアの質が下がることが想定される。別言すれば、ケアが内実を伴わずに不十分なものにとどまる、「ケアの空洞化」（第 8 章 157 頁参照）ともいうべき事態の進行が懸念される。

6 結語

　多くの子育て支援 NPO は、私的で内輪な団体として、経営や営利を度外視して成立した。その後、利用会員増加や行政からの事業や補助金が増え、組織化・大規模化するに伴い、公的な性格を強めるとともに、経営の観点の導入を余儀なくされるが、多くの団体は経営基盤が脆弱な上、経営人材やノウハウに乏しく、苦心している。

　また、こうした団体の位置づけの変化は、初期の特性で、強みでもある、団体初期の情緒的なつながり、私的で内輪であるが故の迅速な意思疎通、柔軟、融通が利く、といった特性の変質を迫るものである。初期特性をどの程度維持、あるいは、脱皮をするかどうかの岐路に立ち、判断を迫られ、葛藤を抱えている。公的性格を強め、組織化・大規模化することは、サービスの拡大などに資する一方、当初の思いや団体の自律性[7]を喪失しかねないなど、両義的でジレンマを生んでいた[8][9]。

　この点、村田（2009：295）は、民間非営利組織の大規模化や拡大が進むほど、「成功すればするほど、あるいは、社会的存在になればなるほど、組織は、自らの存在意義や位置づけを真剣に考える必要に迫られ、ジレンマやリスクを抱えることにもなる」と指摘する。本調査の子育て支援 NPO もこうしたジレンマやリスクを抱え、自律性をいかに維持、向上させるべきか葛藤していることが浮かび上がった[10]。

　他方、公的性格が強まっているにもかかわらず、子育て支援 NPO の資金や人員などの資源は、慢性的に不足している状態である[11][12]。子育ての社会化との理念と、現実の子育て支援 NPO の現場の資源との間には大きなギャップがあると言わざるを得ない。また、多くの団体の成立期・拡大期の

216

原動力になっていた。地域の子育て支援を拡充したいという思いは受け継がれているものの、そうした現場の思いに甘えているかのように、地域の子育て支援には、僅少な社会資源しか投入されていないといえる[13]。

注

1) 原田（2020：2-3）の整理によれば、ロビイング（ロビー活動）は、「政策アクター（政治家・官僚）の政策決定・執行に何らかの影響を与えるために行われる利益団体の意図的活動すべて」と狭義には定義されるが、ロビイングが定着しているアメリカでは、1970年代以降、消費者保護、環境保護などの分野で、市民参加・草の根型のロビイングが拡大している。日本でも、1990年代から利益団体に限定されない市民団体のロビイングが活発化しており、「近年における草の根のロビイングの活発化は、特定の団体の利益促進ではなく、潜在化している社会問題に対して、公論を形成し、法律を変え、いかに社会を変えていくのかという、民主主義の問題に直結する」（原田2020：3）と指摘されている。また、市民参加・草の根型のロビイングは、近年では、社会的弱者・少数派の権利擁護や公共的利益の追求を意味する「アドボカシー」という言葉と互換的に使われている（坂本2012）。子育て支援NPOも、社会的に弱い立場に置かれがちな子育て中の母親など子育て世帯の声を代弁し、権利を擁護している点において、「アドボカシー」のひとつとも捉えることができるだろう。

2) 協働の考えは、民主党政権下の「『新しい公共』宣言」において、「『新しい公共』とは、『支え合いと活気のある社会』を作るための当事者たちの『協働の場』である」（内閣府2010）と記されたように、「新しい公共」の担い手としてNPOや企業等が参画することを推奨する理念と符合する。もっとも、宮川（2023）によれば、「新しい公共（空間）」の政策言説は、自民党が政権に復帰した2013年以降は退行し、代わりに「共助社会」が掲げられるようになった。「『共助』という枠組みにスケールダウンしてしまった」（宮川 2023：180）とも指摘されている。

3) 橋本（2020）は、子育て支援活動を通して、子育て支援者、地域がともにエンパワメントされることを指摘する。

4) 「地域子育て支援士一種」は、乳幼児とその保護者が集う「地域子育て支援拠点」等において活動する者の実践経験をふまえ、理論的・体系的に視座を整理、獲得する機会を提供すると共に一定の養成教育を受けたことをひろば全協が認定するものである。その認定はNPO法人子育てひろば全国連絡協議会が行い、国家資格ではない。

5) 堀・尾曲（2020：132-133）は、地域子育て支援の制度化による非現場ワーク（地域子育て支援の体系を整えていくワーク、スタッフミーティング、内部研修、地域の他団体や生活する人々との関係性づくり等）の増大が、子育て当事者のニーズに寄り

添った地域子育て支援労働の専門性の発揮など、支援の現場が大切にしてきた取り組みに十分な時間を費やせない状況を生み出していることや、制度化による規模拡大で利用者や場を「管理」せざるをえなくなり、利用者への丁寧な対応や、場を一緒に作り上げることに十分な時間を取れなくなるという、ジレンマを抱えていると指摘する。

6) 本章が対象とする、地域子育て支援を求める母親たちの動きには、社会運動という側面もあるだろう。ただし、後述するように、共通の目的や理念のもとに一体的・組織的に行動して社会に働きかけていたわけではなく、各個人や各団体の個別性、独立性、地域性が強いものであった。また、団体成立後に全国規模のネットワーク化が進められるものの、各団体の横のつながりの強化を通した運営ノウハウの共有、情報交換、研修などに重きが置かれている。さらに、当初から行政と協働（パートナーシップ）の関係にある。こうした事情から、社会運動の観点には深く立ち入らない。

7) 村田（2009:293）は「異なる価値を持つ両組織間のパートナーシップは、民間非営利組織本来の自律性が担保されてこそ、初めて有効なものとなり得る」と述べる。

8) 仁平（2015：283）は、NPO法を「自律的な市民社会を作る制度的条件の第一歩」と指摘する。同法施行に続くように、2000年代以降に本格化した子育てNPOの動きは、「日本型市民社会の二重構造」における、準行政機関たる公益法人、特殊法人、自治会、老人会などの行政管理下・下請け的なアクター（第一の構造のアクター）とは異なる、政府・行政から自律的に活動する運動体やアドボカシー団体（第二の構造のアクター）と位置づけることができるだろう。他方で、子育て支援NPOの多くは、助成金や補助金等への依存が強いままで、雇用を十分に生み出させるにも至っていない。そもそもNPO法が、仁平が述べるように、政治的に自律したサブ政治領域の拡大ではなく、介護保険事業や自治体業務の担い手を作るという側面があったことを踏まえると、地域子育て支援の担い手を作るという点で、同様の側面を、子育て支援NPOと行政の関係にも見ることができ、ここでも「日本型市民社会の二重構造が反復されている」（仁平 2015:283）との指摘があてはまるだろう。自律的な市民社会を作る制度的条件の整備は拡大傾向にあるものの、不十分といえる。

9) NPOが、行政から事業を受託することは、社会的評価や社会的威信の獲得という側面があるが、そのことがアドボカシー機能に与える影響については、低下するという見解（村田 2009：295）と、向上するという見解（小田切 2017：149）に分かれる。

10) 自律性を高める動きとして、原田・藤井・松井（2010）や須田（2011）は、行政からNPOへの委託の際に十分な人件費や間接費などを積算費用に盛り込む、イギリスのフルコスト・リカバリーの考え方に注目する。

11) 原田・藤井・松井（2010:254-256）は、NPOにとって、重要な財源として補助金を含めた公的資金が重視され、NPOと行政との契約も増えるなか、公的資金がNPOの発展に大きく関わるため、行政（自治体）は、NPOを地域の新しい公共の担い手として発展

第 10 章　子育て支援 NPO の成立・拡大期における要因・戦略に関する考察

させるためにどのような資金政策を持つべきか明らかにしなければならないと述べる。

12) 内閣府（2018）によれば、NPO 法人の財源には主に会費、寄附金、補助金・助成金、事業収益があるが、最も多い事業収益が約 8 割なのに対し、補助金・助成金は約 1 割にとどまる。

13) 橋本（2017）は、拠点事業の創設から 25 年以上が経過し、すべての子育て家庭を対象とした地域子育て支援の政策的な取組が、対象に応じた事業の多様化と量的拡充から、包括的な支援体制の構築へと転換しつつあると述べる。そうであれば、なおさら、そこで提供されるケアの質や、質を担保するための基盤整備や十分な社会資源の投入が重要ではないだろうか。

219

第 11 章

子育ての社会化をめぐる子育て支援 NPO の
葛藤と戦略に関する一考察

1 背景・問題意識・研究目的

　日本では、1990 年代以降、子ども・子育て支援政策や少子化対策が進められ、近年でも、子ども・子育てを社会全体で支えようという、子育ての社会化の理念の下、子ども・子育て支援新制度や、こども家庭庁成立など、めまぐるしい変化のなかにある。

　こうしたなか、子育ての社会化を身近な地域で支えるものとして存在感を増しているのが、子育て支援 NPO である。子育て支援 NPO は主に 2000 年代以降、地域での子育て支援の中心を担ってきたが、どのような葛藤や戦略を抱いているだろうか。また、いかなる要因が、葛藤や戦略に影響をあたえているのだろうか。本章では、かかる問題意識を踏まえて、子育ての社会化をめぐる子育て支援 NPO の葛藤と戦略を明らかにすることを研究目的とする。

　具体的には、子育て支援 NPO の黎明期である 2000 年代から現在に至るまで、子育て支援 NPO 団体においては、団体として様々な葛藤と戦略があることが推察される。第 10 章で述べたように、多くの子育て支援 NPO は、子育て中の母親が中心になって地域のなかで比較的小規模な任意団体としてスタートした。その後、紆余曲折がありつつも、いわゆる行政と NPO の協働として地域子育て支援拠点事業[1]などの委託事業や、余力のある団体では他の自主事業を行っている。団体の成立期や協働をめぐる萌芽時期を経て、行政からの地域子育て支援拠点事業などを正式に受託し、一定程度、協働の関係が構築されてから、さらに実際に協働を進めるなかで、現在までに、葛藤や戦略の変遷があったことが推察される。

220

ここで、「協働」とは、子ども政策に即していえば、NPO等の「民」と、子ども政策を所管する「官」が、地域の子育て支援や少子化対策の拡充といった社会課題のために、対等な立場で協力して働くことを意味する。日本では1990年代以降、協働の概念が社会的に注目され始め、2000年代に具体的な実践として展開されていった（小田切 2017：150）。では、その実態はいかなるものであったのだろうか。一般に、NPOは行政の事業を安価で受託する傾向にあり、NPOが行政の下請けになることや行政優位の主従関係に転化すること（小田切 2018：103-104）、行政への同型化や営利企業への同型化（NPOの過度な商業化）の問題（廣川 2019：109-114）、安上がりな受け皿とみなされてしまうこと（原田 2010：72-73）など、協働には多くの懸念や問題も指摘されている。

また、協働や事業委託がNPO側に与える影響として、財源の安定化、社会的評価の向上、アドボカシー機能の強化など好影響が指摘される一方、自律性の喪失、財政運営の不確実性、行政のエージェンシー化など、悪影響も懸念されている（小田切 2017：146-149）。実際、福祉の領域でも、須田（2011：86-87）は、非営利組織が、行政の存在ゆえに安定性や包括性を高める一方で、自律性を発揮できないジレンマに陥っていることを明らかにしている。

また、協働に関する先行研究は理論的・規範的な研究にとどまるものが多いなか、小田切（2014）は数少ない実証研究である。小田切（2014：119）は、「協働が行政へ及ぼす影響」として、アンケート調査および面接調査の分析から、「協働が行政課題への認識を高め、また、NPO理解の向上や公共問題に対応する知識の獲得に貢献している」ことを示している。また、「協働がNPOに及ぼす影響」として、アンケート調査の分析から、「委託への集中化」と「組織化」という2つの影響を明らかにした（小田切 2014：152-153）。かかる小田切（2014）の研究は、実証研究として貴重だが、1時点が対象の分析にとどまる。

しかし、同じNPO—行政間でも、協働の成熟度、時代の変化等に応じて、協働のあり方は変わることが考えられる。特に、子ども政策は、近年変化が大きく、協働のあり方やNPOの役割の変遷が想定され、質的調査から丹念にプロセスや要因を探る必要性が高い。そのため、本章では、地域子育て支

第Ⅲ部　NPO 編

援をめぐる行政と NPO の協働の実態に着目する。

　また、地域子育て支援事業では、地域との関係性、具体的には地域の様々な人や活動といった地域の社会資源を開拓し、つながっていくことが、子育て支援というケアやその循環を多層的・双方向的に生み出す上で、重要な機能を果たしていると考えられる。さらに、こうした行政との協働や、地域の社会資源やそのなかで生じるケアをめぐる実態や、そこでの葛藤や戦略を踏まえることは、先述のように行政の制度・政策がめまぐるしく変化し、民間企業も子育て支援業界に参入を強めるなか、子育て支援 NPO の社会的な意義・使命、今後の戦略にも影響を及ぼすものだと考えられる。

　以上を踏まえて、分析の視点として 3 点（①行政との協働関係の実態を踏まえた葛藤や戦略、②地域の社会資源との関係を踏まえた子育て支援というケアの位相や動態、③子ども政策を取り巻く環境が大きく変わるなかでの NPO の社会的な意義・使命や戦略）を設定した。

2 分析方法、使用するデータ、倫理的配慮

　本調査は、首都圏の X 市で、2000 年代から活動する子育て支援 NPO 法人 Y の A さん（代表理事）および B さん（副理事長・事務局長〔元施設長〕）に、2022 年 7 月に半構造化方式インタビューを行った。事前に共同研究者の所属する大学で研究倫理面を含む計画書の起案を行い、審査を受け、承認を得ている。インタビュー前に書面を用いて、調査の趣旨・目的、対象者の権利、データの公表方法等について説明を行い、同意を得た。また、録音に同意を得られた場合は録音を行い、調査後にデータをテキスト化した。なお、本書では引用に際して読みやすさの点から発言趣旨を曲げない範囲で加工を行っている。表 11-1 にインタビュー対象者リストを示す。

表 11-1　インタビュー対象者リスト

番　号	氏　名	役　職
1	A さん	理事長
2	B さん	副理事長・事務局長（元施設長）

（出所：筆者作成）

3 分析結果と考察

分析の視点（①～③）にそって順番に述べる。

①行政との協働関係の実態を踏まえた葛藤や戦略

Aさんは、NPOが行政と協働し、お互いに活動することが支援の幅を広げると協働に肯定的でありつつ、NPOの役割としては、行政との協働だけでは不十分であり、行政のお金がつけにくいところや支援が行き届いていない「はざま」の課題に気づき、その課題に取り組んでいかなければならないと語った。

> Aさん：私たちも行政の委託だけではなくて、NPOとして行政がお金を付けにくいところ。そのはざまの部分っていうところ。それはたくさんやりたい、やらなければいけない。課題はたくさん、次々、生まれるわけですね。そっちは民間の助成金をまず取って、それでモデル的にやって、そしてそれを走りだすような形で、スタートするっていう形で。そのスタートするときに、これが民間で自主事業でやるべきものなのか、それとも行政によってそれをちゃんと委託とか補助金でお金をいただいたほうがいいのか。それとも、企業と連携してやったほうがいいのか。その辺の選択はやっぱり、やってきたんですね。
>
> はざまのことはずっと出てくるんで、今もそのはざまっていうことでいえば産前、産後のところがはざまだと思っているので、今、やってるわけですね。ていうふうに、行政からお金がもらえるようになったら、そこは深めていくっていうふうに広がっていきますし、今度、まだ足りないところを見つけて、民間の助成金を取って施行してみる。その後、自主でやるのか誰と手を組むのかっていうところを考えて、また事業化していくっていうふうに進めてきたっていうところがあります。
>
> ですから、行政だけに頼っているばかりではない形で。どうしても今、8割がた委託補助じゃんっていうふうに見えちゃうんだけれども。だけども、やっぱり自主事業っていうのを大事にしてきたんですね。（中略）そんなふうに足りないところを掘っていくっていうことは、NPOとし

第Ⅲ部　NPO編

て非常に大事だっていうふうには思っています。

　そして、子育て観が変わってきたところっていうか、やっぱり働く女性が増えてきたので、私たちの最初の頃はゼロ、1、2。まだ2歳児さんも利用者さんがいるっていうような状況だったんですが、今は本当にゼロ、1。特にゼロ歳児さんのご利用。しかも、育休中の方のご利用が多いっていてことなんですね。保育所も入りやすくなってきておりますので、復帰が1歳、もしくは1歳半ぐらいで復帰していくっていうところで、それに合わせて私たちの事業も産前からの切れ目ない支援っていうことで、妊娠期から情報をお届けをして、それで、生まれても2、3カ月ぐらいから拠点の利用につながるようにプログラムを考えるっていうような流れに変わってきているところはあると思います。

　問題は、やっぱり妊娠期のところが母子保健なんですね。生まれると子育て支援になるんですね。ここがどうしても切れ目になってしまうので、この切れ目を何とか埋めたいっていうところで、今、奔走しているというような形でしょうかね。

　Aさんの語りからは、行政との協働は、すでにある程度、社会課題として認知されているところが多いが、まだそこに至っていない、「はざま」「足りないところ」があり、NPOとしては、そうしたところを見つけ、自主事業や企業との連携も探りつつ、率先してそこに取り組んでいかなければならないという。実際、現在もこうした「はざま」「足りないところ」として、妊娠期から生まれて間もない時期の支援や拠点利用促進があり、そこに取り組んでいるという。

　社会課題、特に行政の支援が行き届いていないところに、NPOが持ち前の地域での感度の高さやフットワークの軽さなどを生かし、行政の支援や協働を待たずに、いち早く取り組んでいかなければならないという、Aさんの考えるNPOの社会的な意義や役割が読み取れる。

　続いて、NPOと行政が協働を行う場合に、そこに至るまでに、どんなプロセスや葛藤などがあるのだろうか。この点、行政との協働は、容易なものではないことを、行政との協働当初から長年現場を取り仕切る施設長だったBさんは語った。

Bさんは、「いつでも原点に戻る」と思いつつ、NPOとの協働が必要だと感じた市職員の存在や信頼関係、協働当初ぶつかったりもしたものの拠点の施設開設までたどり着いた成功経験の共有、NPOは「受け皿」ではなく自分たちからも事業提案していけることなどの条件が満たされてNPOが対等に言い合えるようになったりと、様々なことがあった上で、NPOと行政、お互いに信頼関係が芽生え、協働が徐々に成り立っていったと語った。

Bさん：やっぱり自分たちがやってる仲間とか、目の前のことが不利益になるようなことをされたら、いつでも原点に戻るって思っていて。そんなに拡大したいって思ってるわけじゃなくって。（中略）大きな市ですけど、だからこそ、NPOとタッグをつくることがすごく大事なんだっていうところが理解できる優秀な市職員がいたんだと思います。
　そうそう、ここを造るときに私たちはできればお断りをしてもらえるような条件提示をしてたんですよね。こんだけの条件を出せば市は断るだろうとか、市に恥をかかせないで、取り下げてもらうような方策をずっと考えてたんですよ。例えば、無料のところを50円でもいいから有料にしろとか、場所もそうですよね。場所も出してくる30物件ぐらい断ってきてて、保育所と同じように庭でちゃんと遊べるっていう環境で、土のある所でやらなかったら、絶対許さないっていうこととか、ものすごい条件を出してたんですね。（中略）私たちは受け皿じゃないから。自分たちからも事業提案がしていけることとか、条件を出したんですよ。
　その当時、それで市長直轄の子育て支援事業本部がそれをやってたんですけど、その部長さんとかが本当に見事にその条件をかなえたんですよね。そこの信頼関係がものすごくあるから、その後、展開していくときも、すごく自分たち団体としてこだわりがあったからこそ、（お互いに）信頼が得られたんだと思います。（中略）毎日、闘いです。行政と。見えないとこでものすごい闘ってるっていうか、言い合ってるので。
　（中略）
　いろんな担当者いますけど、市の職員たちはみんな、信じるっていうのかな。子育て家庭のサポートと同じで、信じるんですよ。すごく。だから、拠点のここ、造ったことのプロセスっていうのが、協働の概念

第Ⅲ部　NPO編

で、こんな場所つくれたっていう成功体験が私たちにはあるので、必ず分かってくれるし、必ず動いてくれるって思ってるんですよ。

（中略）

（市職員は異動があるので）３年や２年しかいないだろうけど、私たちみたいなNPOと２年、３年、じっくりお付き合いするってことは、確実にこれから生きてくるって、私たち、すごいそういう偉そうに、だから、一緒にやるんだよって（市職員に）言っているので。すごいですよ、（今でも行政とは）けんかしてますから。うちのNPOは、ちゃぶ台返しばっかりしてるから。でも、本当、（市の）上長がいい方なのでね。そのことの意味っていうの、ちゃんと分かってくれてるので、そういうなかでいい支援、メニューができていけばいいなって思います。

　Bさんの語りによれば、協働は一足飛びには進まず、そこに至るまでの道のりは険しく、長いものだった。NPOとしては、安易に妥協したり、受け皿だけでにならないよう、自分たちの主張やこだわりを対等に提案し、行政もそれを尊重するように、徐々に歩み寄っていった。「闘い」や「言い合い」があったが、だからこそ、それを乗り越えたときに、信頼関係が芽生え、ぶつかり合いながらも拠点が開設できた成功経験の共有もあり、協働が少しずつ成立していったといえる。

　また、協働が成り立ってからも、終わりはなく、対等に議論し続けることの重要性も浮かび上がった。Bさんによれば、行政とは今も日々やり合っているが、「そのことの意味」、すなわち、対等な関係としてお互いに言うべきことを常日頃から主張し、議論を交わし続けること自体が協働において大切であり、市としてもそのことを分かってくれているとBさんは語った。Bさんの行政に対する、様々なことを乗り越えて共に前進してきた経験に基づく市や職員に対する信頼関係、また、行政に対して対等に自分たちの立場やこだわりを主張してきたことが正しかったという自信も読み取ることができる。

　Bさんの語りを踏まえると、協働は生半可にできるのではなく、時にぶつかり合いながらもお互いの立場や主張を対等に議論し、少しずつ歩み寄ることで、お互いの信頼関係と共に前進していくものだということ、さらに、協

第 11 章　子育ての社会化をめぐる子育て支援 NPO の葛藤と戦略に関する一考察

働に終わりはなく、対等な信頼関係が構築された上でも日々議論を交わし続けることが協働において大きな意味を持つことが示唆される。

　NPO と行政との間で、長い時間や多くのやり取りを経て、徐々に形成された信頼関係をベースに、対等に議論を交わし続けることが協働の現場では重要であるといえるだろう。

　では、協働を進める上で、NPO 側としては、どんなことに留意してきたのだろうか。

　この点、B さんは、議論を通じたプロセスを重視し、また、お互いの行動原理を尊重して合意を重ねてきたと、次のように語った。

> B さん：いい議論をするってことがすごい大事で、予定調和だとか、前例主義だとかっていうのは、私たちのなかには許されないので、ゼロから企画のところから、ものすごく話し合いをしていきます。結果的にそれ全体が子育て支援なんだっていうか、支援の 1 つの在り方なんだっていうことを、職員も市の行政の人たちも分かってるなかでやってるので、プロセス重視ですかね。
> 　（中略）
> 　お互いの行動原理を尊重し合うってなかで初めて、いい議論ができるので、やっぱり行政のかたがたの行動原理っていうか、しっかり公金を適正に説明責任持ってやってくっていうお立場と、私たち、その公金を支出するに対するだけのちゃんとエビデンスを持ってやってるかっていう自信と、それもあって初めて、いいプログラムや事業が生まれるんだって思っているので、毎月の区の定例会なんかは本当にものすごい心理戦だし、すごいお互いパワーがかかるとこですよね。
> 　でも、区民だとか子育て家庭に見えないとこで、どれだけの議論をしてるかってことだと思いますし、役所は役所でしか見えてない人もいるし、こっちはこっちでしか見えてない人もいるから、そこをどうやって現状を正しい適正値、最適値なのかっていうところを見いだす作業かな。そこで合意を取れて、初めて進むって感じ。

　B さんによれば、NPO には「予定調和」や「前例主義」は許されないの

第Ⅲ部　NPO編

でゼロから企画し、議論や話し合いのプロセスを重視してきたという。また、行政との考えが合わないと感じるときも、お互いの行動原理を尊重し合い、公金の適正な支出に責任を持つ行政を相手に、支出するだけのエビデンスや自信をNPOは持つ必要があり、議論を重ねて合意を取りながら進んでいくことが大切だという。

　また、行政と協働をする上では、自分たちの価値を有識者に意味づけしてもらうことや、行政や当事者を巻きこむことも重視していると語られた。

　　Bさん：行政に要望たくさんしてるように思われるんですけど、もちろん頼りにしてるんですけど、あんまり、結果的に行政と協働になるのかもしれないですけど、結構、勝手にやってます。自分たちの価値とかっていうのは自分たちでしか出せないって思ってるから、フォーラムしたり、報告会したり、先生がたみたいな有識者の先生がたにちゃんと意味付けしてもらう、みたいなこと、ぼんぼんやってるわけですね。
　　　そういうところに行政さん、よかったら来ませんかとか、そういうものの報告書を渡すとか、そういうことはしてます。ただ、（特定の）この案件についてとかっていうのは、あんまり（しない）。ただ、一応、データを持っていくのは大事にしてます。やっぱり。あと、当事者の声。フォーラムとかなんかやるときは、当事者を必ず入れていくっていうこととかかな。

　Bさんによれば、行政からの受託事業の運営だけでなく、フォーラムなどを開催し、自分たちの価値を高めるために有識者に意味づけしてもらうことや、行政職員にも案内をしたり報告書を渡したり、当事者を巻き込むなど、様々な次元で行政への働きかけや合意の形成を図っていることが浮かび上がった。

　〈小括〉
　まず、分析の視点①「行政との協働関係の実態を踏まえた葛藤や戦略について」みると、行政との協働は重要であるが、NPOの意義や役割としてはそれだけでは不十分であり、行政からの支援に至っていない、「はざま」「足

228

りないところ」があり、そうしたところを見つけ、自主事業や企業との連携も探りつつ、率先して取り組んでいかなければならないと語られた。

　また、行政との協働については、NPOとして、受け皿だけにならないよう、自分たちの主張やこだわりを対等に提案し、時にぶつかり合いながら信頼関係が生じるなかで前進していくものだということ、さらに、協働に終わりなく、日々議論を交わし続けること自体が協働において大きな意味を持つということがみえてきた。また、行政との考えが合わないと感じるときも、お互いの行動原理を尊重し合い、議論を重ねて合意を取りながら進んでいくことが大切だということがわかった。さらに、行政からの受託事業の運営だけでなく、フォーラムなどを開催し、自分たちの価値を高めるために有識者に意味づけしてもらうことや、行政職員にも案内をしたり報告書を渡したり、当事者を巻き込むなど、様々な次元で行政への働きかけや合意の形成を図っていることが浮かび上がった。

　他にも、語りの引用は割愛するが、事業に関する市の説明会や予算説明を聞きに行ったり、主催する勉強会や研修会に行政職員を講師に招いたり、市の子ども・子育て関係の意見公募や聴取で意見を述べたり意見書を提出したりと、積極的・主体的に行政への働きかけを強めて、協働のステージの次元をより高めるための取組を行っていることがわかった。

　②地域の社会資源との関係を踏まえた子育て支援というケアの位相や動態

　Aさんは、自分たちの団体の運営だけでなく、地域の社会資源、地域子育て支援に取り組む団体の全国規模のネットワーク化や研修など、NPO間の横のつながりづくりや、事業の質の向上にも積極的に関与したが、その狙いを次のように語った。

　Aさん：この（地域子育て支援）事業を量的にも質的にも全国にうまく広げ
　　ていくっていうことですよね。私たち、やはり当事者からスタートした
　　NPOですので、利用者の親子への寄り添いっていうところが非常に重
　　視した点でもあります。当事者性みたいなところですね。それで、こう
　　いった場所がニーズもありますが、やはりハードルの高さもきっとある
　　だろう。今でもこういうところに来る人はいいよねって言われがちなん

第Ⅲ部　NPO 編

ですが、来てる人たちにもいろいろ課題もあるんですよねって。来てる
人たちには理由があって来てるんでっていうところで、やっぱりスタッ
フがいる意味っていうのは非常におっきいんですね。

　あと、もちろん環境設定もそうなんですけども、どういう関わりだっ
たら利用してるかたがたにとって居心地がいいのかとか。それから、い
ろんな人の子育てを見たり交流をするなかで、自分だけではないと思え
たり、こんなふうにすればいいんだと思えたり、言葉でなくても親子の
関わりとかを見て学ぶことも多いですし。そのうち、広場の文化みたい
なものができてきて、お互いさまみたいなことが親同士でできるように
なってくるみたいなんですね。その環境っていうのをつくっていくって
いうのが私たちの仕事なわけで、その仕事の内容ですとかね。

　（中略）

　そんなことで、ネットワークや研修が必要だっていうのは、この事業
をうまく定着させていくことで、全国の子育て親子にとって、やっぱり
ここがあってよかったねって。ここを経て幼稚園、保育園、認定こども
園さんに行くっていうことで、親同士のピアサポートの部分とか、それ
から地域との連携の部分だとか、地域を知るとかですね。あと、いろん
な地域情報、行政情報、支援情報もしっかりと確保して、親だけでなく
て、いろんな支援サービスをうまく活用したり、親同士のネットワーク
もつくったりしながら、地域で子育てしてってほしいなっていう、そう
いう思いが詰まってると思います。

　Ａさんは、地域子育て支援事業を、活動当初から重視してきた当事者性や
ニーズを踏まえたスタッフや親同士の関わり方などの環境づくりや、地域と
の連携などを図りながら、事業を広げ、定着させていくためには、ネット
ワーク化や研修が必要であると述べた。また、地域子育て支援事業には、親
だけで子育てを行うのではなく、いろんな支援サービスをうまく活用したり、
親同士のネットワークもつくったりしながら、地域で子育てしてほしい、と
いう思いがあるとも語られた。子育ての社会化の理念と通じるところがある
といえるだろう。

　またＡさんは、NPO が、地域子育て支援事業の運営を担うことの意義に

関して次のように語った。

　Aさん：1つは、NPO として公的な事業を担えるっていうところの力を
　　付けていくっていうことが非常に大事で、それで私はやっぱり全国の
　　NPO さんたちがこの事業を通じて非常に事業運営をしていける団体に
　　育ってきたって思っています。それは非常に大事なことで、そんなに
　　大きなお金ではないと思うんですよ。大体 400 万から 1000 万ぐら
　　い、1 カ所を運営するとですね。そのぐらいの予算規模の中でしっかり
　　と運営をして、行政にも報告をして、会計とか労務だとか、そういった
　　ところもしっかりやっていくという基盤があって。さらに余力があれば、
　　もっと違う事業も受託をして活動していくっていうね。これは 1 つの基
　　盤として、NPO がやっていける非常に大事な事業なんじゃないかなっ
　　て思っています。
　　　（中略）
　　　産前の妊娠期からの支援っていうとこをどうするかっていうところも
　　まだ課題ですし、それから小学校に入ってからのなかなか学校に通わな
　　いとかですね。そういうかたがたの相談の部分とかも、ちょっと相談の
　　中では入ってくるわけですから、そういうのをどうしてったらいいかと
　　かですね。
　　　それから、やっぱり中学生、高校生、大学生には、子どもがいるって
　　いうこと、子どもと触れ合うとか、子どもがいる家庭のイメージみたい
　　なもの。そういったものをしっかり持ってもらいたいから、触れ合い体
　　験だとかいろいろやって、ボランティアにもたくさん来てもらってるん
　　ですね。学生の受け入れに非常に力入れてるんですけども、やっぱり子
　　ども嫌いの国にしたくないっちゅうかですね。子どもからいっぱいエネ
　　ルギーもらえる、そういう国になってほしいっていう思いがあるので、
　　そういう意味で、全ての世代の人たちに子どもに関わってもらいたいっ
　　ていう、そういう思いがあります。
　　　（中略）
　　　地域にそういった市民活動団体が根付いてるっていうことが、行政に
　　とっても絶対プラスになると思うんですね。行政の人たちはやっぱり異

第Ⅲ部　NPO 編

動もあるし、同じところにずっといらっしゃらないのでね。そういう意
味で、やっぱり覚悟を決められるような、そういう NPO さんが地域に
ちゃんといるって、それは市にとって本当に大事なことだって思います
ので、ここは何とかもっともっと広げていきたいところですね。

　Aさんは、地域子育て支援事業を通じて、NPO が公的な事業運営をして
いける団体に育っていったと振り返った。行政報告、会計、労務などをやっ
ていく基盤ができ、さらに余力があれば、もっと違う事業も受託をして活動
していくことを期待しているという。そうした様々な活動によって、「子ど
もからいっぱいエネルギーもらえる、そういう国になってほしい」、「全ての
世代の人たちに子どもに関わってもらいたい」というAさんの「思い」も語
られた。また、Aさんの語りからは、地域子育て支援事業の意義として、利
用者向けサービスの拡充だけでなく、子育て支援を行う NPO が地域の中で
公的な事業を担う力や基盤をつくっていくことを促すという側面もあったこ
とが読み取れる。
　第 10 章で述べたように、多くの子育て支援 NPO が 2000 年代以降に市民
による自発的で小規模な草の根の活動から成立し、様々な困難に直面しつつ
徐々に拡大していったとされる。多くが専業主婦など専門家ではなかったが、
A さんが述べるように、地域子育て支援事業を通して、今日では地域の子
育て支援に欠かせない存在に成長していったといえるだろう。
　また、公的事業を担う団体として育っていくことは、利用者や団体だけで
なく、行政職員が 2 ～ 3 年など数年で異動するなか、地域に根ざし、地域に
通じた存在としても貴重な存在である。子育て支援 NPO が存在しているこ
とは、子育ての社会化という理念に共鳴しながら、様々な意味で地域にとっ
てプラスであるといえるとともに、子育て支援分野にとどまらず、地域に根
づき、市民や市政を支える多様な NPO など市民活動が存在していることの
意義は小さくないだろう。
　では、実際に NPO が地域の様々な社会資源とつながりながら発展してい
く上で、どんなことに留意したのだろうか。この点、長年施設長を務めた B
さんは次のように語った。

232

第 11 章　子育ての社会化をめぐる子育て支援 NPO の葛藤と戦略に関する一考察

Ｂさん：X 市はこれだけ市民活動、盛んだし、この事業はその区に住んで
　　　る人たちが自分たちが社会資源だって思ってなんぼなので、フランチャ
　　　イズするってものじゃないんじゃないかって、私は仮説を持ってたので、
　　　全部が全部、一部、社会福祉法人さんとかも入ったりもしてるんですけ
　　　ど、その地に暮らす人たちが愛着を持って、自分たちの施設だって思っ
　　　て、可変的に特性を生かしてやってくってことが大事だと思ってたので、
　　　そこを仲間と 1 区 1 カ所で物事を言ってても訴求力はないし、区協の人
　　　たちもいるし、お互いの法人のいいところを学び合っていきたいなと
　　　思ってたので、金太郎あめみたいな施設にはしないって思っていて、そ
　　　の辺ですかね。

　Ｂさんは、その地域に暮らす人たちが愛着を持って、それぞれの特性を生
かしてやっていくってことが大事であり、また、お互いにいいところを学び
合っていくことを重視したと振り返った。それぞれに異なる地域ごとの市民
による当事者性や特性を発揮できるようにしつつ、互いに学び合うことで全
体としてレベルが上がり、今日では多様な取組が広がっている。
　また、施設の外、対外的な関係だけでなく、施設内でも多様な価値観を大
切にしていると B さんは、語った。

Ｂさん：多分、（運営している拠点に来ても）誰が施設長で利用者なのか、
　　　全然、分かんないと思う。（中略）いろんな人たちが私にとっての拠点っ
　　　ていうの、自分の言葉で語れるようになってきたっていうのが、それで
　　　いいんだって思ってた。代表者が自分の拠点じゃなくって、一人一人が
　　　みんなにとって、私にとっての拠点、こうあってほしいって、願いとか
　　　思いが強い。そこがすごく大事かなと思ってるんですよね。だから、関
　　　わってる人たちがすごく元気で主体性があるからこそ、来てる人たちも
　　　おのずとそうなっていくんですよね。だと思うんですけど。（中略）子
　　　育てと同じだと思います。1 つの価値観だけじゃなくて、いろんなこと、
　　　言う人、いろんな見方があるので、そういう人がいるとか、こういうふ
　　　うに見るのね、みたいな面白がれるっていうかな。つらいとは思わない
　　　んです。面白がれるんですよね。

233

第Ⅲ部　NPO編

　Bさんは、スタッフ（支援者）と利用者（被支援者）という関係を超えた、一人一人にとってそれぞれの拠点、そこに込められた思いや願い、主体性、多様な価値観や見方を大切にしていると語った。地域の多様な人が行き来し、関わり合う場としての拠点の性格を示すものといえるだろう。また、「関わってる人たちがすごく元気で主体性があるからこそ、来てる人たちもおのずとそうなっていく」というケアの循環が生じていることが述べられた。
　では、どのようにして地域の社会資源を開拓し、つながっているのだろうか。この点、Bさんは、市民との合意をとることを重視してきたと次のように語った。

　Bさん：社会資源をつくるっていうところは合意がないとできない。合意ってのは行政の合意じゃなくて、市民の合意がないとできないと思っているので、絶対あったほうがいいよねっていう声は当事者もそうだし、私たちもそうだけど、それ以外の人たちの声も集めるっていうことに注力してます。（中略）いろんな人たちの合意形成があって、今に至ってます、みたいなのがある程度まとまったら、区長とかが変わったりすると、必ず区長説明みたいなのはします。あと、実際の担当の係長と職員には毎月１回やってるんで、そこには出してくんですけど、ある程度、区長も変わる度には必ずここに来るので、そのときに今の情勢ってのはこうですって伝えてて、次なる目標はこの辺りに据えて動いてます、みたいなことは伝えてきます。

　Q：議員との関係はどうですか。議員を利用することはありますか。

　Bさん：いやいや、NPOとしては議会とか議員とちゃんとやってくっての、１つの力なんですけど、議員から来るのはたくさんありますけど。（中略）例えば、街の行事なんかでも、私たち議員みたいに動いてきますから、スタッフは。全部の催事に顔出しますし、全部の盆踊りに顔出しますし、全部のみこし担ぎますから、本当、議員みたいですよ。うちのスタッフも。しょっちゅういろんな所で会いますけど、施策の提言につい

て、議員の手は使ったことはないですね。使ってもいいなって思うとき
もありますけど、やっぱり、でもね。

　Bさんの語りを踏まえると、地域の社会資源をつくる上では、市民の合意
が欠かせないという。子育て当事者だけでなく当事者以外の合意を得ること
で、地域の多様な人々の了承や協力をとりつけ、呼び込み、広く展開しなが
ら、地域の社会資源をつくることになる。また、Bさんは、市民だけでなく、
市民との合意をもって行政に説明したり、働きかけるという。この点、市民
で一定程度合意がとれていることやニーズが確認できることは行政としても
無下にできず、協力や後押しを引き出すことが可能になると考えられる。市
民の合意をとるということは、地域において市民との間で社会資源とつなが
る上で有効であるだけでなく、行政に自分たちの提言を主張したり、行政と
継続的な関係を築く上でも重要だと考えられる。
　また、議員を利用したことはないが、地域の行事に顔を出したり参加して、
地域とのつながりを大切にしているという。施設運営日以外の開催もある地
域の催事に顔を出し続けることは容易ではないことが想定される。ある程度
の自己犠牲を強いられることもあるだろう。そうした継続的な苦労や努力に
よって、拠点と、地域の様々な人をはじめとした社会資源とのつながりの創
出・維持がもたらされている。
　では、地域や行政との関係ではなく、法人・施設では、どのようにして資
源、特に人手不足のなかで、スタッフを確保、運用しているのだろうか。
　この点、Bさんは、スタッフは求人募集をしなくても利用者やボランティ
アで埋まると語った。

　Bさん：スタッフは、私たちは求人を出したことはないので、ほとんど利
　　用者がスタッフになったり、ボランティアの人たちからなったりなので、
　　ありがたいなと思っています。
　　　だから、支えられた人が支える側になる、みたいな循環があったりす
　　るので、ベースが強いだろなと思います。

　Q：かつての利用者さんがスタッフになったりとか？

第Ⅲ部　NPO編

Bさん：そうですね。ここで救われた、次に返したい、みたいな人がス
タッフになっていくので、そのベースは強いし、女性、本当に、今、有
償職員が100超えてきてるんですけど、ボランティアの数なんて数え
きれないです。今、200、もっといる、謝金でやってるアルバイトとか
入れると200超えてきてるので。でも、全然派閥とかもないし、これ
だけ女性だけだけど、本当、みんな気持ちよくやってます。それは多分、
ベースがすごくそういうとこにあるんじゃないかなと思ってますしね。

　利用者がスタッフになることが多いという。Y団体だけでなく、地域子
育て支援拠点において、利用者（被支援者）が、やがて、スタッフやボラン
ティア（支援者）になるというケースは少なくない。その背景には、Bさん
が語るように、「ここで救われた」、「次に返したい」という思いがあるとい
う。ケアという観点からすれば、自分が受けたケアを、今度は次の方へのケ
アにつなげていくという、ケアの循環が起きているといえよう。他方で、後
述するように、そのようなケアの持続可能性に関する財政面の課題もある。
　また、Y団体の連携先や近い関係者のなかに、事業を運営するなかで、違
う見方や助言をしてくれたり、問いかけてくれる人たちがいたともBさん
は語った。

Bさん：連携する団体、いろいろあって、子どもの育ちとか権利保障と
か、そこ、どう立てていくのって、大学の先生とかが、あんたたち、そ
れでいいのって言うのを、正解の解答は出さないんですけど、それでい
いのかって揺さぶりをかけていかれたっていうの大きいですね。だから、
近くにそういう、自分たちが頑張って、大車輪のように動いてるから、
やってることの価値とかって、なかなか自分たちで見出しづらいんだけ
ど、それでいいのって、本当にそれでいいのっていうのは常に言われて
た。そういう人たちが周りにいてくださったっていうの、大きいし。（中
略）これだけのソフトを重層化してくっていうの、すごくパワーがいり
ましたけど、ネットワークをつくるってことをすごい大事に。それが今
の仲間ですね。

Bさんによれば、自分たちでは見出しづらい活動の価値や方向性の正しさについて問いかけてくれたりする人たちや、そうしたなか、一緒に子育て支援サービスの多層的なネットワークをつくってくれる仲間の存在が大きかったという。Bさんの語りを踏まえると、いくら強い思いや、行動力があったとしても、NPOが自分たちの価値や正しさを見出し、確認することは難しい面もあろう。そうしたときに、客観的に、違う見方や助言をしてくれる人が身近なところにいることや、伴走してくれる仲間がいるということは少なくない意義を持つものといえるだろう。

〈小括〉

分析の視点②「地域の社会資源との関係を踏まえた子育て支援というケアの位相や動態」についてみると、地域の多様な人や組織などの社会資源を呼び込み、連携（ネットワーク化・集約化）を行い、自分たちの事業にとどまらない、地域での多層的なケアの輪を構築している。また、そこでは対等な関係性の下、利用者が支援者になったりと、ケアの循環が起きていた。地域子育てという身近で関わりやすいという特性に加えて、NPOと地域・住民との近さ、敷居の低さ、融通や柔軟性という強みが発揮されている。子育ての社会化という理念を、先進的に実現するものともいえる。他方、地域資源とつながるための苦労や、ケアの持続可能性に関する財政面・人材面の課題も浮かび上がった。

③子ども政策を取り巻く環境が大きく変わるなかでのNPOの社会的な意義・使命や戦略

Aさんは、団体成立の2000年代から今日までを振り返り、NPOと行政の協働のかたちなどが変化していくなか、NPOの強みである地域力を生かしつつ、NPOも変化していかなければいけない時期かもしれないと語った。

　Aさん：やっぱり行政側に、市民活動団体と一緒にやることが市民にとってプラスになるよねっていうところが共有できてないと、なかなか難しいだろうなって思うんですよね。
　　　（中略）

第Ⅲ部　NPO 編

　（2000 年代の活動当初は）市としても新たな事業に取り組んでいくっていうところですごい前向きですし、協働の姿勢っていうとこですごく良かったんですけれども。でも、やっぱりそれぞれ市長さんが代わったりとか、市民全体としての協働の考え方っていうところが、今はどちらかというと市民団体だけでなくって、企業も巻き込んだ形での協働っていう形で。どっちかっていうと企業さんにも、もっと担ってもらえるといいよね、みたいな感じで、決して市民活動団体だけではないんですよね。ていうふうに変わってきてるところもあって。私たちの事業もある意味、企業さんが手を挙げてもいいんですね。それが受託できるかどうかは別としてもですね。ていうふうに、かなり市民活動と企業さんとの競争みたいなところも出てくるんですよね。

　そうすると、プレゼン力だとか、そういったとこで、なかなかやっぱりしんどいです。企業のほうが上手ですしね。だけども、私たちに何が力があるのかっていうと、やっぱり地域力というか、地域との関係性みたいなところが非常に大きいなとは思っています。そこで頑張っていくっていうところだと思うんですね。やっぱり町内会との関係だとか、地域のいろんな人たちとの関係づくりっていうのは、この 20 年、ずっとやってきたっていうところが非常に大きいかなと思います。そういう意味で、私たちの最初の頃の協働の考え方っていうのが今の行政さんに変化がありますのでね。それを最初から説明していかなければいけなかったりとか。（中略）

　だから、私たちもそういう意味でいったら、行政だけじゃなくて企業と手を組むことや、自分たちがお金を集めて自主でやること。今、社会的企業家みたいな人たちはあまり行政に頼まないで、自分たちでクラウドファンディングだとか、あと、寄付を集めて、あまり縛られない形で事業をやったほうが楽っていう考え方もあるわけですよね。そのなかで、私たちはでもやっぱり行政の施策っていうところに少し影響力を与えながら、かといって、そこだけではない。企業との連携とか、あと、お金をしっかりと集めて独自でやってくっていう、そこも模索しながらやれたらいいなって思ってます。

　それは NPO も変化をしていかなければいけない時期かもしれません

ね。やっぱり、お金をもらうということは私たちの団体の評価でもありますのでね。そういう意味で幅広く資金を集めて、また新しい事業をやってくっていう。そういうのもちょっと期待を込めて、事業などを手掛けてるところです。

　Aさんによれば、活動の早い段階から行政との協働で発展してきたが、民間企業の参入が進み、民間企業も巻き込んだかたちに協働が変化するなか、NPOとしては強みである地域力を生かし、行政の施策に影響力を与えつつ、企業との連携の模索や、お金を集めて独自にやっていくなど、NPOも変化していかなければいけない時期かもしれないという。

　Aさんが述べるように、子ども・子育て分野で企業の参入も進むなか、地域に根ざしたNPOが、地域との社会資源やつながりといった地域力の強みを発揮して差別化を図ることは重要であろう。また、行政だけでなく企業との連携も視野に入れつつ、自分たちでお金を集めることによってNPOが弱いとされてきた財政面での強化を図ることも喫緊の課題といえる。

　社会が変わっていくなか、NPOとして、支援のはざまを見つけるといったNPOの社会的な意義や役割を維持しつつも、他方で、これまでと異なる戦略を模索していることが浮かび上がった。

　また、NPOには政策提言の役割もあると指摘される。この点、Y団体では、例えば、発達障害の子どもの居場所づくりを進め、行政にも提言してきたが、そのなかで、葛藤や迷いがあったとBさんは語った。

　Bさん：例えば、休館日にやっている今の発達のちょっと心配なお子さんたちの居場所づくりは足掛け3年ぐらい、行政と話してましたかね。なぜかっていうと、予算とかそういうことだけじゃなくて、発達にちょっと心配のある方に、まだ診断がついてないのに拠点のスタッフという、純然たる公務員じゃない私たちが、心配だから、このプログラム出てみないってお誘いするっていうこと自体が権限として大丈夫なのかどうかっていうことなんですよ。
　　障害児のいろんな意味のサポートが、基本的には親そのものがSOSを出していって、援助を求めていって初めて、給付するとか、サービス

第Ⅲ部　NPO編

を提供するっていう契約が成り立つので、寝た子を起こすなっていうことですよ。本来、自分たちの自助の中でやっていける人たちにそういうプログラムを起こすと、そういう人たちの居場所作ったりすると、自活していってもらいたいのに、サービスのこと、存在、知っちゃうって、変な話ですけど、結構、そういう制度ってあるんです。

　私たちやってる産前産後のとか、産後ケアもそうなんですけど、結局、本当にその人に必要かどうかっていうのは、医師の診断があったりとか、いろんなものの書類が整ってないとできないですよね。そういうことを、制度を使うためのサポートをしたりとか、あるんだから使ったほうがいいよとか言ったりとか、そういうことを言っちゃうんですよね、私たちは。そうすると、だんだん公費かかる人ばっかりを増やしていっちゃうんじゃないか、みたいな、そういう心配もあるんだと思う。

　いろんなことがあって、発達（障害）の子たちの居場所をつくるってのは本当にものすごいパワーでしたね。ものすごい議論してきましたね。でも今は逆に保健師さんたちが紹介してきて、なくてはならないものみたいになってますが。どれもそんな感じでしたよね、制度つくるときって。

　Bさんによれば、純然たる公務員ではない拠点のスタッフが、医師の診断書もないなかで、発達にちょっと心配のある家庭に、発達障害児向けの居場所を勧めたりしてよいか、どこまでを行うべきか、葛藤があったという。また、制度をつくったり、支援につなげることで、公費の支出を招くことにならないかということも案じていたという。この点、上述のように、ニーズを抱える利用者に接するなかで既存の支援のはざまやすき間を見つけ、新たな支援につなげていくことがNPOの役割だと考えているものの、拠点スタッフである自分たちの権限・役割や限られた行政予算の下で、実際、どこまでを行政に提言したり、ニーズを抱える利用者と支援をどのようにつなげていくべきかなど、現場において様々な葛藤があることが、Bさんの語りからみえてきた。

　NPOが公的な性格を担うようになったとしても、行政と同一ではない以上、行政が果たすべき公権力的な行使のどこまでをNPOが担うべきか、別言すれば、行政とNPOの役割をどのように分担するのが望ましいのかと

240

いう、重要かつ難しい問題の存在を示唆するものともいえるだろう。また、NPOが現場においてこのように葛藤していることを、行政は十分に知らないのではないだろうか。NPOの政策提言の役割や、NPOと行政との協働を考える上で、看過された課題といえるかもしれない。

またBさんは、次世代の働き手のために、賃金や社会保障の改善の必要性を語った。

Q：待遇改善のために行政に働きかけたりはしますか。

Bさん：それはそれでやりますね。1回アンペイドワークとか、ボランティアさんたちの労働を単価に合わせたらいくらになるかとか、そういう研究、経済学のほうの先生のそういうのもやってたことも、管理費の考え方とか、勉強会したりして、提案とかしてますよね。あんまり私たち賃金上げてくださいっていうような労使交渉みたいなことしないんですけど、だから、すごく費用対効果いい事業だと思うよ、みたいな感じなんですけどね。でも、時に1年に1回ぐらいはそういう話は。

　でも、保育所の処遇改善が今、してってるから、うちも保育所運営法人として持ってるので、同じ子どもの分野でも保育所はすごく毎年上がっていく。そのなかで拠点事業とか、ひろば守ってる人たちの労働はずっと据え置きのままで、もっと私たちより、大きな法人さんに移動すらできない、みたいな。賃金体系が違うからっていうの、あるんですけど、でも、保育園は保育士さんがまず第一に上がっていかないとその先はないと思ってるから、私たちとしてはそこはよしとして、賃金下がるのは受け入れているんですけど。

　やっぱり、そろそろ次世代とか、いろんなこと、考えてきたときとか、ジェンダーのこと、考えれば、男性職員がちゃんといることとか、そういうこと、考えると、少しこれじゃあまずいんじゃないかなって、第1世代がミッション持ってやってきたのと、またちょっと違う利用層にこれからなってくると思うので、継続的にやっていけるような社会保障っていうのちゃんとしていかないといけないなっての思ってますね。

第Ⅲ部　NPO編

　多くの子育て支援NPOでは低賃金などの低待遇、労働環境や働き方で課題が指摘されている。この点、橋本（2015）が述べるように、地域子育て支援が保育所とは異なる固有の領域を有する事業であると制度的に位置づけられ、さらに、地域子育て支援事業を通じて女性たちが社会的・経済的・政治的にエンパワメントされる側面（相馬・堀 2016）など重要な意義がありつつ、その専門性や活動が報酬によって十分に評価されず、「低賃金のワーク」（相馬 2020：194）に位置づけられていると指摘されている。

　さらに、自分たちだけでなく、次世代の働き手のためにも改善が必要だとBさんは語った。

〈小括〉

　分析の視点③「子ども政策を取り巻く環境が大きく変わるなかでのNPOの社会的な意義・使命や戦略」についてみると、支援のはざまを見つけるといったNPOの社会的な意義や役割を維持しつつも、民間企業の参入が進むなど社会が変化するなか、NPOとしては強みである地域力を生かしつつ、企業との連携や独自に財源を確保して運営することなどを新たな戦略として模索していることが浮かび上がった。また、行政との協働やNPOによる政策提言の役割が進む一方で、純然たる公務員ではない拠点のスタッフが、どこまでを行政に提言したり、ニーズを抱える利用者と支援をどのようにつなげていくべきかなど、現場において様々な葛藤があることが浮かび上がった。

4　全体考察と結語

　本章で得られた知見を、分析の視点ごとにあらためて整理すると、以下のようになる。

　まず、分析の視点①「行政との協働関係の実態を踏まえた葛藤や戦略」についてみると、行政との協働は重要であるが、NPOの意義や役割としてはそれだけでは不十分であり、行政からの支援に至っていない、「はざま」、「足りないところ」があり、そうしたところを見つけ、自主事業や企業との連携も探りつつ、率先して取り組んでいかなければならないと語られた。

　また、行政との協働については、NPOとして、受け皿だけにならないよ

う、自分たちの主張やこだわりを対等に提案し、時にぶつかり合いながら信頼関係が生じるなかで前進していくものだということ、さらに、協働には終わりがなく、日々議論を交わし続けること自体が協働において大きな意味を持つということがみえてきた。また、行政との考えが合わないと感じるときも、お互いの行動原理を尊重し合い、議論を重ねて合意を取りながら進んでいくことが大切だということがわかった。さらに、行政からの受託事業の運営だけでなく、フォーラムなどを開催し、自分たちの価値を高めるために有識者に意味づけしてもらうことや、行政職員にも案内をしたり報告書を渡したり、当事者を巻き込むなど、様々な次元で行政への働きかけや合意の形成を図っていることが浮かび上がった。

　他にも、語りの引用は割愛するが、事業に関する市の説明会や予算説明を聞きに行ったり、主催する勉強会や研修会に行政職員を講師に招いたり、市の子ども・子育て関係の意見公募や聴取で意見を述べたり意見書を提出したりと、積極的・主体的に行政への働きかけを強めて、協働のステージの次元をより高めるための取組を行っていることがわかった。

　続いて、分析の視点②「地域の社会資源との関係を踏まえた子育て支援というケアの位相や動態」についてみると、地域の多様な人や組織などの社会資源を呼び込み、連携（ネットワーク化・集約化）を行い、自分たちの事業にとどまらない、地域での多層的なケアの輪を構築している。またそこでは、対等な関係性の下、利用者が支援者になったりと、ケアの循環が起きていた。地域子育てという身近で関わりやすいという特性に加えて、NPOと地域・住民との近さ、敷居の低さ、融通や柔軟性という強みが発揮されている。子育ての社会化という理念を、先進的に実現するものともいえる。他方、地域資源とつながるための苦労や、ケアの持続可能性に関する財政面・人材面の課題も浮かび上がった。

　最後に、分析の視点③「子ども政策を取り巻く環境が大きく変わるなかでのNPOの社会的な意義・使命や戦略」についてみると、支援のはざまを見つけるといったNPOの社会的な意義や役割を維持しつつも、民間企業の参入が進むなど社会が変化するなか、NPOとしては強みである地域力を生かしつつ、企業との連携や独自に財源を確保して運営することなどを新たな戦略として模索していることが浮かび上がった。

また、行政との協働やNPOによる政策提言の役割が進む一方で、純然たる公務員ではない拠点のスタッフが、どこまでを行政に提言したり、ニーズを抱える利用者と支援をどのようにつなげていくべきかなど、現場において様々な葛藤があることが浮かび上がった。

　以上を踏まえて、以下に、全体考察と結語を述べる。

　本章からみえてきたのは、地域の子育て支援NPOの社会的意義や役割が拡大しているということと、その反面、子育て支援NPOを支える体制や意識が追いついていないという事態である。換言すれば、子育ての社会化に関して、NPOの実態と、NPOを支えるものとの間に大きなギャップ（齟齬）があると言わざるを得ない。

　まず、地域の子育て支援NPOの社会的意義や役割については、第10章で述べたように、多くの子育て支援団体は2000年代以降に、折しも地域子育て支援の必要性やその担い手を探していた行政の意向ともマッチし、行政からの受託事業を受け、いわゆる協働として成立し、発展してきた。その過程で地域のなかでの子育て支援が、子育てを家庭だけに任せるのではなく、社会全体で支えていこうという子育ての社会化のロジックとも符合しながら拡大してきた。また、行政との協働が進み、NPOが公的な事業を担うこと、また、事業運営を通して、地域の専業主婦たちによる取組からスタートしたNPOが、公的事業を担えるまでに成長してきたという側面もあろう。

　そうした地域子育て支援NPOの取組により、これまで家庭に任せられていた子育て支援が、地域子育て支援拠点などを通して、地域の中に子育てのための親子の居場所の創出や、そこでのケアの循環ということにもつながっていった。そうしたことを可能にしているのは、地域子育て支援拠点が、地域に根ざした活動や人材を大切にすることで、地域の多様な社会資源とつながり、地域の様々な人材やモノを呼び込み、利用者（被支援者）からスタッフ（支援者）にもなることが多いという、ケアの循環や多層性を帯びているという点によるところが大きい。

　もっとも、NPOとしては、地域子育て支援の活動をはじめたときのマインドやスタンスである、いまだ支援が行き届いていない、はざまやすき間を見つけ、ニーズを抱える人への支援につなげていくことや、政策提言を重視し続けているものの、行政からの事業を運営してくれれば足りるといった行

政側とは溝が生じている。例えば、担当者が代わったりするごとに協働とは何なのか、NPO側から説明に行かなければならないような事態があり、協働開始当初に比べると、行政側の協働の意識が変わってきている。協働のかたちも、現在では、民間企業も参入し、民間企業と行政の協働もあり得るなど、変わってきている。

こうした変化のなかで、NPOとしても、企業と手を組んだり、行政からの受託事業に依存せずに、強みである地域力を生かして、自主的に、支援のはざまやすき間への支援や政策提言を進めようとしている。しかし、そうした活動を支えるだけの財政面の補助や、そもそも、公的事業のどこまでを自分たちがやるべきかという葛藤に直面している。NPOのかかる実態を行政が知らないという理解不足がある上、行政からのバックアップも不十分と言わざるを得ない状況にあることが、本調査から浮かび上がってきた。

すなわち、子育ての社会化をめぐり、NPOの社会的な意義や役割が拡大、あるいは、変化するなかで、NPOとしては支援のはざまやすき間を見つけていまだ行政の支援が届いていないニーズに応えていくということと、それを支えるだけのバックアップや認識が、行政も含めて遅れており、資源も足りないために、結果的に、両者の間にギャップ（離齬）が生じていることがみえてきた[2]。別言すれば、子育ての社会化の理念の下、地域子育て支援が一定程度広がる一方、個別団体の取組だけでは限界があるため、個別の団体が単独で活動するステージから、地域の社会資源を巻き込んで多様な仲間やネットワークとつながり、事業全体の質を高める途上にあること、すなわち、ネットワークの形成・維持を進めながら、多層的で持続可能なケアの循環や波及を生み出し、広げていくステージに徐々に移りつつあるといえる。

他方で、そうしたステージへの移行、担い手の待遇の改善の観点など持続可能性からは、行政のバックアップや理解が重要であることが浮かび上がったが、現状、両者の間にはギャップ（離齬）が少なからず横たわっている。結果として、地域子育て支援の現場は、行政受託事業を超えて、当初からのスタンスである、新たな支援につなげていくということをNPOの社会的な意義・役割として大切にしつつも、実際には、相変わらず脆弱な資源（財政・人員）しかなく、現場の取組の思いに依存し、頼っている状況が続いている。地域子育て支援NPOとしては、地域でのケアの循環や多層性の取組

第Ⅲ部　NPO編

の持続可能性が課題になっていることに加えて、民間企業の参入が進む現在、新たな戦略を迫られ、岐路に立っているともいえよう。

　また、そもそも構造的に、地域子育て支援事業を行う団体もスタッフも、地域の子どもや子育て世帯のためという強い思いがありながら、いずれもそれを支える資源が脆弱であり、思いに依存され、頼られるような状況で、なんとか成り立っている点が共通している。こうしたことは、少ない資源投資の下、現場の思いや犠牲の上でなんとか成立している、日本社会の子ども支援・子育て支援のあり方を象徴しているといえるのではないだろうか。

　子育ての社会化の理念あるいはそれを体現する法制度と、現場との間では、ギャップ（乖離・齟齬）があり、さらに、理念や法制度が推進されるほど、ギャップがより際立つかたちで生じている。依然として、日本の子ども・子育て支援は、低待遇・劣悪な環境の中、現場の担い手に葛藤やジレンマを負わせ、疲弊させ、自己犠牲を強いるものになっている。

　子ども・子育て支援を支えているものは、こうした様々な矛盾や葛藤、構造的課題がある状況において、自己犠牲を強いられつつも、支援のはざまやすき間を見つけ、次の支援につなげていこうとするNPO側の苦闘、あるいは、その根幹にあって現場の実践を支えている、個人の思いである。だが、脆弱な資源の下、行政のバックアップや理解も十分ではないため、NPO側の苦闘や個人の思いの上に成り立っている取組がいつまで持つかは不明瞭である。

　NPOなど市民活動には、今後、市民社会の深化を期待する観点からは、下請けとも称される行政からの事業受託など受け身の姿勢のみならず、地域力など独自の強みを生かし、積極的にニーズを発掘し、支援につなげていく役割が望まれている。NPOなど市民活動が政策を提言し、または、政策過程に参加し、公共の担い手となっていくことも期待されている[3]。

　しかし、本調査で見えてきた、子ども・子育てをめぐるギャップや現状は、NPOだけでは解決できない。行政や世論が、まず、ギャップがあるということを認識することに加えて、どのようにそのギャップを埋め、より望ましいあり方を模索していくべきかを真剣に考え、取り組んでいかなければならない岐路に立っているといえるのではないだろうか。

246

第11章　子育ての社会化をめぐる子育て支援NPOの葛藤と戦略に関する一考察

注

1）地域子育て支援拠点は、2009年には、児童福祉法に基づく第二種社会福祉事業に位置付けられた。橋本（2015：14-16）は、保育所と同様の第二種社会福祉事業に位置づけられたことで、「政策的には拠点事業が保育所の保育事業の延長上には位置しない、地域子育て支援という固有の領域を有する事業であることが明らかにされた」と述べている。

2）この点、人々の規範・意識面でも、子育ての社会化の理念と実態では、ギャップ（齟齬）があると指摘されている。例えば、井口（2010：171）は、「ケアの『社会化』という動きがもたらしたのは、すべてを外部が担うのではなく、家族のケア役割や責任意識が残ったまま分担していかなくてはならないという事態である」と述べる。また、子育て支援についても、ケアの外部化、共同化が進んでいるものの、規範レベルでは、家族のケアを家族が第一義的に担うという子育て私事論や家族責任が根強く、子育て支援は家族規範や子育て私事論の存在を前提としているという指摘もある（松木2013：34）。

3）この点、工藤（2021）も、地域子育て支援NPOのアドボカシー機能などの特徴や、地域子育て支援の制度づくりや意思決定にNPOが参加することの意義を指摘している。

第12章

地域子育て支援拠点におけるケアの循環と
ケアの多層性に関する一考察

はじめに——研究目的——

　地域子育て支援拠点事業は、児童福祉法に基づく子育て支援事業、社会福祉法における第二種社会福祉事業に位置づけられており、子育て家庭にとって身近な地域の拠点として、子育て支援の中核的機能を担うことが期待されている。同事業は、主に保育所に併設されてきた「地域子育て支援センター」と子育て当事者による草の根的な運動から発展してきた「つどいの広場」、および児童館の子育て支援機能の活用により再編・統合されて成立した。かかる経緯から、地域子育て支援拠点事業は、地域・団体ごとの多様な取組に特色がある。

　橋本（2015）は、同事業が、保育所と同様の第二種社会福祉事業に位置づけられたことで、政策的には、「地域子育て支援」が、保育所や社会的養護の「保育」とは異なる固有の実践領域を有することが明らかになったと指摘するが、現場では、事業の位置づけが変わる前から、地域子育て支援の様々な取組が行われ、近年、同事業の実施箇所数や取組内容が拡大し、ますます存在感が大きくなっている。

　一方で、地域子育て支援拠点において、「地域子育て支援」として、どのようなケアが生起しているのかという実態は、先行研究では、十分に明らかにされていない。

　また、法制度としては、「地域子育て支援拠点事業実施要綱」（令和6年3月30日付こ成環第113号こども家庭庁成育局長通知）（こども家庭庁 2024）が、「事業の目的」として、「少子化や核家族化の進行、地域社会の変化など、こどもや子育てをめぐる環境が大きく変化する中で、家庭や地域における子

育て機能の低下や子育て中の親の孤独感や不安感の増大等に対応するため、地域において子育て親子の交流等を促進する子育て支援拠点の設置を推進することにより、地域の子育て支援機能の充実を図り、子育ての不安感等を緩和し、こどもの健やかな育ちを支援することを目的とする」と規定し、地域の子育て支援機能の充実、子育ての不安感等を緩和し、こどもの健やかな育ちの支援が目的とされている。

　さらに、同実施要項によれば、基本事業として、子育て親子の交流の場の提供と交流の促進、子育て等に関する相談・援助の実施、地域の子育て関連情報の提供、子育て及び子育て支援に関する講習等の実施（月1回以上）があげられ、さらに加算対象事業として、地域の子育て拠点として地域の子育て支援活動の展開を図るための取組や地域支援などが盛り込まれているが、抽象的規定にとどまり、具体的な中身は明記されておらず[1]、実際どのような取組、ケアがなされているのかという実態は、現場に任せられている部分が大きい。

　この点、現場では、事業の経緯に由来する特徴もあり、法制度の想定とは異なる、多様なケアが行われていることが推測される。しかし、先述のように先行研究からは地域子育て支援拠点で行われるケアの実態は、十分に明らかになっていない。そもそも、現場においては、法制度とは異なる目的や、法制度の規定を超えた態様のケアが生起している可能性がある。すなわち、法制度と現場の間で、地域子育て支援として行われるケアの目的やケアの実態の間でギャップ（齟齬・乖離）が生じていることも考えられる。また、そうであれば、法制度がフォローできていない、何らかの葛藤や課題が現場で生じていることもあり得るだろう。これらを明らかにすることを、本章では研究目的とする。

1　分析の視点

　上述の問題意識や研究目的を踏まえて、本章では、分析の視点として2点を設定する。

　まず、1点目の分析の視点は、①法制度とのギャップに留意しつつ、地域子育て支援拠点の現場で生起しているケアの実態・態様を把握することにあ

第Ⅲ部　NPO編

る。また、2点目の分析の視点は、②現場で子育て支援拠点のケアに関してどのような葛藤や課題があるのか、ということである。また、2つの分析の視点から明らかになったことを踏まえて、全体考察として、地域子育て支援拠点におけるケアのあり方について、考察していくこととする。

2 研究方法、分析方法、使用するデータ、倫理的配慮

本調査は、首都圏のX市の子育て支援を担うNPO法人のY団体の現場スタッフAさん、Bさん、Cさんに、2022年9月に半構造化方式インタビューを行った。事前に共同研究者の所属する大学で研究倫理面を含む計画書の起案を行い、審査を受け、承認を得ている。インタビュー前に書面を用いて、調査の趣旨・目的、対象者の権利、データの公表方法等について説明を行い、同意を得た。また、録音に同意を得られた場合は録音を行い、調査後にデータをテキスト化した。分析は、佐藤（2008）を参考にインタビューデータをコーディングし、概念化した上で整理し、さらに、各ケースの相互比較・検討やストーリーライン化を行うという質的分析方法を用いた。なお、本書では引用に際して読みやすさの点から発言趣旨を曲げない範囲で加工を行っている。表12-1にインタビュー対象者リストを示す。

表12-1　インタビュー対象者リスト

番　号	氏　名	インタビュー実施日
1	Aさん	2022年9月
2	Bさん	2022年9月
3	Cさん	2022年9月

（出所：筆者作成）

3 分析結果と考察

分析結果を、分析の視点①および②にそって、順番に述べる。

（1）分析の視点①

1点目の分析の視点は、法制度とのギャップに留意しつつ、地域子育て支

250

援拠点の現場で生起しているケアの実態・態様を把握することにある。

　まず、地域子育て支援拠点におけるケアとして代表的でよく知られているものは、利用者の話し相手・相談相手になったり、助言をしたり、必要な支援を紹介する・つなぐといった利用者向けの対人ケアである。本調査でも、もちろんこうした対人ケアが実施されていることが確認されたが、ここでは、地域子育て支援拠点のケアの実態・態様を把握するという趣旨から、そうした対人ケア以外のケアに主に着目して論じていきたい。

　分析の結果、対人ケア以外のケアとして、「地域とつなげる支援」、「学び直しを提供する支援」、「活躍の場や機会を提供する支援」、「子育て世帯を擁護・代弁する支援」、といった態様のケアが浮かび上がった。以下、順番に論じていく。

①地域とつなげる支援
　まず、Bさんは、地域とつなげる支援について、次のように語った。

　Bさん：地域の企業に対して、育休復帰してきた人にこういうふうにしてくれると、育児休業取得をした人はモチベーション高い、安定したお仕事できますよっていうのを子育て支援の立場から、（仕事と育児の）両立セミナーをやってるんです。中小企業は別にそんな人、働いてもらわなくていいみたいなことを、はっきり言われたりするわけですよね。こんな正社員要らないとかっていうふうに、はっきり言われたり。中小企業だから、そういう環境づくりとかは無理ですね、みたいなことを言われちゃうときにしんどいなと思うけど、何かお役に立つと思いますので、地域にあるこういうセミナーのことを一生懸命に言っていったりとか。

　Bさんによれば、地域の企業に対して、育休復帰してきた人の雇用を積極的に促したり、子育て支援の立場から、仕事と育児の両立セミナーをやっているという。子育て中の社員になかなか積極的ではない地域の企業、特に中小企業を念頭に、子育てをしながら働く社員の採用の意義、望ましい働き方、子育て支援についての理解を醸成することで、地域の企業と拠点利用者をつなげるという支援を行っているという。

第Ⅲ部　NPO編

Bさん：何かちっちゃい問い合わせが来たときに、一生懸命答えるように
しています。さくっと終わらせないようには、いつも気を付けてるかも
しれないです。何か1個聞かれたら3個答えるみたいなことは、気を付
けているつもりですかね。それは、どの地域に対してもそうだし、行政
に対してもそうだし。あと1個聞かれて1個答えれば済むんだけど、1
個聞かれてプラスアルファ、ちょっと関係ありそうな違う話もあえて1
個入れてみるとか。興味がないかもしれないけど、こういうこともやっ
てますっていうことを差し込んでみるみたいなことは、たまにしてます
ね。

　うちの団体の人たちって、こういう活動してる人たちって真面目な人
しかいないので、本当に真摯で優しいかたがたが活動していらっしゃい
ます。とても丁寧なんだけども、1つのことを深掘るのは得意なんだけ
ど、周辺のことって割と意識を持たなくても、1つのことに専心して
やってる私たちですみたいな胸の張り方をしてしまうと、お仕事って広
がっていかないじゃないですか。

　地域と利用者をつなげていくためには、まず、拠点自体が、地域と広く、
日常的なつながりを持つ必要がある。この点、Bさんは、拠点に何か地域
から問い合わせがあったりしたときに、例えば、1個聞かれたら3個答える、
プラスアルファで関係ありそうな違う話も入れてみたり、こういうことも
やってますというアピールや案内を差し込んでみるというように、少しでも
自分たちのことや取組のことを知ってもらい、そこから仕事が広がっていく
ように気を付けているという。拠点のスタッフのなかには、拠点だけに意識
が行き、そこに専心する人もいるが、地域など周辺のことに意識を持ち、仕
事の幅を広げるための工夫だと語った。

　地域に自分たちの取組を少しでも知ってもらい、地域の社会資源とつな
がっていくための努力や工夫を欠かさない姿勢が垣間見える。もっとも、利
用者と地域社会をつなげるためには、その前提として、拠点のスタッフが地
域社会との関係づくりや社会資源の開拓を行わなければならない。

　この点、Aさんは次のように語った。

252

第 12 章　地域子育て支援拠点におけるケアの循環とケアの多層性に関する一考察

Ａさん：それこそ、拠点を最初につくってるときに、地域の町内会の方た
　　　ちと、今のような形になるまでっていうのは、やっぱり、すごく長い道
　　　のりがあったって聞いていて。もともと子育て支援やってた団体とか、
　　　たくさんいるなかに、ぽっと入っていくっていうふうになっていったと
　　　きには、やっぱり、周りの方たちに、すっと入っていけるような、礼を
　　　尽くしていくっていいますか、そういうようなことをやっていって、何
　　　とか、新しい所で活動していくみたいな。
　　　　最初の拠点をつくったときも、結局は、やっぱり、なかなか、何がで
　　　きるんだろう、何するんだろうって、分からなかったところに、いろん
　　　な地域の方たちの力を借りないとできないことなので。そこは、それこ
　　　そ、草むしりには行きます、地域の町内の何とかに行きますみたいな形
　　　で、そうやってお互い分かり合ってもらうみたいな感じで。なんかうま
　　　くやるために、本当に、こういうかなり苦労をしたところは、すごくあ
　　　ると思います。

　Ａさんによれば、いろんな地域の方たちの力を借りないとできないため、
礼を尽くし、草むしりから地域の町内の何かまで、足を運び、汗をかくなど、
分かってもらうために、「かなり苦労」をしたという。こうした地域社会と
の関係づくりや社会資源の開拓は、拠点のスタッフの業務の多くを占める一
方、外からは見えづらく、また、地域子育て支援拠点事業実施要綱にも明記
されず、いわば拠点のスタッフの自己努力や自己犠牲のもとに成り立ってい
るところが大きいことは、留意しなければならないだろう。

②学び直しを提供する支援
続いて、Ｂさんは、学び直しを提供する支援について次のように語った。

Ｂさん：例えば子育て支援センターで、私、IT の勉強会とかをしてました
　　　けど、こういうことに使えるって思ってもらえないじゃないですか。こ
　　　ういうとこで IT の勉強会できるんだ、子育てしながら勉強会できるじゃ
　　　んって、他の IT に興味のある人たちとかが、勉強会を使ってくれるよう

253

第Ⅲ部　NPO 編

になったりとか。保護者が、子どもと遊んでるの見ながら、プログラミングの勉強会するの楽しいねって。（あるいは）むちゃくちゃバリキャリの女性の人たちとかが、私は興味ないけど、子どもがここにいるのは別によくってよ、みたいなことが起きたりとかすると、育児休業復帰の人への目が優しくなるみたいなことになるわけです。

　子育て支援センターの人は IT の勉強会を子育て支援センターでやるっていったときに、それって委託の要綱に載ってないことをやっていいの？区に怒られないの？みたいなこと起きるわけですけど、じゃあなんで怒られるの？って。委託の要綱を逆読みして、地域の人が交流する場所にあることっていうのが大事なんでしょって。こういう場所があるってことをその人たちが分かって会社に戻ったときに、こないだ、こんな場所でこんなことやってきたって言ったら広がるじゃない、みたいなことを説得して、それだったら使ってもいいか、みたいに思ったりだとか。それがきっかけで、全然関係ない人が来るようになるわけですよね。

　Ｂさんは、子育て支援センターで IT の勉強会も開催しているという。子育てをしながら IT の勉強ができるんだということで、いろんな人を呼び込んだり、子どもが遊んでいるのも見つつ IT・プログラミング自体の楽しさを知ってもらったり、リスキングの機会となったり、さらに、そうした前向きな姿や交流によって、育児休業復帰の人への目が優しくなることにもつながるという。子育て中の学びや交流によって、育休復帰後の就労を促進したり、エンパワメントする側面もあろう。さらに、地域の活性化や、子育てに付加価値をつけてその価値を高める取組ともいえる。

　また、ここで特筆すべきは、こうした拠点が発案し、行っているユニークな取組は、拠点事業の委託の要綱、法の規定には明記されていないが、拠点が、様々な人を呼び込んだり、子育てへの地域の理解を醸成したり、利用者同士の交流を促したり、利用者と地域の社会資源とつなげたりするために、独自に取り組んでいるということである。そのため、要綱にのっていないことをやってよいのか、という声も寄せられることがあるが、具体的な取組として明記されていないことでも、拠点の事業目的である、地域子育て支援の充実といった観点からは、事業の趣旨に沿っていると解釈できるという。

すなわち、先述のように、「地域子育て支援拠点事業実施要綱」には具体的な取組は明記されていない。しかし、「事業の目的」に掲げられている地域の子育て支援機能の充実に沿っていると解釈できる取組については、事業の目的内として、そこに自分たちのアイディア、工夫、仕掛けを盛り込むことで、自分たちの主体的・能動的な活動につなげている。Bさんの語りに即して言えば、事業の目的にそっていると解釈できる、地域の人々との関係づくり、地域の社会資源の開拓、利用者と地域をつなぐといった、拠点独自の取組やアイディアを差し込み、その実現のために努力することが、実際に、拠点の現場や、ひいては、地域子育て支援の充実などのためには欠かせない、重要な意義を持つものと評価できるだろう。

③活躍の場や機会を提供する支援

続いて、活躍の場や機会を提供する支援についてみていく。Aさんは、自身も拠点の元利用者で、自分の子育てと並行しながら、拠点のボランティア、スタッフとして拠点に関わるようになり、拠点の自主事業として、子育てに関する地域の企業等との共同イベント、子育て家庭向けイベント、地域の子育て情報関係の情報発信（ガイドブック作成等）などの業務に携わっている。現在は、自分と同じように利用者から拠点のボランティア、スタッフになったメンバーと一緒に活動することが多いが、Aさんは、利用者のことを次のように語った。

　Aさん：私が、拠点は、利用者さんがお客さまではなくて、利用者さんと一緒に、利用者さんが自分たちで、何かをやっていこうっていうふうな、やりたいなって思うような気持ちが、皆さん、それぞれあったり。子育てはしているんだけれども、自分も何かやりたいっていう、別にそれが何か人の役に立つとか、そういうことではなくて、それがちょっとした、縫い物したりとか、何かを作ったりっていうこともそうですし、何かしたいなっていうふうに思っているお母さんやお父さんたちを、バックアップするっていうような、どちらかというと、そういうふうな形で施設にいるスタッフもやってると思うんですね。ですから、私が直接、関わっている、子育て真っただ中のお母さんたちも、子育て家庭向けの情

第Ⅲ部　NPO編

報誌とかマップですね、そういったのを、一緒に作っていこうって。

　Aさんは、拠点の利用者は、お客さまではなく、一緒に自分たちで何かをやりたい、自分も何かをやりたいという気持ちを持っていると感じ、スタッフがそのバックアップをすることが大切であると感じているという。子育て世帯向けの情報発信などの活動や地域でのイベントづくりに携わってもらうといった、活躍の場や機会を提供する支援を行っていることが浮かび上がった。こうした支援は、利用者をエンパワメントする側面も有するだろう。

　また、Aさんは、利用者から、拠点の支援者（スタッフ、ボランティア）になるケースも少なくないと語った。

　Aさん：ずっとやってる人たちが、スタッフになっていってるみたいな。拠点のスタッフも、もともとは、私もそうですけど、ボランティアでそういうのをやっていた人だったり。あとは、広場で働いてる人たちも、最初は、親子ボランティアっていって、広場で、お互い、子どもを見ながらやってたんだけれども、それが、もう少し自分の時間ができてきて、ここの中で、実際に、職員というのになって、みたいな人たちが、すごく多いんですよね。

　拠点でケアを受けた利用者が、今度は、拠点をはじめ地域でケアを提供する、ケアの送り手になるということは、ケアに着目すると、ケアが循環していくことと捉えることができる。

　また、単に利用者が身近な雇用としてスタッフになったというわけではなく、拠点およびそこから広がる地域での活動の場や機会を得て、そこでの経験が利用者をバックアップ、エンパワメントした結果として、今度はケアの送り手になり、拠点はじめ地域においてケアが循環していくのだという点が重要であろう。そのことは、地域の活性化、ひいては、地域の子育て支援の充実にも資することになる。拠点はそのように多様な人材を呼び込み、地域社会や地域の社会資源とつながり、ケアを生み出し続けるという機能を果たしているといえる。

　もっとも、留意しなければならないのは、こうした、活躍の場や機会を与

えるという支援についても、そのためには、前提として、拠点のスタッフが、要綱には明記されていないものの、日頃から地域とつながりや関係を持ち続けるために拠点が行政などのバックアップがなくとも、利用者や地域子育て支援のために、固有の取組や努力を欠かさずに行っているということである。

　いわば、拠点のスタッフによる地域の社会資源を開拓、つながりや関係性の維持、あるいは、利用者が地域とつながっていくことをバックアップすることやその手配・調整・マネジメントを行うといったケアが、活躍の場や機会を提供する支援の土台になっている。こうした拠点のスタッフの努力により、かかる支援が成り立っているといえよう。

④子育て世帯を擁護・代弁する支援

　続いてCさんは、子育て世帯を擁護・代弁する支援、について次のように語った。

　Cさんは、拠点のサテライト施設を日曜に開催したときに、地域住民から苦情があったことを振り返った。

　Cさん：最初、（施設を）日曜日開けるって言ってたときに、やっぱり地域のいろんな関わってる方は、日曜日もやってるのって言われたときがあって。日曜日開けるってことは日曜日も親が自分で子育てをしないで、こういうとこに来ちゃうってことでしょって言われて、いやいや、でもそれはいいんじゃないですかみたいなことを言ったんですけども、それはやっぱり子育ての放棄につながるんじゃないかって言われたこともありましたし、例えば地域でいろんな活動、ボランティアをやってる方の中には、働いてるお母さんばっかりで担い手いなくて本当、困るんだけどみたいな、で、要求ばっかりが多くてとか言われたときもあるんですよね。だからすごくそういうのは違和感っていうか感じます。

　でもそれはそれで1つの意見として、そこを多分うまくつないでいくのが、時々、自分がそういう仕事なのかなと思って、その方たちも否定もせず、でも現在の状況を伝えていくっていうこととかを考えたりもしています。

第Ⅲ部　NPO編

　日曜日も拠点を開いたことについて、地域住民から、日曜日も親が自分で子育てをしないで拠点のようなところに来てしまう、子育ての放棄につながるんじゃないかと言われたことがあったという。こうした意見を言ってくる地域住民の意識の背後には、子育ては社会全体で支えるという子育ての社会化とは矛盾し得る、できるだけ家族こそが子育てをするべきだという、子育て私事論や家族責任、家族規範が強固に残っていることを示している。

　この点、先行研究においても、例えば、井口（2010：171）は、「ケアの『社会化』という動きがもたらしたのは、すべてを外部が担うのではなく、家族のケア役割や責任意識が残ったまま分担していかなくてはならないという事態である」と述べる。

　また子育て支援についても、ケアの外部化、共同化が進んでいるものの、規範レベルでは、家族のケアを家族が第一義的に担うという子育て私事論や家族責任が根強く、子育て支援は家族規範や子育て私事論の存在を前提としているという指摘もある（松木2013：34）。本件の語りのケースでも、拠点のような家族以外による子どもへのケア、子育て支援があるものの、できるだけ家族が子育てをするべきという子育て私事論、家族責任、家族規範が強固に残っていることを物語っている。普段は何も言われなくても、日曜日の開所スタートというように、新しく、子育て支援を何か拡大するような取組を始める際には、反対意見が顕在化し、せめぎ合いのようなものが発生してしまうことを示している。子育ての社会化や子育ての実践は、そうした従来から続く子育てをめぐる家族責任や家族規範との間の闘いという側面がある。

　さらに、共働き世帯が増えるなかで、働くお母さんばっかりで地域の担い手がいなくて困る、要求ばかりが多いという声も寄せられるという。Ｃさんは、子育て支援の立場から、こうした意見に「違和感」を覚えつつも、「それはそれで１つの意見として、そこを多分うまくつないでいくのが、時々、自分がそういう仕事なのかなと思って、その方たちも否定もせず、でも現在の状況を伝えていく」と、表立ってはそうした意見を否定せず、共働き世帯が置かれている状況や働き方が多様化していることを伝えていく。

　Ｃさんのこのような支援は、子育て世帯を擁護・代弁する支援と呼ぶことができるだろう。

　さらにＣさんは、隣の区の拠点が行っている子育て支援として預かりも

第12章　地域子育て支援拠点におけるケアの循環とケアの多層性に関する一考察

行っているが、保護者の帰宅が遅かったとき、夜の遅い時間まで子どもを預かっていることに周りの人から、どういうことだ、と連絡があったことも語った。

> Cさん：こんなに遅くまでお子さんを預かるってのはどういうことだと。こんなに（遅くまで）お子さんを預ける親はどういう親なんだみたいに言われて、私もちょっとカチンときて、大人げなくちょっとけんかとかもしちゃったりもあったんですけど。（中略）夜遅くまで子どもをほったらかしにしてるわけでもなく、そこまで働かなくちゃいけないってことに対していろんな手だてを考えてサポートを利用してるのに、そういうことを言ってくる人がいるっていうのは、どういうもんなのかな、なんて思いつつも、でもやっぱりそういう思考っていうのは、どこかにまだ残ってるんでしょうかね。

　Cさんは、子どもを遅くまで預かることに対して、どういう親なんだと言ってきたり、非難してくる人と「けんかとかもしちゃった」、「そこまで働かなくちゃいけないってことに対していろんな手だてを考えてサポートを利用してるのに、そういうことを言ってくる人がいるっていうのは、どういうもんなのかな」と語った。子どもを預けざるを得ない親の立場を理解し、共感しながら、どういう親なんだという声やその背景にある親が子どもの面倒を見るべきといった旧来の子育て観と対決する姿勢を鮮明にし、子育て世帯を擁護・代弁する支援を行っているといえる。
　ただ、ここで留意しなければならないのは、Cさんにおいても、あくまで、子育てをする家族を支援するという論理が見られることである。すなわち、子育ての社会化を推進する拠点のスタッフのCさんにおいてもまた、子育て私事論や子育てについての家族責任が完全に後景に退いたわけではない。このことは、子育て私事論や家族責任が強固であることを示していると、とらえることができるだろう。拠点のスタッフに着目して論じると、
　拠点のスタッフは、共働き世帯の増加や、女性が子どもを家庭外に預けて働くことへの、旧来の子育て観やジェンダー意識に基づく否定的なまなざしからの防波堤の役割を果たし、子育て世帯に寄り添い、子育て世帯を擁護・

259

第Ⅲ部　NPO編

代弁しつつも、一方で、子育て私事論や家族責任を無意識にせよ、引き受け
ている側面もあるといえよう。

（2）分析の視点②

　続いて、2点目の分析の視点は、現場で子育て支援拠点のケアに関してど
のような葛藤や課題があるのか、ということである。

　分析の結果、自主事業で収益を上げていく難しさ（安価な業務委託経費、
低賃金）、次世代への引継ぎや地域の担い手の育成の課題、業務がハードで
責任もある一方で待遇がそこまで良くないなかでのボランティア精神の限界、
次世代への引継ぎや地域の担い手の育成の課題などが浮かび上がった。

　以下、順番に論じていく。

　まずBさんは、事業をする上で苦労していることとして自主事業で収益を
上げていく難しさ、について次のように語った。

　　Bさん：自主事業で収益を上げていくことは、企業家でもないのに企業家
　　みたいなことをしなくちゃいけなくて。事業を起こして収支計画をつ
　　くって黒字を出すって、どうしたらいいわけ？って。最近、予算が足り
　　ませんって会計さんとかに言われると、じゃあ私のお給料要らないか
　　ら、例えば月5万円だけでいいから、あと要らないから、そういうふう
　　に黒字って言わないでくれる？って言いたくなる。苦しいですね。例え
　　ば、1本セミナー15万で売ってこいとかってやって。営業の行き方と
　　か習ったことないし、どこに営業に行っていいかも分からないんだけど。

　NPOも経営によって利益を出すことが求められるが、子育て支援NPO
のスタッフの多くはその前まで主婦であるなどして、営業や経営の経験があ
るわけでないため、利益を出すことが、Bさんが語るようになかなか苦しい
実態がみえる。この点、Aさんも、企業と比べて業務委託経費が安価である
ことやNPO側もそうした感覚が身についていること、また、低賃金（仕事
に合ったペイの少なさ）を述べた。さらにCさんも、業務のハードさや責任
の重さに加えて、事業に見合った事業経費や賃金がないなか、ボランタリー
精神だけでは限界であると語った。NPOの経営・財政の構造的な課題が浮

260

かび上がる結果となった。

　地域子育て支援拠点に留まらず、子育て NPO のスタッフには、社会や地域における様々な課題に取り組むことが期待されており、特に、子育て支援 NPO は、子ども・子育てが喫緊の重要な社会課題となるなかで、利用者への対人ケア以外にも、本調査でみてきたように、地域の社会資源とのつながり、関係づくり、利用者と地域をつなげるなど、役割は決して小さくない。

　また NPO には、行政の役割とは異なり、身近な地域に根ざし、既存の支援が行き届かない、支援のはざまやすき間、利用者の抱えるニーズを見つけ、支援につなげていくことや、利用者に寄り添うことも期待されている。特に、地域子育て分野では、子育ての孤立感・不安感等の高まりや、保護者のメンタルヘルスや虐待の早期発見なども期待されているなか、利用者に寄り添ったケアが必要となる。しかし、そういった、いわばケアを提供するスタッフ自身へのケアやサポート、あるいは、ボランタリー精神だけに大きく依存しない、職務、活動、責任に見合った賃金での評価やバックアップ体制が、いまだ十分に進んでいないことがいえる。

　別言すれば、社会的に子育て支援 NPO の役割が大きい反面で、事業経費、投入される社会資源、スタッフの待遇などの面では、不十分と言わざるを得ない。社会的な役割の重要性とそうした現場での実態との間でギャップ（齟齬・乖離）があるといえる。かかるギャップの背景には、NPO を取り巻く構造的な問題や社会的な通例、さらに、NPO のスタッフも意識面でそういうものだと内面化してしまっている部分もあるが、見直す必要があるだろう。また A さんは、次世代への引継ぎや地域の担い手の育成が課題であると語った。

　　A さん：働き方改革を、ここ何年か、やってきていますが、私より下の
　　お母さんたちは、やっぱり、自分の生活、自分のペースっていうのを、
　　守っていきたいとかいう気持ちが、割と強くて。それは、もちろん、当
　　たり前のことなんですよね。だから、私たちみたいな働き方をしなくて、
　　仕事が回るようにするためには、どうしていったらいいかっていうのを、
　　今、すごく考えてるというか、そうしないと、次の世代の人たちに、引
　　き継げないなっていうのが、今の最大の課題ですね。

第Ⅲ部　NPO編

　Aさんによれば、拠点の業務は量が多く、また、責任も大きい業務だが、近年の働き方改革などによって少しずつ変わりつつあるとはいう。しかし、働き方だけでなく、意識面でも、若い世代では、仕事だけでなく、自分の生活を大事にしたいという意識が上の世代よりも強く、そうしたなかで、次の世代の人たちに、どのように、また、誰に引き継いでいけるのかということが課題であると語られた。NPOにおいて、思いがあったとしても、働き続けること、次の世代に引き継ぎながら持続していくことの難しさを示している。

4　全体考察

　2つの分析の視点にそって、全体を考察する。

　まず、1点目の分析の視点は、①法制度とのギャップに留意しつつ、地域子育て支援拠点の現場で生起しているケアの実態・態様を把握することであった。また、2点目の分析の視点は、②現場において子育て支援拠点のケアに関してどのような葛藤や課題があるのか、ということであった。

　まず、分析の視点①に関して述べると、分析の結果、対人ケア以外のケアとして、地域とつなげる支援、学び直しを提供する支援、活躍の場や機会を提供する支援、子育て世帯を擁護・代弁する支援といった態様のケアが浮かび上がった。この点、「地域子育て支援拠点事業実施要綱」では、基本事業として、子育て親子の交流の場の提供と交流の促進、子育て等に関する相談・援助の実施、地域の子育て関連情報の提供、子育ておよび子育て支援に関する講習等の実施等があげられ、さらに加算対象事業として、地域支援なども盛り込まれてはいる。

　しかし、抽象的規定にとどまり、具体的な取組は明記されていない。規定を実現する取組は、現場の裁量に委ねられている性格が強い。それゆえ、現場の実態として、「事業の目的」に掲げられている地域の子育て支援機能の充実に沿っていると解釈できる取組については、事業の目的内として、そこに自分たちのアイディア、工夫、仕掛けを盛り込むことで、自分たちの主体的・能動的な活動につなげていた。例えば、利用者を呼び込むための工夫をしたり、地域の社会資源を開拓して利用者と地域をつなげるなど、様々な態

様のケアを苦労しながら模索し、行っている実態がわかった。

　これらのケアは、多様な利用者のニーズに応えるものと肯定的に捉えることもできるが、抽象的に事業実施を呼びかける規定を超えるものでもあり、かつ、団体のスタッフの裁量、具体的には、発案や取組の努力に丸投げされているといえそうなほどに委ねられていた。すなわち、どのようなケアがなされているのかという実態は、現場に任せられている部分が大きい。規模が一定程度あり、地域とのつながりのある団体では、創意工夫に富んだ、有効な取組ができるかもしれないが、その実施に際してのスタッフの負担は小さくなく、現場の取組に依存しているともいえる。多くの現場では、こうした非現場ワークに苦労している[2]。

　続いて、分析の視点②に関して述べると、自主事業で収益を上げていく難しさ（安価な業務委託経費、低賃金）、業務がハードで責任もある一方で待遇がそこまで良くないなかでのボランティア精神の限界、次世代への引継ぎや地域の担い手の育成が課題であることが浮かび上がった。これらは、子育ての社会化を掲げ、そのために地域での子ども・子育て支援体制の充実を推進している社会の建前との間で、少なくないギャップ（齟齬・乖離）があることを示しているものといえる。かかるギャップに直面し、現場において、支援者のスタッフは疲弊している。他方、こうした現場の実態を、行政が認識していることは本調査では確認できなかった。

　続いて、ケアの循環とケアの多層性、課題について考察を加えていきたい。

　分析の結果、地域子育て支援拠点では、通常の対人的・直接的なケア（利用者の話し相手や相談相手になる、気にかける、助言を行う、子どもを一時的に預かる、さらに必要な支援や専門機関につなげるといった支援）とは異なるケアを行っていることが明らかになった。

　本調査からは、具体的には、利用者への通常の対人的・直接的なケア以外のケアとして、「地域とつなげる支援」、「学び直しを提供する支援」、「活躍の場や機会を提供する支援」、「子育て世帯を擁護・代弁する支援」というケアのあり方が浮かび上がった[3]。

　すなわち、利用者への対人的・直接的なケアだけでなく、地域の社会資源を開拓して多層的なケアを構築するとともに、利用者と地域の社会資源をつなげていくことで、利用者に活躍の場、役割、居場所を提供し、さらに、子

育て世帯を擁護・代弁するというものである。

こうしたケアの特徴として、後述のように、ケアの多層性とケアの循環[4]という2点を指摘することができる。

まず、ケアの多層性について述べる。地域子育て支援拠点において、利用者はスタッフからケアを受けることができる。しかし、一方で拠点にできることは限られており、また、育休復帰後に拠点利用が減った後も、子育てを地域で重層的に支えるために、拠点だけでなく、利用者が居住する地域において、利用者が様々な社会資源（人、モノ、サービス、ネットワーク、コミュニティ）とつながっていくことが重要となる。

しかし、共働き世帯の増加や、特に都市では親は別地域出身のため、子どもを持つまで地域との接点がないというケースも少なくない。子育てをするという段になって地域の子育てに関する社会資源を調べ、つながろうとしても、容易ではない。そのときに、地域に根ざした地域子育て支援拠点が、利用者と地域の社会資源をつなげるという、ケアの手配・調整・マネジメントを行うことが小さくない意義を持つ。いわば、利用者を、地域子育て支援拠点を入口として、地域の社会資源につなげるというケアが行われている。また、そのために、地域子育て支援拠点は、日頃から、地域の社会資源を開拓し、呼び込み、関係を維持し、社会資源を集約化・ネットワーク化する取組を継続的に行っている。

そうして形成された、地域のいわば多層的なケアに利用者をつなげるというケアが拠点によって行われているのである。利用者にとって、様々な地域の社会資源とつながることは、子育ての孤立感・孤独感、不安感、負担感を軽減することにもつながり得るだろう。また、拠点によるそうしたケアの手配・調整・マネジメントにより、利用者が地域の社会資源とつながりを持つことは、利用者にとってだけでなく、その支え手である拠点にとってもプラスであり、地域を活性化させつつ、子育てを社会で支えるという、子育ての社会化の理念とも共鳴するものであろう。

続いて、ケアの循環について述べる。本調査でも語られていたように、利用者は地域子育て支援拠点を入口として地域の様々な社会資源につながるが、そこでケアを受けるだけではなく、少なくない利用者は、今度は、拠点の支援者（スタッフ）になることをはじめ、地域において様々なかたちで自分

がケアを提供する、いわばケアの送り手の側になる、あるいは、ケア提供の役割を通して、地域につながっていく。それは、仕事への本格復帰までのステップアップのように育休中や子どもが小さいときだけという場合もあるが、その後もずっと続いていくケースもみられる。上述のケアの多層性との関係でみると、利用者は、拠点を入口として地域につながり、ケアを受けるだけでなく、さらに、ケアを提供する送り手側として、多層的なケアの循環の輪に入っていく。

　ここで重要なのは、拠点の利用者が今度は支援者（スタッフ）になるという拠点内での閉じたケアの循環ではなく、拠点にとどまらず、広く地域のなかで、それぞれが自分に合った役割、居場所、活動の機会を通して、必ずしも自分が受けたケアのかたちにしばられず、むしろ、ケアのかたちや質が変化しながらも、今度はケアを提供していく、ケアの送り手になっていくということである。別言すれば、当初のケアが、そのかたちや質が変わったり、時に増幅したり縮減したりしながらも、ケアに込められた思いが引き継がれるように、拠点にとどまらずに、さらに地域へと広がり、多層的に発現し、循環していくということである。

　子育て支援は、専門性の高いケアももちろんあるが、声をかけたり、気にかけたりといった身近で取り組みやすい態様でもケアになり得るため、こうしたケアの多層性や循環を生みやすい性質を持つ。子育て支援のこのような特質は、地域を活性化させ、さらに、地域の力を高めていくものともいえるだろう。換言すれば、子育て支援は、地域の子育て力や、地域に循環するケアの向上を生み、それらは、ひいては子どもを社会全体で支えるという、子育ての社会化の理念にもつながっていくものであるといえる。こうした特性から、地域の子育て支援のケアは、非常に重要なものであるといえる。

　ここまで述べてきた、地域子育て支援拠点におけるケアの多層性と循環について図示すると、図12−1（267頁）のようになる。

　本調査では、課題も浮かび上がってきた。例えば、地域子育て支援拠点が地域の社会資源を開拓し、利用者とつなげるためには、少なくないマンパワーや資金が必要となる。こうした拠点の取組は、地域支援というかたちで「地域子育て支援拠点事業実施要綱」にも規定されているが、規定は曖昧であり、かつ、そのための十分な資金が行政から出ているわけではない。その

ため、拠点を営む NPO としては、利用者のため、地域子育て支援の充実の
ために、いわば法の規定を超えて（法の規定とケアの実態の間で齟齬・乖離が
ありつつも）、利用者を呼び込む様々な知恵を出し、工夫を行い、地域の社
会資源を開拓し、関係をつくるといった取組（ケアの手配・調整・マネジメン
ト）を行っている。

　しかし、本調査でも語られていたように、そのための十分なマンパワーや
資金があるわけではない。企業と比べて安価に業務を受託させられたり、行
政からの助成が十分でないために待遇面が良くないなかでも働かざるを得な
かったり、休日も地域との関係づくり（ケアの素地づくり）のために地域に
出向いたりと、NPO 側の自己犠牲のもとに成り立っている部分が小さくな
い。すなわち、NPO 側の無償の善意に頼っている性格が強い。現状は、そ
うした NPO 側、特に支援の現場が疲弊しつつも、なんとか、NPO 側のい
わば「思い」によって取組が維持されているものの、マンパワーや財政が不
十分で儚い状況に加えて、共働き世帯増加で地域の担い手が育たなくなりつ
つある、若いスタッフの自分たちの生活も大切にしたいという意識の高まり、
ワークライフバランス・働き方改革といった時代情勢（一方で、従来からの
強固な家族規範は残存し、拠点スタッフが子育て世帯を擁護・代弁せざるを得な
い）のなかで、いつまで現状の取組が持続できるかわからないといった不安
の声も本調査では聞かれた。

　先述のように地域子育て支援拠点は、地域におけるケアの循環や多層性に
つながる重要な意義を持つが、その土台が揺らぎつつある懸念も、本調査か
らみえてきたといえる。このまま十分な手立てが打たれなければ、ケアの量
や規模は維持・確保されているようにみえても、ケアの内実が損なわれる、
「ケアの空洞化」（第8章157頁、参照）とも言いかねない状況が生じる恐れ
もあるだろう。

　最後に、ケアの循環・多層性における、ケアの送り手と受け手という2つ
のケアの関係・特徴に関する考察を加えていきたい。

　図12-1において、従来の政策は、ケア（A）のみを想定し、ケア（B）
や、両者間の相互作用の視点は捨象され、抜け落ちていたといえる。また、
ケア（B）の特徴として、ケア（A）と非対称的で、別のタイミング（時間）、
空間（範囲）、かたち（態様）での発言があり得るということがある。ケア

第12章 地域子育て支援拠点におけるケアの循環とケアの多層性に関する一考察

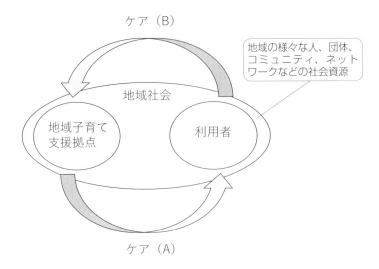

図 12-1 地域子育て支援拠点におけるケアの循環・多層性
(出所:筆者作成)

(B) が発現するタイミング、空間、かたちは、ケア (A) とは異なるかたちで発現し得る。例えば、拠点で利用者が受けるケア (A) によって、利用者は拠点の外の地域社会で、ケア (B) を発現し得る(そのことがひいては拠点に返ってくることもあり得る)。

ケア (B) は、予想できず、偶発性や可変性を持っているところに面白み、特徴がある。すなわち、ケア (A) と必ずしも呼応するものではなく、それとはむしろ往々にしてギャップ(離齬・乖離)があるが、その偶発性・可変性が、結果的に、地域に多層的なケアを生み出し、ケアが循環・波及していくという可能性、長所・メリットがあるともいえよう。

別言すれば、ケア (A) では、拠点の利用者を、拠点内での対人的なケアに加えて、本章でみてきたように、地域社会の様々な資源に多層的につなげていく点でも作用する。これを受けて、ケア (B) では、利用者が、拠点に限らず、地域社会のなかで、様々なかたちでのケアを提供し、それが、ケアの循環やケアの多層的につながっているといえるだろう。

ただし、ケア (A) を支える資源が脆弱だが、ケア (B) についても同様、あるいは、ケア (A) 以上に担保するための資源はなく、現場のボランタ

第Ⅲ部　NPO編

リーの思いに依存、頼っているといえる。ケアを広く支えるための社会資源の投入が、重要、必要なのではないだろうか。

5　今後の課題

最後に、今後の課題を5点、述べたい。

まず1点目として、地域子育て支援拠点は、それぞれ特色ある地域に根ざしながら、独自性の強い取組を行っているところが多い。今回は、1拠点のみのインタビュー調査だったが、より多くの拠点にインタビューすることで、地域子育て支援拠点が織りなす多様なケアの実態を描き出すことができるものと考えられる。

続いて2点目として、ケアの循環・多層性に関して、今回は拠点のスタッフへのインタビューにとどまったため、ケアを受けた利用者がどのような要因やプロセスによって、ケアの提供側になるのか、十分にアプローチできなかった。

また3点目として、2点目とも関係するところだが、同じ施設の利用者であっても、その後に、ケアの受け手から送り手になる人もいれば、そうならない人もいる。両者の間を分ける要因として、どんなことがあるのだろうか。拠点でケアを受けたことにより、本章で述べてきたように地域の社会資源とつながり、拠点内外で活躍の場や居場所を得たから、拠点を含む地域活動にエンパワメントされたから、というように前向きな要因があるかもしれない。

反対に、企業等での復帰を望んだが、子育てをしながらこれまで通りに働くことは難しいため、身近にあり、賃金や待遇は必ずしも良くないが、育児との両立が比較的容易なNPOを就職・転職先として選んだ、という消極的な要因もあるかもしれない。あるいは、両者の要因が混在・競合している可能性もあるだろう。その他にも、利用者の世帯の経済状況、拠点で受けたケアの内容、パートナーとの家事・育児との分担の状況、地域活動やボランティア・プロボノ活動の経験やそうした活動に対する意識、あるいは元利用者を今度は支援者として育てたり、受け入れることについての拠点側のスタンスなど、様々な要因も影響しているかもしれない。これらの、ケアの受け手の利用者が、支援者としてケアの送り手になるケースとならないケースを

268

分かつ、多様な要因やその影響具合も明らかにしていきたい。

　4点目として、元利用者から支援者になったケースを含めて、拠点の支援者が、ケアの提供側として、本章でみてきたこと以外に、日々子育てを取り巻く状況が変化したり、利用者像が多様化するなかで（例えば、生活困窮世帯、ひとり親世帯、外国人または外国にルーツを持つ世帯の利用者の増加等）、どんな葛藤や課題を抱えているのか、また、本章でみてきたケアの循環や多層性を、そうした多様化する世帯や利用者についても、同様に考えることができるのか、といった点であるが、これについては、本章では十分にアプローチできなかった。

　最後に5点目として、子育ての社会化と、子育て私事論や子育ての家族責任という点に関する拠点のスタッフの家族規範、意識に関するものである。Aさん、Bさんが語ったように、地域の社会資源を開拓し、利用者をつなげていくことが拠点のスタッフの重要な役割だが、拠点のスタッフはCさんのように子育て世帯に寄り添って旧来の子育て観やジェンダー意識に基づく否定的なまなざしからの防波堤になりつつ、一方で、地域とのつながりのために、旧来の子育て観やジェンダー意識も根強いと思われる地域の有力者に頭を下げたり、関係づくりを進めていることが想定される。

　もしそうであれば、拠点のスタッフは、利用者と地域という異なる場面で、二重のロジック（子育ての社会化と親和性がある子育てのロジックと、旧来の子育て観やジェンダー意識と親和性のある子育て私事論や家族責任を強調するロジック）を使い分けている、または、相反し得る2つのロジックの間で板挟みになっている恐れもある。本章では、この点に十分にアプローチできなかったが、拠点の役割や、子育ての社会化・家族規範と密接に関わる重要なテーマであると思われる。

　ここまで述べてきたことを踏まえて、今後、様々な拠点の利用者や支援者へのさらなる調査によって、これらの課題にアプローチしていきたい。

注

1）この点、堀・尾曲（2020：132）も、「地域で活動する他団体や地域で生活する人々との関係性を築くための地道な努力」、「地域との関係性構築のための数々の非現場ワークは、国の地域子育て支援拠点のなかに明文化されているものではない。地域子育て

第Ⅲ部　NPO編

支援拠点事業の枠からこぼれ落ちる部分にこそ、地域子育て支援の核心があるともいえるのではないか」と、地域との関係づくりが、規定にはないものの重要であると述べる。

2）堀・尾曲（2020：132-133）は、地域子育て支援の制度化による非現場ワーク（地域子育て支援の体系を整えていくワーク、スタッフミーティング、内部研修、地域の他団体や生活する人々との関係性づくり等）の増大が、子育て当事者のニーズに寄り添った地域子育て支援労働の専門性の発揮など、支援の現場が大切にしてきた取組に十分な時間を費やせない状況を生み出していることや、制度化による規模拡大で利用者や場を「管理」せざるをえなくなり、利用者への丁寧な対応や、場を一緒に作り上げることに十分な時間を取れなくなり、ジレンマを抱えていると指摘する。

3）ケアとは、介護・育児など労働性の強い、強いケアだけでなく、他者への配慮・気遣い・気配りといった労働性の弱い、弱いケアに分けることができるが（稲葉 2013）、地域子育て支援拠点においては、利用者の親子への配慮・気遣い・気配りが大きな意味を持つため、弱いケアが特に重要となる。またケアに関する先行研究においては、例えば、稲葉（2022：104）が述べるように、強いケアではケアの受け手はケアへの依存性が大きいことを前提に、ケアの送り手・受け手の関係の非対称性が強調されてきた。一方、弱いケアに関しては、関係が対称的であるか否かはあまり問題とされてこなかった。こうしたなか、本調査からみえてきたのは、弱いケアが多く妥当する地域子育て支援拠点において、ケアの受け手とケアの送り手が、対称的で対等な関係であることを前提に、その役割が時々に変わり得ること、さらに、二者関係にとどまらず、二者関係を超えた地域社会において発現し得るということである。すなわち、ケアの受け手である拠点の利用者が時にケアの送り手になるという、ケアの循環が、二者関係を超えて、地域社会において現れているということである。ケアの循環は、拠点内だけでなく、拠点を取り囲む地域社会に波及し、第三者を巻き込み、呼び込みながら、多層的なケアを織りなしていく。それは、社会保障や社会福祉におけるセーフティネットとしても機能し得るものである。ケアの循環により、拠点を超えて、地域社会において重層的にケアが形成されることを、ケアの多層性と呼ぶことができる。

4）ケアの循環は、地域子育て支援拠点に限って生じるものではもちろんない。例えば、森（2019）は、労働統合型社会的企業の社会的居場所としての側面に着目したインタビュー調査の考察から、社会的課題をかかえた人々が対等な関係や果たすべき役割の授受、ケアの循環を通して相互に承認される関係をつくり出し、自己実現に向けた第一歩を記す場となっていること、支援者や地域の住民なども対等な関係の生成にともなってエンパワメントされ、ケアの循環がもたらされていると指摘する。

終　章

日本の子育て政策を支えるもの

1 本書の知見のまとめ

　以下、各章ごとの知見のまとめを述べる。

　第1章では、こども家庭庁をめぐる政府の有識者会議の議事録・報告書と、閣議決定された基本方針という2点の重要な政府公式文書を分析対象として、こども家庭庁が、子ども政策にいかなる変化をもたらしうるか、3点の視点から分析を行った。分析の結果、こども家庭庁の発足は、子ども政策の目的、対象層、プロセス（政策過程）に大きな変化をもたらす可能性があることが浮かび上がった。具体的には、子どもの視点や子どもの権利性等の導入・深化、これまで分断的であった特定の子ども層とすべての子ども層の支援の一体化、地方自治体との連携強化、NPOをはじめとする市民社会との積極的な対話・連携・協働、自治体職員や民間人の出向・登用等によって、子ども行政や子ども政策のあり方を大きく変えうることが示された。他方、例えば、安定的財源や十分な人員体制の確保、適切な人材活用等、課題が多いことも明らかになった。

　第2章では、近年、子どもの貧困対策やこども大綱、その他の政策において、着目されている、ウェルビーイング（Well-being）に着目する重要性や意義を考察した。子どもと家族のウェルビーイングが、かつてないほど、政策的に重要視されているが、今後、掲げられた理念をどれほど実現できるか

が課題といえる。また、ウェルビーイングを実現するためには、子ども・子育てを社会でどのように支えていくべきかという問いと向き合う必要がある。日本社会の構造的な問題、再分配など社会保障のあり方に加えて、福祉、雇用、教育、さらに、家族にウェルビーイングのためのケアや福祉が大きく依存している家族主義のあり方などの見直しが欠かせない。いわば、日本社会のあり方が広く問われていると認識すべきであるといえる。かかる認識の上に、子どもが生まれ育つ基盤である家庭・保護者への支援の視点も欠かせないということ、また、貧困や虐待などの不利や困難を抱える特定世帯だけでなく、子どもがいる一般世帯を広く支援対象とすることの必要性を論じた。

　第3章では、こども家庭庁や「こどもまんなか」と共鳴するようなかたちで、近年、教育政策でも前景化している学校の「福祉的な役割」「居場所」「セーフティネット」などのアイディア・言説や政策動向が、これまでの学校のあり方を、子どものウェルビーイング向上や権利保障の志向と符合しつつ、ケアを通して、変革する契機となり得ることを論じた。「こどもまんなか」社会が注目を浴びるなか、国の子ども関係の予算の増加や、教員の働き方改革、処遇改善の流れは、今後も加速していくことが想定される。他方で、「こどもまんなか」社会における教育制度を含む各制度が、ケアを通して、ウェルビーイングの向上に資する、実効性を伴う取組となるのか、動向を注意深く見守っていく必要があるだろう。また、学校・教員、地域、家庭、行政が、相互に補完し合いながら、ケアを生み出し、ウェルビーイングを実現するために何ができるのかを、議論する局面を迎えているといえる。

　第4章では、国家公務員人事制度の硬直性と職員のキャリア形成・キャリアパスについて、組織のロジックと個人のロジックの対立に着目し、人事制度の課題を明らかにする目的から、国家公務員（民間からの出向者を含む）を対象に行ったインタビューの分析を行った。分析の結果、組織のロジックと個人のロジックの対立、葛藤がみられた。具体的には、組織の前例や慣例に基づき、職員の個人性を捨象して組織への貢献を優先するというロジックがある反面、職員が個人としての意思を持って主体的・自律的に自らのキャリアパスを選択し、やりがいや成長を感じながら働くことを望むというロジックによって、職員が板挟みになっている実態が浮かび上がった。かつては、組織のロジックが優先していたが、近年の高い離職率などを背景に、組織側

も個人のロジックをないがしろにできず、両ロジックが均衡しつつある。また、労働環境などが職員のモチベーションの低下や離職の要因となっていることは否めないが、それが決定的な理由というよりは、人事制度の硬直性や、多様化する職員の主体的・自律的なキャリア形成の志向の変化に人事制度が追いついておらず、組織のロジックと個人のロジックの対立・葛藤が深まっていることが課題であることが浮かび上がった。

　第5章では、多様化・個人化時代における国家公務員像を明らかにすることを研究目的として、国家公務員へのインタビュー調査・分析を行った。分析の結果、多様な人材が必要とされている一方、そうした人材が活用できる環境が整っていないことや、旧態依然の組織文化や仕事の進め方が続いていることがみえた。また、従来の国家公務員像と現代の国家公務員像を比較・検証した結果、従来型を「組織型」、現代型を「個人型」と、大別することができた。「組織型」では、組織の一員・歯車として、組織のトップダウン・上意下達や前例・慣例に従って、職員の個人性をできるだけ捨象して、与えられた業務や役割をこなしていく。また、組織から一方的に与えられる硬直的なキャリアパスのもとで年次や職種ごとに昇進していく。上司からの評価を重んじ、私滅奉公の志向が大きい。ひとつの役所、組織で最後まで働くという意識や、役所を絶対視し、あくまで自分は組織の一員として働くことを通して社会や公共に寄与するという傾向が強い。一方、「個人型」は、組織の一員ではあるが、個人としての達成感、やりがい、自己の成長を感じながら働くことも望む。与えられた業務や役割以外にも取り組みたいという思いも小さくない。組織との関係やキャリアパスに関しては、組織との対話を重視し、組織からの評価だけでなく自己評価も加味しながら、職員が主体的・自律的に柔軟なキャリアパスを選択することを志向する。民間企業やNPOなど外部への関心が高く、社会や公共に寄与することは、役所の一員でなくてもできるという感覚や、役所を相対化する意識が強い。公務員としてのキャリアは、組織貢献だけではなく、個人の自己実現という性格もあるため、やりがいが少なく、組織が個人を尊重してくれないと感じることが続く場合には、違うかたちで社会や公共に貢献するために、民間企業やNPOなどへの転職も厭わない傾向にある。多様化・個人化時代において、「個人型」の傾向が強まることが想定される。組織型と個人型の国家公務員像は、

社会や公共のために働きたいという思いは共通しつつも、特徴はかなり異なる。こうした点を踏まえた制度の見直しが、必要であることが浮かび上がった。

　第6章では、こども家庭庁の政策でも注目されている行政とNPO等との連携の推進に着目し、行政とNPOの連携がうまくいくのか、2000年代以降に本格化した地域子育て支援をめぐる自治体とNPOとの協働を参考にするべく、首都圏X市を事例に、行政とNPOの協働の実態を、当事者を知る職員及び20年あまりが経過した現役の職員へのインタビュー調査から分析した。分析の結果、2000年代当時に地域子育て支援を担当していた職員からは、子育て世帯の孤立や育児の異変に接し、地域での子育て支援の必要性を感じるなか、協働の追い風もあり、行政がNPO側と協働しやすい機運があったと語られた。もっとも、市民と協働を進める上で議員との関係に苦心したことも語られた。また、地域子育て支援が地域にもたらす好影響も、例えば、地域の子育て拠点が、子育て当事者だけにとどまらず、地域とのつながりの形成や、地域づくりの上でも重要だと行政が期待していたことが明らかになった。他方、現在の子ども関係の行政職員からは、協働という言葉やその精神が後退しているのではないかという指摘もあったが、協働が廃れたわけではなく、時期によって行政とNPOの距離の近さや伴走の程度に違いがあることが語られた。行政の役割が、初期のように個別のNPOへの支援よりも、全体のネットワーク化を進めたり、NPO同士や社会資源とつなげたり、質を担保するための研修などに移行してきていることが語られた。また、別の行政職員やNPO職員からは、NPOの強みとして、行政の支援が及びにくい支援のはざまや現場ニーズの把握が指摘された一方、多くの行政職員は、上述のように、ある程度NPOが育つなかで現場から離れてしまい、NPOの実態や現場を知らないといった声も聞かれた。行政とNPOの協働のあり方がステージごとに変わっていくことに加えて、当初の協働の精神をいかに維持・発展させるべきなのかという課題がみえた。

　第7章では、子どもの貧困対策の重要な柱であり、福祉と教育の連携の試みが行われている生活困窮世帯の子どもの学習支援を例として、首都圏A市の関係者への聞き取り調査から、福祉と教育の連携について分析した。学習支援は、福祉政策として自立を促すためにスタートしたが、子どもの貧困問

題の顕在化や、学習機会の保障に寄与する子どもの貧困対策法などによる意識の高まりから、学校側が福祉側と定期的に会合を持つようになるなど、両者の連携が徐々に前進しつつある。一方で、喫緊の課題として、情報共有の不十分さ、現場のバラツキ、支援が届いていない子どもへのアプローチ、人員不足などが浮かび上がった。福祉的な自立支援と学習機会の保障、その両者を進めながら、子どもの貧困対策を実効的に行うために、福祉と教育の連携のさらなる強化を進める必要性、重要性が本章で明らかになった。

　第8章では、近年、取組が広がっている生活困窮世帯の子どもの学習支援に関係する各アクターが、学習支援のあり方や、そこでの教育・ケアを誰がどのように引き受けるのかということについて、どのような思惑や戦略を持ち、また、アクター間でいかなる駆け引きや働きかけが行われているか、パワーバランスはどうなっているのか等を明らかにするべく、全国の計8市の福祉行政、教育行政、NPO、社協、民間企業へのインタビュー調査の分析を行った。分析の結果、居場所や相談などケア機能が強みのNPOは教育機能を拡大させているが、劣勢に立たされ、他方、教育産業を母体とする大規模事業者が台頭していた。かかる事業者も、生活習慣の管理など生活支援に力を入れ、福祉機能を拡張させているようにみえるが、ケア機能は軽視されている。学力や進学実績が評価指標になるプロポーザル制度の下で、今後も同様の傾向が予想される。全体として、「ケアの空洞化」というべき事態が拡大しているが、行政は問題意識を持たず、構造的にいびつなパワーバランスにあることが浮かび上がった。

　第9章では、東海地方のX県のY市およびZ市における生活困窮世帯の学習支援活動などの分析を通して、教育と福祉をめぐる多様な問題について分析を行った。分析の結果、教育と福祉の連携がゆるやかに進行していることが確認された。一方、学習支援事業が開始してから10年あまり経過するなか、増加が著しい外国人・外国ルーツの子ども・世帯への対応、スクールソーシャルワーカーの活用や活動のあり方、課題が複合化するなかでの地域における望ましい学習支援の姿など、福祉と教育をめぐる新たな問題が浮上していることがみえてきた。こうした問題は、学習支援団体単独では対応することは難しいだろう。他方、本書でみえてきたように、複合化した課題への対応や、学習支援後も見据えた子どもと地域のつながりの形成・維持など

の観点からは、学習支援団体が地域の多様な社会資源とつながり、地域で多層的なケアを生み出していくことが重要となる。また、そのことは、教育と福祉の連携をより一層進めると同時に、教育と福祉をめぐる多様な問題の解決の一助になり得るだろうことが浮かび上がった。

　第10章では、首都圏の地域の子育て支援NPO（計10団体）に焦点を当てて論述した。地域の子育て支援NPOは現在では、子育て分野のアクターとして欠かせない存在になっているが、団体設立後、現在に至るまで、どのように拡大してきたのか。現在の課題は、どこにあるのか。こうした点を明らかにするべく、調査・分析を行った。分析の結果、次のようなことがわかった。多くの子育て支援NPOは、私的で内輪な団体として、経営や営利を度外視して成立した。その後、利用会員増加や行政からの事業や補助金が増え、組織化・大規模化するに伴い、公的な性格を強めるとともに、経営の観点の導入を余儀なくされるが、多くの団体は経営基盤が脆弱な上、経営人材やノウハウに乏しく、苦心している。また、こうした団体の位置づけの変化は、初期の特性で強みでもある、団体初期の情緒的なつながり、私的で内輪であるが故の迅速な意思疎通、柔軟、融通が利くといった特性の変質を迫るものである。初期特性をどの程度維持、あるいは、脱皮をするかどうかの岐路に立ち、判断を迫られ、葛藤を抱えている。公的性格を強め、組織化・大規模化することは、サービスの拡大などに資する一方、当初の思いや団体の自律性を喪失しかねないなど、両義的でジレンマやリスクを抱え、自律性をいかに維持、向上させるべきか葛藤していることが浮かび上がった。他方、公的性格が強まっているにもかかわらず、子育て支援NPOの資金や人員などの資源は、慢性的に不足している状態である。子育ての社会化との理念と、現実の子育て支援NPOの現場の資源との間には大きなギャップがあるといわざるを得ない。また、多くの団体の成立期・拡大期の原動力になっていた、地域の子育て支援を拡充したいという思いは受け継がれているものの、そうした現場の思いに甘えているかのように、地域の子育て支援には、僅少な社会資源しか投入されていないといえる。

　第11章では、首都圏のX市で、2000年代から活動する子育て支援NPO法人Yに着目した。2000年代以降、行政との協働により、地域の子育て支援の中心を担ってきたが、その歩みや、どのような葛藤や戦略を抱いている

のかなどについて、子育て支援 NPO 法人 Y の幹部へのインタビューから分析した。分析の結果、行政との協働を重視する一方、NPO の意義や役割はそれだけでは不十分であり、支援の「はざま」「足りないところ」を見つけ、自主事業や企業との連携も探りつつ、NPO が率先して取り組んでいかなければならない、と認識していることがわかった。また、NPO として、行政の受け皿だけにならないよう、自分たちの主張やこだわりを対等に提案すること、行政との考えが合わないと感じるときもお互いの行動原理を尊重し合い、議論を重ねて合意を取りながら進んでいくことが大切だということが語られた。また、地域の多様な人や組織などの社会資源を呼び込み、連携（ネットワーク化・集約化）を行い、自分たちの事業にとどまらない、地域での多層的なケアや、ケアの循環を構築していることがわかった。他方、地域資源とつながるための苦労や、ケアの持続可能性にも関する財政面・人材面の課題も浮かび上がった。さらに、支援のはざまや新たなニーズを見つけるといった NPO の社会的な意義や役割を維持しつつも、民間企業の参入が進むなど社会が変化するなか、NPO としては強みである地域力を生かしつつ、企業との連携や独自に財源を確保して運営することなどを新たな戦略として模索していることが浮かび上がった。また、行政との協働や NPO による政策提言の役割が進む一方、純然たる公務員ではない拠点のスタッフが、どこまでを行政に提言するべきか、ニーズを抱える利用者と支援をどのようにつなげていくべきかなど、現場において様々な葛藤があることが確認された。

　第 12 章では、第 11 章と同じく首都圏の X 市の子育て支援 NPO 法人 Y の、現場に近いスタッフにインタビュー調査を行い、①法制度とのギャップに留意しつつ、地域子育て支援拠点の現場で生起しているケアの実態・態様を把握すること、②現場において子育て支援拠点のケアに関してどのような葛藤や課題があるのか明らかにする、という 2 点の分析の視点に基づき、分析を行った。分析の結果、以下のようなことが明らかになった。まず、分析の視点①に関して述べると、分析の結果、対人ケア以外のケアとして、地域とつなげる支援、学び直しを提供する支援、活躍の場や機会を提供する支援、子育て世帯を擁護・代弁する支援といった態様のケアが浮かび上がった。さらに、ケアの多層性と、ケアの循環が確認された。続いて、分析の視点②に関しては、自主事業で収益を上げていく難しさ（安価な業務委託経費、低賃金）、

業務がハードで責任もある一方で待遇がそこまで良くないなかでのボランティア精神の限界、次世代への引継ぎや地域の担い手の育成が課題であることが浮かび上がった。これらは、子育ての社会化の理念と現場の実態には、少なくないギャップがあることを示しているといえる。

2 全体考察

　続いて、全体を踏まえて、〈ケアの空洞化〉、〈ケアの受け手と担い手の双方を支える社会的な支援体制〉、〈ケアの循環・多層性〉、〈政治―行政―NPO（現場）のあり方〉という4つの論点について、論じていきたい。

（1）ケアの空洞化
　まず、第8章や第12章で言及してきた、「ケアの空洞化」についてである。
　学習支援や子育て支援などの取組は、近年、かつてと比べると、量的な拡大がみられる。しかし、例えば、学習支援であれば、実施自治体や教室の数は増加していても、第8章でみてきたように、運営の実施主体として民間企業の参入が急速に進むなか、従来、学習支援の場が担ってきた、居場所や相談相手・話し相手の提供といった、ケアの機能は相対的に弱まっている。
　また、子育て支援では、例えば、身近な地域子育て支援においてその中核のひとつである、地域子育て支援拠点事業の実施か所数も増え続けている。しかし、第12章でみてきたように、量的拡大に比してNPOの資源（リソース）が不足し、待遇や労働環境が良くないなか、スタッフが一定の自己犠牲のもとで働かざるを得ないなど、スタッフの無償の善意や、思いに頼っている性格が強い。ケアを支えるスタッフの負担感は小さくなく、安定的で良質なケアの提供の持続可能性が懸念される。
　こども家庭庁が成立し、政府として子ども・子育て関係の予算の増額を見込むなど、今後もケアが量的には拡大していくことが想定される。しかし、量的拡大とは反対に、実質的には、ケアの質や内実が損なわれる、「ケアの空洞化」ともいえる状況が進行している。
　では、「ケアの空洞化」が生じている背景として、どんなことが考えられるだろうか。

この点、まず、本書全体で繰り返し触れてきたように、資源（リソース）の不足や、それに起因した機能不全、連携不足、職員・スタッフの余裕の無さ、負担感・疲弊感などの構造的な問題を指摘することができるだろう。また、それは、NPOなど現場だけでなく、第1章や第2章でみてきたように、政策を立案・所管する中央省庁・国家公務員から、実施主体となることが多い地方公共団体・地方公務員まで、広く通底するものであるといえる。NPOなどの現場において資源が不十分なままスタッフの善意や思いに頼った取組がなされているように、行政においても、公共・政策を担う公務員としての使命感・責任感や思いに依存している実態があるといえる。こうしたことは、子ども政策に限ったものではなく、我が国の政策全般に広く当てはまる特徴だと思われる。だが、そのなかでも、とりわけ子ども政策については、子育てが私事として家庭に任せられ、現在も家族主義の性格が強い日本社会において、政策が本格的に展開され始めたのが1990年頃とまだ30年あまりしか経過していない反面、少子化や子ども・子育てを取り巻く環境への懸念が急激に高まり、日本社会が取り組むべき最重要の政策アジェンダとして急浮上しているという、他の政策とはやや異なる、特殊な経緯がある。こうした背景もあり、政策としての現在の重要性に比して、中央省庁から現場に至るまで、資源が不足し、まったく追いついていないといえる。

　しかし、投入される資源が増加すれば、「ケアの空洞化」に歯止めがかかるかといえば、そういうわけではないだろう。なぜなら、今日の状態を長らく許容してきた日本社会のあり方や人々の意識は、そう簡単には変わるわけではないからである。子育てを社会全体で支えるという、「子育ての社会化」が叫ばれて久しい。昨今でも、「異次元の少子化対策」や「こどもまんなか社会」など、新たなスローガンやレトリックが生み出され、展開されている。しかし、果たして、子育てが文字通り社会全体で支えられている、日本社会において子育てがしやすくなったと感じている人々はどれほどいるのだろうか。もちろん、この期間、変化がなかったわけではない。政策だけをみても、次々と新たな政策が打ち出されている。子ども政策の予算の増加も、一定の成果があるかもしれない。だが、それらの政策を立案・所管する中央省庁から、実施主体の地方公共団体、NPO等の現場に至るまで、本書でみてきたように、疲弊感や無力感が漂い、手応えがないまま、ゴールがみえず、

どこに向かっているのかもわからないコースを皆でがむしゃらに走り続けているような混迷ぶりは、資源の補塡で容易に改善されるものではないだろう。民主主義国家の日本社会においては、向かうべきゴールを、市民から選ばれた政治が定めることが重要である。だが、それだけでは不十分である。子ども政策に、沿道から声援が送られるような、日本社会の人々の理解と意識の醸成が必要不可欠である。この点、例えば先述のように、1990年頃から「異次元の少子化対策」や「こどもまんなか社会」など、新しいスローガンやレトリックは掲げられてきた。これらは、短期的には日本社会において注目を集め、子ども・子育てに関する人々の関心を引きつけてきた。特に、資源不足が深刻で、疲弊感や無力感がより強い現場では、そのつど一定の期待が寄せられてきたように見える。しかし、それらの帰結はどうだろうか。美辞麗句とかけ離れた、変わらない現場の実態や、理想とのギャップの大きさに、当初の期待は大きく裏切られ、失望や落胆を繰り返してきたのが、日本社会と子ども政策をめぐる、この約30年の歩みといえるのではないだろうか。

（2）ケアの受け手と担い手の双方を支える社会的な支援体制

　続いて、〈ケアの受け手と担い手の双方を支える社会的な支援体制〉について、それを支える社会的な仕組みの必要を踏まえつつ、考察を加える。具体的には、ケアを受ける人（ケアの受け手）とケアをする人（ケアの送り手）、さらに両者を支える仕組みや日本社会の人々の意識について論じていく。

　子ども政策の第一次的・直接的な対象であるケアの受け手は、子どもや利用者の子育て中の親・保護者である。通常、子ども政策では、こうした、受け手のケアを念頭においている。1990年頃から我が国で本格的に展開され、近年の政策も、基本的には、こうしたケアの受け手を対象とするものである。しかし、相互行為でもあるケアを考える際には、ケアの受け手だけでなく、ケアをする人（ケアラー）をも考慮することが極めて重要である。

　この点、例えば第8章〜第10章でみてきたように、地域子育て支援拠点で子育て中の親・保護者へのケアを行っているスタッフは、ケアの担い手であるが、それだけではなく、多くは、資源不足やそこに起因する労働環境や待遇面、過大な業務量などから、疲弊感や無力感を覚え、自身もケアを必要とするような状態であることが浮かび上がっている。しかし、子育て支援の

スタッフのケアは、我が国のこれまでの子ども政策では、ほぼ顧みられることがなかったといえる。近年でこそ、例えば、大人がやるべきケアを子どもが担っているヤングケアラーの場合のように、ケアラー支援が徐々に進められているが、そうした取組は稀である。子育てにおいて家族主義の考えが依然強く、家族がケアをできない場合に補完的に外部のスタッフが家族に代わってケアを担うという意識が強い日本社会において、ケアラーがお金をもらって仕事として、または、好き好んでボランティアとして行っているのだから、そこに付随する、ある程度の自己犠牲は、ケアの送り手が甘受すべきという意識が強固であるように思われる。ケアラーはケアを要しない、という暗黙の前提のもとに、政策が立案されているようにも見える。しかし、本書でみてきたように、多くの支援の現場では、ケアラーもまたケアを必要している。さらに、そのことは、現場のケアラーだけではなく、子ども政策に限ったわけではないが、政策を生み出す中央省庁、地方公共団体といった行政にも当てはまる点がある。ケアを体現する政策を生み出す職員や、現場の実践者自身が、実はケアを切実に必要としている状態は、皮肉なことのようにも思えるが、先述のように、いわば政策の上流から下流まで、構造的に資源が不足している実情では、必然の帰結ともいえるだろう。また、こうした事態は、ケアを支える体制やアクターの後退を招くという観点から、ケアの空洞化のひとつの現れと見做すことができるだろう。

　言うまでないことだが、支援現場のスタッフのケアラーも、政策を担う行政職員も、一人ひとりは、弱さや脆さも有する人間である。個々の人間へのケアの支援が欠かせないと同時に、組織や体制として、ケアの送り手・担い手を支える仕組みが必要不可欠である。

　ここまで述べてきたように、ケアの第一次的・直接的な受け手である子どもや子育て中の親・保護者だけでなく、その支援者であるケアラーを含む、子ども政策に広く関わる者へのケア支援の充実も、これまで日本社会において見過ごされがちであったが、重要だといえるだろう。

（3）ケアの循環・多層性

　続いて、〈ケアの循環・多層性〉について考察する。第12章で詳しくみてきたように、ケアは多様なかたちで循環し、多層的なケアを構築する可能性

がある。

　他方、こうしたケアを生み出し、つなぎ、支えていくことが大きな負担や課題になっている実態がみえてきた。例えば、第8章や第9章でみてきたように、学習支援や子ども食堂を運営する上では、学校との連携が欠かせないが、固有の組織文化や価値観を持つ学校・教員の壁は高く、学校外の異質なものに対する排除や警戒が根強く、連携は容易でない。そのため、NPO等側では多くの苦労を余儀なくされていた。

　また第10章〜第12章でみてきたように、地域子育て支援拠点では、地域の社会資源を開拓し、つながりを維持し続けることが重要となる。特に、地域に根ざしたNPOでは、地域の多様な社会資源とのつながりが、財政などでNPOを凌駕する民間企業との差別化や、独自の強みになっている反面、スタッフ個人の属人的な努力や思いに依存し、スタッフの大きな負担となり、一定の個人的な自己犠牲をも強いるものとなっていた。学校や地域等との連携による、越境的なケアの構築が必要である一方、その実現は困難である場合は少なくない。

　この点、学校も、地域も、顔が通じるキーパーソンがいる場合などは、連携が進み得ることも確認されたが、それもまた属人的な要因であり、偶然や運にも左右されかねないものである。ケアでは、継続性や信頼関係が望まれるため、持続性や安定性が、重要な要素となる。そのため、仕組みとして、越境的で多層的なケアを生み出すことが、必要不可欠といえる。

　また、そうした仕組みを生み出し、支えるためには、日本社会において、これまで個々のアクター、活動、空間で仕切られ、別々に行ってきた、ケアに対する人々の意識が変わることが大切といえる。越境的で多層的なケアが望ましいものとして理解・認識され、そのための協力や連携が促進されるような、日本社会のケアのあり方に対する意識の変化が欠かせない。また、ケアの循環を支えるための仕組みや資源も重要といえる。

（4）政治—行政—NPO（現場）のあり方

　我が国で子ども政策が少子化対策と相まって本格的に展開してきた1990年頃から、ここ30年あまり、実に様々な子ども政策が立案されては実施されてきた。

子ども政策は多岐に渡るが、共通の特徴として、〈下〉の意見・声、資源の多寡、他の業務との兼ね合い・業況、実施体制などが十分に顧みられることなく、〈上〉からのトップダウンによる一方通行の指示が降りてくるということである。

　非常に単純化すれば、「〈上〉政治（政党・議員）⇒国（中央省庁）⇒地方（自治体）⇒現場（NPO 等）」〈下〉」と、政策のアクター・アリーナを含む政策過程を、川の上流から下流に見立て、〈上〉から〈下〉の4つの階層に分けて考えたとき、常に〈上〉からのトップダウンの一方通行で、〈下〉に指示が降りてくるということである。中央省庁から地方公共団体へ、地方公共団体から NPO 等の現場へ、という上から下へのベクトルのあり方は不変である。また、先述のように〈下〉の資源や状況等が顧みられることがなければ、政策の実施後も、〈下〉からの声・意見、フィードバックが〈上〉にあがっていくことはない。政策の検証や評価も十分になされることもない。そうこうしているうちに、別の新たな政策を打ち出し、展開すること自体に関心が集まり、先の政策は、忘れ去られたに近い状態として後景に退いていく。政策評価や、EBPM（Evidence Based Policy Making）が政策過程でも推進されているが、それらが真に政策の改善や立案に生かされることは少なく、多くは形骸化してしまっている。さらに、NPO のスタッフも語っていたように、中央省庁でも地方公共団体でも行政職員は数年で異動し、十分な引継ぎがされないことも少なくない。その結果、〈上〉から次々と指示が下りてくる一方、〈下〉の意見・声が〈上〉から耳を傾けられ、汲み取られることはない。〈下〉から〈上〉へのフィードバックを試みようとしても、事情を知る担当がすでに変わって話が通じなかったり、関心が他の政策に移り去っており、実質的な意味を持たないこともある。

　また、〈上〉から〈下〉に一方的に指示が下りてくるというこうした傾向は、近年、特に 2010 年代以降に顕著な、官邸主導・政治主導のトップダウンにより、一層強まっている。トップダウン自体は、必ずしも悪いわけではない。子ども政策のように、省庁を超えた対策が必要な重要方針の決定などは、トップダウンに一定の意義もあるだろう。しかし、現状のように、〈下〉からの意見・声や現場の状況が顧みられず、あるいは、形骸化し、過去の政策の検証や評価がされないまま、〈上〉からトップダウンの一方的な指示が

下りてくる現在の状況は、本書でも繰り返し見てきたように、もはや限界に近い。政策（公約）を実現した、打ち上げたということにはなるかもしれないが、政策が十全に機能するための条件が整っているとは言い難い。

　政策が有効に発揮されるためには、現在の意思決定の仕組みの見直しを図るべきである。具体的には、〈上〉が〈下〉の資源不足などの実態を知り、さらに、現場の声や意見に耳を傾け、汲み取る機会をつくり、フィードバックを励行することである。つまり、現状の構造的な問題を改善する必要がある。

　また、政策に必要な資源が、無限にあるという、事実に反する、誤った前提を置いてしまっている。この点は、我が国の政策全般に少なからず当てはまるだろうが、先述のように、取組の歳月の浅さに比して急激に重要度が増し、矢継ぎ早に新しい政策が導入され続けている子ども政策では、その誤った前提によってもたらされる影響が顕著であり、〈下〉のNPO等が被る影響は甚大である。

　第Ⅰ部でみてきたように、国（中央省庁）もまた、各資源が不足するなか、政治（政党・議員）のトップダウンで下りてくる指示への対応に追われ、逼迫し、余裕がない。

　さらに、第Ⅱ部や、第Ⅲ部でみてきたように、地方公共団体やNPOのスタッフも、子どもや子育て世帯のためという思いがありながら、資源が脆弱であり、その思いに頼られるような状況で、なんとか成り立っている。

　本書でみてきた状況は、政策に必要な資源が、無限にあるという誤った前提に基づき、中央省庁からNPO等の現場まで、少ない資源のもと、それぞれの思いや犠牲の上でなんとか成立している、日本社会の子ども支援・子育て支援のあり方を象徴しているともいえるだろう。

　子育ての社会化の理念あるいはそれを体現する制度と、現場との間では、ギャップ（乖離・齟齬）があり、さらに、新たな理念や制度が推進されるほど、ギャップがより際立つかたちで生じている。かつてと比べると、予算の増加などは謳われているものの、依然として、日本の子ども・子育て支援は、全体として、低待遇・劣悪な環境の中、特にNPO等の現場の担い手に、葛藤やジレンマを負わせ、疲弊させ、自己犠牲を強いるものになっている。現場で子ども・子育て支援を支えているものは、こうした様々な矛盾

や葛藤、構造的課題がある状況において、自己犠牲を強いられつつも、支援のはざまやすき間をみつけ、次の支援につなげていこうとするNPO等の苦闘、あるいは、その根幹にあって現場の実践を支えている、個人の思いである。しかし、脆弱な資源の下、行政のバックアップや理解も十分ではないため、NPO側の苦闘や個人の思いの上に成り立つ取組がいつまで持つかはわからない。本書でみてきたように、悲鳴にも似た声が多く聞かれるなか、限界に近づいている。

　繰り返しになるが、トップダウンが必ずしも悪いわけではない。しかし、〈上〉にいくほど、今日の事態、現場の資源不足を無視した指示や、現場の疲弊感などを生み出していることの責任は大きいともいえるだろう。

　特に、政治（政党・議員）は、人気取りや票集めのために、現場の実態を知らずに、いたずらに指示を出し、下位にいるものがやるべきことを増大させていないか。もちろん、民主主義のもとで、国民のために法案や政策をつくることは、政治（政党・議員）の重要な役割だが、現場の実態を全く知らずに、また、単に自分たちの功績をアピールするためであれば、改める必要があるだろう。そもそも、政治（政党・議員）が、現場の調査、実施把握、政策の実現可能性の検証まで含む、シンクタンクの機能や調整能力を持つべきではないか。ポーズやアリバイ的な現場視察だけでは何の意味もない。政治には、全体を俯瞰し、現場の実態や声を吸い上げ、政策資源を的確に把握した上で、現場を適切に反映した政策づくりの役割が求められるのではないだろうか。しかし、現状は、国民の代表として必要な、そうした俯瞰的な視点が欠落していると言わざるを得ない。この点、海外の政治（政党・議員）事例のシンクタンク機能などを参考にしつつ、日本の政治（政党・議員）の役割を真剣に考え、見直していくべきであるともいえるだろう。

　国（中央省庁）もまた、国家公務員の人事に政治の意向が強く働き、政治に対して劣勢となってしまっている、現在の政官関係では、政治に対して、異議を唱えることは容易なことではないかもしれない。しかし、それでも、国家の中央省庁は、行政の上位機関として、政策の実施主体の地方行政（自治体）や現場（NPOなど）の声をすくい上げ、政治に届けたり、政策の実施体制を俯瞰し、より現場に無理のないかたちで、適切に実施できるように、地方自治体や現場（NPO等）の資源の把握や、その補填策を含めて、随

時・適宜、見直し、推進していくことが、求められる役割であるといえるだろう。政策の適切な実施過程や体制づくりは、地方行政（各自治体）やNPOなどの個々の取組には限界がある。全国的に、ある程度一律に、政策が適切に地方・現場からのフィードバックを反映させながら、見直されていく仕組みを、政治や国が、責任をもって作っていくべきである。

　少なくとも、現在の政策は、実施主体である、地方行政（自治体）、現場のNPO等に、政策資源の無限定という誤った前提や等閑視のままに丸投げされ、現場の善意の思いに依存している。それは、子育ての社会化と逆行し、将来を担う子どもを支えるための取組でありながら、いつまで持続するかもわからない、不安定なものといえるだろう。

おわりに

　子育て政策の分野に限らず、日本社会を支えてきた様々な仕組みが限界を迎えていることや、それらの変化の必要性は、数多く指摘されている。

　それらの指摘は、一般に、旧来の仕組みや古いものを、時代の変化に合わせて、新しいもの、より善きものにアップデートするという肯定的なニュアンスを伴いながら、変化を推奨してきたように思える。特に、子育て分野では、待ったなしの少子化の進行や子育て環境の悪化を受けて、次々と変化を具現化する新しい制度や、関連政策が打ち出され続けている。

　他方、本書でみてきたように、そうした変化は、資源の無限定性という誤った前提を置いている。実際には、行政からNPOまで、特に現場に近づくほど、資源が限られているなか、日々の業務に加えて次々と下りてくる新たな政策や制度への対応に終われている。

　もともと、資源が少ないなかでも、日本の子育て政策を支えてきたものは、本書でみてきたように、子どもや保護者の幸せを願う、人々の思いや、そうした思いに根ざした日々の活動である。

　しかし、次々と迫る変化に、そうした、これまでの子育て政策をなんとか支えてきた人々の思いや活動までもが、押しつぶされそうになっているのが、現在の日本社会における子育て政策の実態であろう。

　実情を顧みない政策は、日本の子育て政策の充実を、推進するどころか、

むしろ、後退させかねない。

　本書でみてきたように、日本の子育て政策を支えてきた人々の思いや活動に目を向け、現実的な資源を踏まえながら、無理のない範囲で必要な変化を少しずつ推し進めることが、遠いようで最も着実で、望ましい子ども政策のあり方ではないだろうか。

参考文献

阿部彩（2005）「子どもの貧困：国際比較の視点から」国立社会保障・人口問題研究所編『子育て世帯の社会保障』東京大学出版会, pp. 119-142.

阿部彩（2011）「子ども期の貧困が成人後の生活困難（デプリベーション）に与える影響の分析」『季刊社会保障研究』46（4）, pp. 354-367.

安立清史（2011）『福祉 NPO の社会学』東京大学出版会.

青木栄一（2021）『文部科学省』中央公論新社.

青木栄一・王瀬森・神林寿幸・伊藤正次・河合晃一・北村亘・清水唯一朗・曽我謙悟・手塚洋輔・村上裕一（2023）「2022 年国家公務員ワークライフバランス調査基礎集計」『東北大学大学院教育学研究科研究年報』第 71 集・第 2 号, pp. 107-126.

青木紀（2003）「貧困の世代内再生産の現状：B 市における実態」青木紀編著『現代日本の「見えない」貧困』明石書店, pp. 31-83.

荒見玲子（2020）「教育と児童福祉の境界変容」大桃敏行・背戸博史編『日本型公教育の再検討：自由、保障、責任から考える』岩波書店, pp.179-204.

独立行政法人労働政策研究・研修機構（2018）「子どものいる世帯の生活状況および保護者の就業に関する調査 2018（第 5 回子育て世帯全国調査）」
（https://www.jil.go.jp/institute/research/2019/documents/192.pdf, 2024.1.8）.

江口英一（1979）『現代の「低所得層」：貧困研究の方法 上・中・下』未来社.

合田哲雄（2020）「アイディアとしての「Society5.0」と教育政策：官邸主導の政策形成過程における政策転換に着目して」『教育制度学研究』第 27 号, pp. 2-23.

羽田野慶子（2007）「女性のキャリア形成に関する調査研究」『国立女性教育会館研究ジャーナル』第 11 号, pp. 103-112.

原田晃樹（2010）「日本における NPO への資金提供：自治体の委託を中心に」原田晃樹・藤井敦史・松井真理子（2010）『NPO 再構築への道：パートナーシップを支える仕組み』勁草書房, pp. 54-82.

原田晃樹・藤井敦史・松井真理子（2010）『NPO 再構築への道』勁草書房.

原田峻（2020）『ロビイングの政治社会学：NPO 法制定・改正をめぐる政策過程と社会運動』有斐閣.

橋本真紀・伊藤篤・倉石哲也（2022）「全ての子育て家庭を対象とした「地域支援」機能の現況：地域子育て支援拠点事業と利用者支援事業の「地域支援」機能に着目して」『子ども家庭福祉学』22 巻, pp. 69-82.

橋本真紀（2015）『地域を基盤とした子育て支援の専門的機能』ミネルヴァ書房.

橋本真紀（2017）「全ての子育て家庭を対象としたソーシャルワーク：子育てに困り感を

抱える親たちへの支援とソーシャルワーク」『ソーシャルワーク研究』43（1）, pp. 24-33.

橋本真紀（2018）「包括的な子育て支援体制における地域子育て支援拠点事業の可能性」『社会保障研究』3（2）, pp. 256-273.

橋本りえ（2020）「子育て支援労働は地域に何をもたらすのか？：介護保険制度の経験をふまえて」相馬直子・松木洋人編著（2020）『子育て支援を労働として考える』勁草書房, pp. 135-149.

林明子（2016）『生活保護世帯の子どものライフストーリー：貧困の世代的再生産』勁草書房.

広井良典（2018）「教育と福祉の連携：ポスト成長時代の社会構想とケア」『社会福祉学』58（4）, pp. 102-106.

廣川嘉裕（2017）『政府—NPO 関係の理論と動向：日・英・米におけるパートナーシップ政策を中心に』関西大学法学部.

本田由紀（2008）『「家庭教育」の隘路：子育てに強迫される母親たち』勁草書房.

堀聡子・尾曲美香（2020）「地域子育て支援の制度化と非現場ワークの増大：横浜市を事例に」相馬直子・松木洋人編著（2020）『子育て支援を労働として考える』勁草書房, pp. 115-134.

市川昭午（1975）「現代の教育福祉：教育福祉の経済学」持田栄一・市川昭午編『教育福祉の理論と実際』教育開発研究所.

井口高志（2010）「支援・ケアの社会学と家族研究 — ケアの『社会学』をめぐる研究を中心に」『家族社会学研究』22（2）, pp. 165-176.

稲葉昭英（2013）「インフォーマルなケアの構造」庄司洋子編『親密性の福祉社会学：ケアが織りなす関係』東京大学出版会, 227-244.

稲葉昭英（2022）「弱いケアと強いケア：ケア概念の分節化と統合」『社会保障研究』7（2）, pp. 102-112.

稲継裕昭（2000）『人事・給与と地方自治』東洋経済新報社.

石井英真（2021）「学校制度改革の課題と展望：「令和の日本型学校教育」に見る公教育の構造変容」『教育制度学研究』第 28 号, pp. 4-20.

伊藤正次（2021）「岐路に立つ行政改革」『季刊行政管理研究』173, pp. 1-3.

伊藤正次編（2019）『多機関連携の行政学：事例研究によるアプローチ』有斐閣.

伊藤正次（2021）「岐路に立つ行政改革」『季刊行政管理研究』No. 173, pp. 1-3.

岩田正美・濱本知寿香（2004）「デフレ不況下の『貧困の経験』」樋口美推・太田清編『女性たちの平成不況—デフレで働き方・暮らしはどう変わったか』日本経済新聞社.

人事院（2018）『平成 29 年度年次報告書』.

人事院（2021）「2021 年度総合職試験（院卒者試験・大卒程度試験）の申込状況」（https://www.jinji.go.jp/kisya/2109/2021kyouyoumoushikomi.html, 2024.6.30）.

人事院（2022a）「総合職試験採用職員の退職状況に関する調査の結果について」

(https://www.jinji.go.jp/kisya/2205/taisyokuzyoukyou2022.html, 2024.6.30).

人事院（2022b）「上限を超えて超過勤務を命ぜられた職員の割合等（令和2年度）について」（https://www.jinji.go.jp/kisya/2205/jougengoer2.html, 2024.6.30).

角能（2021）『ケアをデザインする：準市場時代の自治体・サービス主体・家族』ミネルヴァ書房.

篭山京（1953）「貧困家庭の学童における問題」『教育社会学研究』4, pp. 18-27.

篭山京（1984）『篭山京著作集〈第6巻〉貧困児の教育』ドメス出版.

柏木智子（2020）『子どもの貧困と「ケアする学校」づくり』明石書店.

柏木智子（2023）「公正な社会の形成に資する学校と教員の役割：社会の分断を防ぐケア論に着目して」『教育学年報14 公教育を問い直す（教育学年報14）』世織書房, pp. 183-204.

北村亘（2022）『現代官僚制の解剖：意識調査から見た省庁再編20年後の行政』有斐閣.

小林雅之（2008）『進学格差：深刻化する教育費負担』筑摩書房.

こども家庭庁（2023）「こども大綱（令和5年12月22日閣議決定）」（https://www.cfa.go.jp/assets/contents/node/basic_page/field_ref_resources/f3e5eca9-5081-4bc9-8d64-e7a61d8903d0/276f4f2c/20231222_policies_kodomo-taikou_21.pdf, 2024.6.23).

こども家庭庁（2023）「こども大綱の推進」（https://www.cfa.go.jp/policies/kodomo-taikou/, 2024.1.8).

こども家庭庁（2023）「地域子育て支援拠点事業の実施か所数の推移」（https://www.cfa.go.jp/assets/contents/node/basic_page/field_ref_resources/321a8144-83b8-4467-b70e-89aa4a5e6735/1ebd5b1d/20230401_policies_kosodateshien_shien-kyoten_15.pdf, 2024.1.8).

こども家庭庁（2024）「地域子育て支援拠点事業実施要綱」（令和6年3月30日付こ成環第113号こども家庭庁成育局長通知）（https://www.cfa.go.jp/assets/contents/node/basic_page/field_ref_resources/321a8144-83b8-4467-b70e-89aa4a5e6735/184558cd/20240402_policies_kosodateshien_shien-kyoten_32.pdf, 2024.4.9).

公益社団法人チャンス・フォー・チルドレン（2023）「子どもの「体験格差」実態調査最終報告書～全国の小学生保護者2,097人へのアンケート調査～」（https://cfc.or.jp/wp-content/uploads/2023/07/cfc_taiken_report2307.pdf, 2024.1.8).

厚生労働省（2004）「生活保護制度の在り方に関する専門委員会報告書」（http://www.mhlw.go.jp/shingi/2004/12/s1215-8a.html, 2016.10.30).

厚生労働省改革若手チーム（2019）『厚生労働省の業務・組織改革のための緊急提言』（https://www.mhlw.go.jp/content/11600000/000540047.pdf).

厚生労働省（2021）「子どもの貧困への対応について」（https://www.mhlw.go.jp/content/12501000/001006713.pdf, 2024.1.8).

厚生労働省（2023）「2022（令和4）年国民生活基礎調査の概況」
（https://www.mhlw.go.jp/toukei/saikin/hw/k-tyosa/k-tyosa22/dl/14.pdf,2024.4.14）.

工藤遥（2021）「地域子育て支援におけるNPOの役割：東京都世田谷区の事例から」『人文・自然・人間科学研究』第39号, pp. 45-64.

久冨善之（1993）「階層分化と学校システム：その底辺を見つめて」久冨善之編著『豊かさの底辺に生きる』青木書店.

國本真吾（2003）「『教育福祉』研究に関する一考察：特別なニーズ教育の視点から」『鳥取短期大学研究紀要』47, pp. 73-80.

倉石一郎（2015）「生活・生存保障と教育をむすぶもの／へだてるもの：教育福祉のチャレンジ」『教育学研究』82（4）, pp. 53-63.

倉石一郎（2021）「教育福祉の社会学：〈包摂と排除〉を超えるメタ理論』明石書店.

Lister, Ruth. (2021) *Poverty*, Policy Press.（= 2023, 松本伊智朗監訳, 松本淳・立木勝訳『新版 貧困とはなにか：概念・言説・ポリティクス』明石書店）.

前田健太郎（2021）『女性のいない民主主義』岩波新書.

松井望（2023）「技術職・専門職の確保育成の現状とこれから：専門人材の「共同活用」に向けた自治体間協力の可能性」『マッセOSAKA研究紀要』第26号, pp. 17-34.

松木洋人（2013）『子育て支援の社会学：社会化のジレンマと家族の変容』新泉社.

松本伊智朗（2008）「子どもの貧困研究の視角」浅井春夫・松本伊智朗・湯澤直美編著『子どもの貧困：子ども時代のしあわせ平等のために』明石書店, pp. 13-61.

松本伊智朗（2013）「教育は子どもの貧困対策の切り札か？：特集の趣旨と論点（子どもの貧困と教育の課題）」『貧困研究』11, pp. 4-9.

松本伊智朗（2017）「なぜいま, 家族・ジェンダーの視点から子どもの貧困を問いなおすのか」松本伊智朗編『「子どもの貧困」を問いなおす：家族・ジェンダーの視点から』法律文化社, pp. 1-7.

松村智史（2016）「貧困世帯の子どもの学習支援事業の成り立ちと福祉・教育政策上の位置づけの変化：行政審議, 国会審理及び新聞報道から」『社会福祉学』57（2）, pp. 43-56.

松村智史（2017）「子どもの貧困対策における福祉と教育の連携に関する一考察：生活困窮世帯の子どもの学習支援事業から」『社会福祉学』58（2）, pp. 1-12.

松村智史（2019）「生活困窮世帯の子どもの学習・生活支援事業の成立に関する一考察：国の審議会等の議論に着目して」『社会福祉学』60（2）, pp. 1-13.

松村智史（2020）『子どもの貧困対策としての学習支援によるケアとレジリエンス：理論・政策・実証分析から』明石書店.

松村智史（2023a）「子どもの貧困：消費されるイメージと, 対策のアップデートが続く日本社会とは」『αシノドス』318.

松村智史（2023b）「「こども家庭庁」は、子ども政策にいかなる変化をもたらすか：政府の有識者会議の議事録・報告書と基本方針を読み解く」『人間文化研究』40, pp. 79-89.

松村智史（2023c）「子どもの学習支援における教育とケアをめぐるポリティクスに関する一考察：福祉行政、教育行政、NPO、社会福祉協議会、民間企業へのインタビュー調査から」『人間文化研究』40, pp. 135-145.

松村智史（2024a）「国家公務員における人事制度の硬直性と職員のキャリア形成・キャリアパスに関する一考察：組織のロジックと個人のロジックの対立・葛藤に着目して」『人間文化研究』41, pp. 49-64.

松村智史（2024b）「子育て支援 NPO の成立・拡大期における要因・戦略に関する考察：インタビュー調査の分析から」『人間文化研究』41, pp. 65-82.

松村智史（2024c）「こどもの貧困をめぐるこどもと家族の Well-being」『計画行政』47（2）, pp. 3-8.

松村智史（2024d）「生活困窮世帯の学習支援からみる教育と福祉をめぐる問題」『中部教育学会紀要』第 24 号, pp. 9-45.

松岡亮二（2019）『教育格差』ちくま新書 .

道中隆（2009）『生活保護と日本型ワーキングプア：貧困の固定化と世代間継承』ミネルヴァ書房, pp. 56-9.

三井さよ（2018）『はじめてのケア論』有斐閣 .

宮川裕二（2023）『「新しい公共」とは何だったのか：四半世紀の軌跡と新自由主義統治性』風行社 .

三宅雄大（2015）「生活保護制度における高等学校等・大学等就学の『条件』に関する研究 ― 生活保護制度の実施要領の分析を通じて」『社会福祉学』55（4）, 1-13.

宮本太郎（2021）『貧困・介護・育児の政治：ベーシックアセットの福祉国家へ』朝日新聞出版 .

宮武正明（2014）『子どもの貧困：貧困の連鎖と学習支援』みらい .

文部科学省（2016）「文部科学省における子供の貧困対策の総合的な推進（28 年度予算等）」（http://www8.cao.go.jp/kodomonohinkon/yuushikisya/k_1/pdf/s3-3_1.pdf,2016,10.9）

文部科学省（2021）「『令和の日本型学校教育』の構築を目指して～全ての子供たちの可能性を引き出す、個別最適な学びと、協働的な学びの実現～（答申）（令和 3 年 1 月 2 6 日中央教育審議会）」（https://www.mext.go.jp/content/20210126-mxt_syoto02-000012321_2-4.pdf, 2024. 6. 23）.

文部科学省（2023）「第 4 期教育振興基本計画（令和 5 年 6 月 1 6 日閣議決定）」（https://www.mext.go.jp/content/20230615-mxt_soseisk02-100000597_01.pdf 2024. 6. 23）.

森川美絵（2015）「介護はいかにして「労働」となったのか：制度としての承認と評価のメカニズム』ミネルヴァ書房 .

森瑞季（2019）「社会的居場所での支援と循環する承認・ケア：参与観察と研究サーベイを踏まえた問題提起」『社会政策』11 巻 2 号, pp. 72-84.

参考文献

村上靖彦（2021）『ケアとは何か：看護・福祉で大切なこと』中央公論新書.

村上祐介（2020）「出向人事研究の現代的意義」大谷基道・河合晃一編『現代日本の公務員人事：政治・行政改革は人事システムをどう変えたか』第一法規.

村松岐夫（1994）『日本の行政：活動型官僚制の変貌』中公新書.

村田文世（2011）『福祉多元化における障害当事者組織と「委託関係」：自律性維持のための戦略的組織行動』ミネルヴァ書房

村田文世（2016）「社会福祉の多様な供給主体と新しい公私関係」岩田正美編著『社会福祉への招待』, pp. 72-91.

内閣府（2010）「「新しい公共」宣言要点」
（https://www5.cao.go.jp/entaku/shiryou/22n8kai/pdf/100604_02.pdf, ,2024.6.23）.

内閣府（2014）「子どもの貧困対策に関する大綱について」
（http://www8.cao.gp.jp/kodomonohinkon/pdf/taikou.pdf, 2024.6.23）.

内閣府（2018）「平成29年度 特定非営利活動法人に関する実態調査」
（https://www.npo-homepage.go.jp/uploads/h29_houjin_houkoku.pdf, 2024.1.8）.

内閣府（2019）「子供の貧困対策に関する大綱～日本の将来を担う子供たちを誰一人取り残すことがない社会に向けて～」
（https://www8.cao.go.jp/kodomonohinkon/ pdf/r01-taikou.pdf, 2024.1.8）.

内閣人事局（2024）「民間から国への職員の受入状況（令和5年10月1日現在状況」
（https://www.cas.go.jp/jp/gaiyou/jimu/jinjikyoku/jkj_ukeire_r060329.html, 2024.1.8）.

内閣官房（2021a）「こども政策の推進に係る有識者会議資料」
（https://www.cas.go.jp/jp/seisaku/kodomo_seisaku_yushiki/index.html, 2024.1.8）.

内閣官房（2021b）「こども政策の新たな推進体制に関する基本方針～こどもまんなか社会を目指すこども庁の創設～（2021年12月21日閣議決定）」
（https://www.cas.go.jp/jp/seisaku/kodomo_seisaku/pdf/kihon_housin.pdf, 2024.1.8）.

内閣官房（2022）「地方自治体におけるこども政策に関する連携体制の事例把握調査結果」
（https://www.cas.go.jp/jp/seisaku/kodomo_jichitai_chousa/index.html, 2024.1.8）.

内閣官房（2023）「「こども未来戦略」～次元の異なる少子化対策の実現に向けて」
（https://www.cas.go.jp/jp/seisaku/kodomo_mirai/pdf/kakugikettei_20231222.pdf, 2024.1.8）.

中谷志津子・鶴宏史・関川芳孝（2021）『保育所等の子ども家庭支援の実態と展望 困難家庭を支えるための組織的アプローチの提案』中央法規.

仁平典宏（2011）『「ボランティア」の誕生と終焉：〈贈与のパラドックス〉の知識社会学』名古屋大学出版会.

仁平典宏（2015）「日本型市民社会と生活保障システムのセカンドモダリティ：二つの個人化と複数性の条件」鈴木宗徳編著『個人化するリスクと社会：ベック理論と現代日

本』勁草書房, pp. 256-295.

仁平典宏（2021）「〈教育〉の論理・〈無為〉の論理：教育化する社会保障とその外部」上村泰裕・金成垣・米澤旦編著『福祉社会学のフロンティア：福祉国家・社会政策・ケアをめぐる想像力』pp. 125-138.

西岡晋（2021）『日本型福祉国家再編の言説政治と官僚制：家族政策の「少子化対策」化』ナカニシヤ出版.

西尾隆編著（2004）『住民・コミュニティとの協働』ぎょうせい.

西尾隆（2018）『公務員制』東京大学出版会.

西尾隆（2020）「閉鎖的公務員制度と公募制の可能性：メンバーシップ型人事の行方」『社会科学ジャーナル』87号, pp. 49-66.

Noddings, N.（1992）*The challenge to Care in schools*, Teachers college, Columbia University.（＝2007, 佐藤学訳『学校におけるケアの挑戦』ゆみる出版）.

野依智子（2012）「女性のNPO・起業活動と複合キャリア」『NWE実践研究』第2号, pp. 38-98.

NPO法人子育てひろば全国連絡協議会（2014）「「地域子育て支援拠点事業」が、子ども・家庭支援に果たす役割」

（https://kosodatehiroba.com/pdf/12box/H24iken-choshukai.pdf, 2024.1.8）.

額賀美紗子・藤田結子（2022）『働く母親と階層化：仕事・家庭教育・食事をめぐるジレンマ』勁草書房.

小田切康彦（2014）『行政─市民間協働の効用：実証的接近』法律文化社.

小田切康彦（2017）「協働：官民関係は何を生み出すのか」坂本治也編『市民社会論：理論と実証の最前線』法律文化社, pp. 143-157.

小田切康彦（2018）「協働論の研究動向と課題：行政学を中心とした学際的視点から」『社会科学研究』第32号, pp. 97-124.

小川正人（2018）「教育と福祉の協働を阻む要因と改善に向けての基本的課題：教育行政の立場から」『社会福祉学』58（4）, pp. 111-114.

小川利夫・永井憲一・平原春好編（1972）『教育と福祉の権利』勁草書房.

小川利夫（1985）『教育福祉の基本問題』勁草書房.

岡部卓（2013）「貧困の世代間継承にどう立ち向かうのか：生活保護制度における教育費保障の観点から」『貧困研究』11, pp. 29-39.

大石亜希子（2005）「子どものいる世帯の経済状況」国立社会保障・人口問題研究所編『子育て世帯の社会保障』東京大学出版会, pp. 29-52.

大石亜希子（2007）「子どもの貧困の動向とその帰結」国立社会保障・人口問題研究所編『季刊社会保障研究』43（1）, pp. 54-64.

さいたまユースサポートネット（2016）「生活困窮者自立支援法に基づく学習支援事業に関する調査」

（https://prtimes.jp/main/html/rd/p/000000001.000018249.html, 2024.1.8）.

岡本英雄（2005）「女性のキャリアとNPO活動」国立女性教育会館編『女性のキャリア形成とNPO活動に関する調査研究報告書』pp. 1-9.

大谷基道（2017）「都道府県における新たな政策に係る人材の確保」『公共政策研究』17巻, pp. 69-82.

貞広斎子（2020）「パンデミックが加速する学校システムの変革と課題：Society5.0時代の教育の質保証と社会的公正確保に向けて」『教育制度学研究』27, pp. 24-42.

坂本治也（2012）「政治過程におけるNPO」辻中豊・坂本治也・山本英弘編著『現代日本のNPO政治：市民社会の新局面』木鐸社, pp. 109-147.

坂本治也編（2017）『市民社会論：理論と実証の最前線』法律文化社.

嶋田博子（2022）『職業としての官僚』岩波書店.

清水美紀（2019）『子育てをめぐる公私再編のポリティクス：幼稚園における預かり保育に着目して』勁草書房.

千正康裕（2020）『ブラック霞が関』新潮新書.

曽我謙悟（2016）『現代日本の官僚制』東京大学出版会.

相馬直子・堀聡子（2016）「子育て支援労働をつうじた女性の主体化：社会的・経済的・政策的エンパワメントの諸相」『社会政策』8（2）, pp. 50-67.

相馬直子・松木洋人編著（2020）『子育て支援を労働として考える』勁草書房, 135-149.

相馬直子（2020）「地域子育て支援労働の制度化：1990年代以降」相馬直子・松木洋人編著『子育て支援を労働として考える』勁草書房, pp. 171-197.

須田木綿子（2011）『対人社会サービスの民営化：行政―営利―非営利の境界線』東信堂.

須田木綿子・米澤旦・大平剛士（2022）『組織理論入門：5つのパースペクティヴ』晃洋書房.

末冨芳編著（2017）『子どもの貧困対策と教育支援：より良い政策・連携・協働のために』明石書店.

鈴木紀子（2019）「NPO法人における女性の就業に関する分析：満足度と継続就業をめぐって」『現代女性とキャリア』11, pp. 65-76.

高橋正教（2001）「教育福祉研究：これからの捉え方と課題」小川利夫・高橋正教編著『教育福祉論入門』光生館, pp. 225-244.

高嶋真之・王婷・井川賢司・ほか（2016）「生活保護受給世帯・就学援助利用世帯・ひとり親家庭の子どもへの学習支援：札幌市における2つの事業の意義と課題」『公教育システム研究』15, pp. 1-34.

竹井沙織・小長井晶子・御代田桜子（2019）「生活困窮世帯を対象とした学習支援における「学習」と「居場所」の様相：X市の事業に着目して」『名古屋大学大学院教育発達科学研究科紀要教育科学』65（2）, pp. 85-95.

田中真衣（2020）『パートナーシップ政策：福祉サービス供給における行政とNPOの関係』みらい.

田中弥生（2006）『NPO が自立する日：行政の下請け化に未来はない』日本評論社.

手塚洋輔（2023）「厚生労働省における省庁統合と執務空間の分析」『季刊行政管理研究』183, pp. 16-28.

Tronto, Joan C.／岡野八代訳（2020）『ケアするのは誰か？：新しい民主主義のかたちへ』白澤社.

辻浩（2017）『現代教育福祉論：子ども・若者の自立支援と地域づくり』ミネルヴァ書房.

植村隆生（2022）「国家公務員制度とジョブ型 vs メンバーシップ型」慶應義塾大学産業研究所 HRM 研究会編『ジョブ型 vs メンバーシップ型：日本の雇用を展望する』中央経済社, pp. 159-201.

後房雄（2009）『NPO は公共サービスを担えるか：次の 10 年への課題と戦略』法律文化社.

後房雄・坂本治也編（2019）『現代日本の市民社会：サードセクター調査による実証分析』法律文化社.

渡辺恵子（2019）「自治体における子ども行政の展開：多機関連携の視点から」『国立教育政策研究所紀要』第 148 集, pp. 7-22.

山野良一（2008）『子どもの最貧国・日本』光文社新書.

湯浅誠（2021）『つながり続ける こども食堂』中央公論新社.

湯澤直美（2015）「子どもの貧困をめぐる政策動向」『家族社会学研究』27（1）, pp. 69-77.

あとがき

　近年、子どもや子育てをめぐる様々な統計資料や研究結果が蓄積され、社会的にも注目されている。そのテーマは、例えば、社会保障から教育に至るまで幅広く、また、その内容も、行政の予算規模から人々の意識に関する調査まで、国際比較を含め、実に多岐にわたる。

　統計資料や研究成果は、概して、現在の日本社会において、子どもや子育てを取り巻く環境が厳しいものであることを示唆している。かかる示唆は、これからの日本社会における子どもや子育てを見直す上で、少なくない意義を持つものであろう。

　他方、そのように、子どもや子育てを取り巻く環境が厳しいなかでも、日本の子ども政策を支え続けるものとは一体何なのだろうかという問いが、私のなかで次第に大きくなっていった。

　この研究では、行政職員やNPOなど支援現場の関係者の実態や思いなど、統計資料などからは、見えてきづらいものを汲み取ることに、重点を置いた。声高に叫ばれる、子育ての社会化や「こどもまんなか」などの理念とは反対に、現実には子どもや子育てを取り巻く環境が厳しいのであれば、そのギャップや、ギャップを生み出している要因、さらには、そうしたなかでも子ども政策を支えているものとは何なのか、ということを、できるだけ多くの人々の声に基づき、多元的に描き出すことに注力した。また、子ども政策の分析を通して、その背景にそびえる、日本社会のあり方を考える契機を導くことを目指した。

　そうした試みがうまくいったかは、読者の判断にゆだねるしかない。

　本書が、子ども政策や日本社会を考える上で、ささやかでも、何かの契機となれば幸いである。

本書のベースになった研究を進める上では、様々な学会や研究会などでご一緒させて頂いた、実に多くの方々の貴重なコメントやご助言が、非常に有益であった。

　コメントやご助言を頂くことで、私としては、次回の報告・発表までには、もっと良い研究にしよう、というモチベーションにつながった。また、何度もコメントをくれる方については、それぞれが目指しているゴールは異なるものの、研究という長いマラソンを伴走してくれたり、歩道から声援を送ってくれているような感覚を持つようになった。

　インタビューに協力してくださったすべての方、コメントやご助言をくださったすべての方、そして、私を支えてくれているすべての方に、心より感謝いたします。

　　　　　　　　　　　　　　　　　　　　　　　　　　松村智史

初出一覧

序章　書き下ろし

第1章　「『こども家庭庁』は、子ども政策にいかなる変化をもたらすか：政府の有識者会議の議事録・報告書と基本方針を読み解く」（2024）『人間文化研究』40, 79-89.

第2章　「こどもの貧困をめぐるこどもと家族の Well-being」（2024）『計画行政』47（2）, 3-8.

第3章　「教育制度は、『ウェルビーイング』のために何ができるのか：『こどもまんなか』社会におけるケアに着目して」（2024）『教育制度学研究』31, 20-39.

第4章　「国家公務員における人事制度の硬直性と職員のキャリア形成・キャリアパスに関する一考察：組織のロジックと個人のロジックの対立・葛藤に着目して」（2024）『人間文化研究』41, 49-64.

第5章　「多様化・個人化時代における国家公務員像に関する一考察」（2024）日本公共政策学会 2024 年度研究会（2024 年 6 月開催）, 報告資料.

第6章　「子どもの貧困対策における福祉と教育の連携に関する一考察：生活困窮世帯の子どもの学習支援事業から」（2017）『社会福祉学』58（2）, 1-12.

第7章　「子ども政策における行政と NPO の連携はいかにあるべきか：『協働』ブームから、『こども家庭庁』時代まで」（2024）『人間文化研究』42, 175-192.

第8章　「子どもの学習支援における教育とケアをめぐるポリティクスに関する一考察：福祉行政、教育行政、NPO、社会福祉協議会、民間企業へのインタビュー調査から」（2023）『人間文化研究』40, 135-145.

第9章　「子どもの貧困対策における福祉と教育の連携に関する一考察」（2024）『中部教育学会紀要』24, 29-45.

第10章　「子育て支援 NPO の成立・拡大期における要因・戦略に関する考察：インタビュー調査の分析から」（2024）『人間文化研究』41, 65-82.

第11章　「子育ての社会化をめぐる子育て支援 NPO の葛藤と戦略に関する一考察」日本 NPO 学会第 26 回研究大会（2024 年 6 月開催）, 報告資料.

第12章　「地域子育て支援拠点におけるケアの循環とケアの多層性に関する一考察」（2024）『人間文化研究』42, 157-174.

終章　書き下ろし

著者プロフィール

松村 智史（まつむら さとし）
1983 年、秋田県生まれ。
東北大学法学部卒業。東京大学大学院教育学研究科修士課程修了後、
厚生労働省に入省。社会福祉、東日本大震災からの復興、子育て支
援に関する業務等に従事。
2019 年、首都大学東京（現：東京都立大学）大学院人文科学研究科
博士後期課程修了。博士（社会福祉学）。
2023 年より、名古屋市立大学大学院人間文化研究科准教授。
著書に、『子どもの貧困対策としての学習支援によるケアとレジリエ
ンス——理論・政策・実証分析から』（2020 年、明石書店）。

子ども政策とウェルビーイング
──行政・NPO・日本社会が支えるものは何か──

2025 年 1 月 15 日　初版第 1 刷発行

著　者	松村　智史
発行者	大江　道雅
発行所	株式会社 明石書店

〒 101-0021　東京都千代田区外神田 6-9-5
電　話　03（5818）1171
FAX　03（5818）1174
振　替　00100-7-24505
https://www.akashi.co.jp/

装　丁	明石書店デザイン室
印　刷	株式会社文化カラー印刷
製　本	本間製本株式会社

（定価はカバーに表示してあります）　　　ISBN978-4-7503-5866-6

JCOPY 〈出版者著作権管理機構 委託出版物〉
本書の無断複製は著作権法上での例外を除き禁じられています。複製される場合は、
そのつど事前に、出版者著作権管理機構（電話 03-5244-5088、FAX 03-5244-5089、
e-mail: info@jcopy.or.jp）の許諾を得てください。

子ども食堂をつくろう！
人がつながる 地域の居場所づくり
NPO法人豊島子どもWAKUWAKUネットワーク編著
◎1400円

子どもの貧困と教育の無償化
学校現場の実態と財源問題
中村文夫著
◎2700円

子どもの貧困と公教育
義務教育無償化・教育機会の平等に向けて
中村文夫著
◎2800円

子どもの貧困対策と教育支援
より良い政策・連携・協働のために
末冨芳編著
◎2600円

子どもの貧困と教育機会の不平等
就学援助・学校給食・母子家庭をめぐって
鳫咲子著
◎1800円

社会的困難を生きる若者と学習支援
リテラシーを育む基礎教育の保障に向けて
岩槻知也編著
◎2800円

子どもアドボケイト養成講座
子どもの声を聴き権利を守るために
堀正嗣著
◎2200円

子ども支援とSDGs
現場からの実証分析と提言
五石敬路編著
◎2500円

子どもの貧困
子ども時代のしあわせ平等のために
浅井春夫、松本伊智朗、湯澤直美編
◎2300円

子どもの権利条約と生徒指導
川原茂雄著
◎2100円

子ども虐待と貧困
「忘れられた子ども」のいない社会をめざして
松本伊智朗編著
清水克之、佐藤拓代、峯本耕治、村井美紀、山野良一著
◎1900円

日弁連 子どもの貧困レポート
弁護士が歩いて書いた報告書
日本弁護士連合会第59回人権擁護大会第1分科会シンポジウム編
◎2400円

二極化する若者と自立支援
「若者問題」への接近
宮本みち子、小杉礼子編著
◎1800円

教育は社会をどう変えたのか
個人化をもたらすリベラリズムの暴力
桜井智恵子著
◎2500円

教育福祉の社会学
〈包摂と排除〉を超えるメタ理論
倉石一郎著
◎2300円

新版 貧困とはなにか
概念・言説・ポリティクス
ルース・リスター著
松本伊智朗監訳 松本淳、立木勝訳
◎3000円

〈価格は本体価格です〉

子ども若者の権利とこども基本法
子ども若者の権利と政策①
末冨芳、秋田喜代美、宮本みち子監修
末冨芳編著
◎2700円

子ども若者の権利と学び・学校
子ども若者の権利と政策③
末冨芳、秋田喜代美、宮本みち子監修
末冨芳編著
◎2700円

若者の権利と若者政策
子ども若者の権利と政策④
末冨芳、秋田喜代美、宮本みち子監修
宮本みち子編著
◎2700円

「多様な教育機会」をつむぐ ともにある可能性
公教育の再編と子どもの福祉①〈実践編〉
森直人、澤田稔、金子良事編著
◎3000円

「多様な教育機会」から問う ジレンマを解きほぐすために
公教育の再編と子どもの福祉②〈研究編〉
森直人、澤田稔、金子良事編著
◎3000円

足元からの 学校の安全保障
無償化・学校環境・学力・インクルーシブ教育
中村文夫編著
◎2500円

シリーズ・学力格差【全4巻】
志水宏吉監修
◎各巻2800円

シリーズ・子どもの貧困【全5巻】
松本伊智朗編集代表
◎各巻2500円

学校に居場所カフェをつくろう！
生きづらさを抱える高校生への寄り添い型支援
居場所カフェ立ち上げプロジェクト編著
◎1800円

居場所づくりにいま必要なこと
子ども・若者の生きづらさに寄りそう
柳下換、高橋寛人編著
◎2200円

子どもの貧困と地域の連携・協働
〈学校とのつながり〉から考える支援
吉住隆弘、川口洋誉、鈴木晶子編著
◎2700円

子どもの貧困調査 子どもの生活に関する実態調査から見えてきたもの
山野則子編著
◎2800円

子どもの貧困と「ケアする学校」づくり カリキュラム・学習環境・地域との連携から考える
柏木智子著
◎3600円

「発達障害」とされる外国人の子どもたち フィリピンから来日したきょうだいをめぐる10人の大人たちの語り
金春喜著
◎2200円

スクールソーシャルワーク実践スタンダード 実践の質を保証するためのガイドライン
馬場幸子著
◎2000円

LGBTQの子どもへの学校ソーシャルワーク エンパワメント視点からの実践モデル
寺田千栄子著
◎3300円

〈価格は本体価格です〉

子どもの貧困対策としての
学習支援による
ケアとレジリエンス
理論・政策・実証分析から

松村智史 [著]

◎A5判／上製／224頁　◎3,500円

6人に1人の子どもが貧困状態で暮らしている日本において、貧困の連鎖を
断ち切るために行われている低所得世帯の子どもへの学習支援によるケア、
レジリエンスの効果と作用を検証し、今後の学習支援の制度・政策や、実践・
現場レベルでの取組に示唆を与える。

《内容構成》

第Ⅰ部　理論編

第1章　問題提起

第2章　先行研究のレビューと考察

第3章　学習支援の政策分析

第4章　学習支援によるケアの理論考察

第Ⅱ部　実証編

第5章　アンケート分析：子どもの貧困対策における学習支援に
　　　　関する実証分析──東京都4自治体の子ども・保護者調査から

第6章　インタビュー分析：生活困窮世帯の子どもの学習支援の
　　　　効果に関する一考察──「学習支援によるケア」の作用に着目して

終章　提言と今後の課題

付論1　生活困窮世帯の子どもの学習支援の親への効果に関する一考察

付論2　貧困世帯のヤングケアラーの子どもにとっての学習支援

付論3　生活困窮世帯の子どもは生活保護バッシングとどのように向き合っているのか
　　　　──スティグマに着目して

〈価格は本体価格です〉